本书获以下课题经费资助：
1.大理大学教育学学科建设经费
2.云南省硕士生导师团队建设项目：心理健康教育硕士生导师团队经费（云学位〔2022〕10号）
3.云南省硕士生导师团队建设项目：小学教育研究生导师团队经费（云学位〔2021〕17号）

心理健康教育活动
设计与实施的实践研究

XINLI JIANKANG JIAOYU HUODONG
SHEJI YU SHISHI DE SHIJIAN YANJIU

王宁霞 邓云辉 华丽云 著

中国社会出版社
国家一级出版社 · 全国百佳图书出版单位

图书在版编目（CIP）数据

心理健康教育活动设计与实施的实践研究 / 王宁霞，邓云辉，华丽云著．-- 北京：中国社会出版社，2023.1
ISBN 978-7-5087-6841-0

Ⅰ．①心… Ⅱ．①王… ②邓… ③华… Ⅲ．①心理健康－健康教育－教学研究－中小学 Ⅳ．①G444

中国版本图书馆 CIP 数据核字（2022）第 252240 号

出 版 人：浦善新　　终 审 人：王　前
责任编辑：杜　康　　责任校对：刘云燕
封面设计：尹　帅

出版发行：中国社会出版社　　地　　址：北京市西城区二龙路甲 33 号
邮政编码：100032　　编 辑 部：(010)58124864
网　　址：shcbs.mca.gov.cn　　发 行 部：(010)58124864；58124845
经　　销：新华书店

印刷装订：河北鑫兆源印刷有限公司　　开　　本：170 mm×240 mm　1/16
印　　张：15.25　　字　　数：340 千字
版　　次：2023 年 1 月第 1 版　　印　　次：2023 年 1 月第 1 次印刷
定　　价：65.00 元

中国社会出版社微信公众号

中国社会出版社天猫旗舰店

前　言

心理健康教育是素质教育的重要组成部分，是实施《面向21世纪教育振兴行动计划》、落实“跨世纪素质教育工程”、培养跨世纪高质量人才的重要环节。切实有效地对学生进行心理健康教育，既是现代教育的必然要求，也是广大学校教育工作者面临的一项紧迫任务。心理健康教育作为素质教育的重要组成部分，是学生全面发展的基础和保证，健康的心理状态可以促进学生认知、情绪、人际交往、意志品质等各方面的协调发展。

以班级心理辅导方式进行的心理健康教育活动课程，已逐渐成为学校开展心理健康教育的重要途径。心理健康教育活动课程是由教师根据学生心理发展的规律和特点，运用心理学的理论、方法和手段，有目的、有计划、有组织地开展的一项重要教学活动。它以培养学生良好的心理素质为主线，以学习、生活、人际交往、自我探索、情绪管理、社会适应等心理辅导为主要内容，以帮助学生形成良好的自我观念、树立正确的价值观、增强其情绪调控能力和耐挫能力、实现良好的人际关系和社会适应能力为主要目的。心理健康教育课程主要是在教师的设计和指导下开展，让学生在心理健康教育活动中去体验和感受，从而发现自己和发现别人，认识自己和认识别人，学会学习、学会生活、学会交往。这是一种能真正体现以学生为中心的学习方式。

心理健康教育活动课程具有以下主要特点。一是注重学生自我探索和自我成长的过程。在活动中，学生能充分发挥其能动性、自主性和创造性，通过自我探索，认识自我、调节自我、完善自我，解决自己实际生活中出现的问题，实现自我成长。二是以学生意愿活动为主，强调体验和感悟。它不同于传授和说教，是让学生在活动中去体会、去感悟。体验获得经验，以经验为载体解决自身问题；经验获得感悟，通过自我教育活动潜移默化地影响学生成长。三是以互助、自助为机制。活动中积极的人际互动可以促进互助，互助又可以增进学生对自信自尊的体验，从而达到自助。四是充满弹性。根据本校、本班学生的身心发展特点来安排课程内容和形式，充分体现了活动目标的开放、活动内容的开放、活动时间的开放、活动空间的开放和活动中师生关系的开放等。

本书以教育部2012年修订的《中小学心理健康教育指导纲要》和心理学的理论研究为依据，以学生的发展性心理健康教育辅导为取向。课程由教师根据学生心理发展的各个阶段的特点设计与实施，以提高学生的心理素质、充分开发他们的潜能、培养学生乐观向上的心理品质、促进学生人格的健全发展为主线。全书按照心理健康教育辅导的目标，分为“时间管理与学业拖延”“情绪体验与情绪管理”“亲子沟通与冲突解决”“情绪管理与学校适应”“人际交往与自我探索”“自我成长与社会适应”“生命教育与自我成长”“学习策略与意志品质”八个专题，对活动的设计、活动的实施及活动的效果评价进行了详细阐述，让心理健康教育活动课程走在了学生心理发展的前面。

心理健康教育活动方案的设计与实施是落实心理健康教育活动的重要环节。学生的心理世界是千变万化的，需要因人、因地、因时设计心理健康教育课程。本书心理健康教育专题活动的设计与实施遵循了心理健康教育课程的六个基本原则：一是发展性原则，立足于促进学生的心理发展；二是主体性原则，围绕学生实际来选择课程的内容和形式，激发和调动学生自我心理发展的自觉性和积极性；三是活动性原则，让每个学生在活动中感受和体验，在活动中接受训练和启示，在活动中得到领悟和发展；四是全体性原则，考虑全体学生的共同需要及共性问题，给每个学生以机会，尽量做到全员参与；五是尊重原则，以平等、民主的态度真诚接纳每个学生，尊重学生的人格与尊严，尊重学生的权利和选择；六是信任原则，真正的信任才能使学生在活动中获得安全感而真情袒露，自觉接受他人的引导，获得成长和提高。

本书每个心理健康教育专题活动方案的设计包括的主要内容有：教学主题、设计理念 、教学目的、教学目标、教学形式、教学重难点。每个心理健康教育专题活动方案的实施包括的主要内容有：教学准备、操作要点、教学进行、教学总结。每个心理健康教育专题活动方案实施后的效果评价是根据活动目标来评价学生的活动情况和教师的教学效果，评价侧重于学生心理素质的增强和教师教学水平的提高。

本书第一章由邓云辉、王明承担撰写，第二章由王宁霞、林小莎承担撰写，第三章由邓云辉、张莹承担撰写，第四章由王宁霞、周飞承担撰写，第五章由张雅伦、邓云辉承担撰写，第六章由华丽云、王楠承担撰写，第七章由黎斯玉、张雅伦承担撰写，第八章由华丽云、邓云辉承担撰写。

最后，对大理大学各部门与大理大学教师教育学院各级领导对本书的大力支持与帮助深表谢意。同时，对所有关心和支持本书的专家、同事、朋友和学生深表谢意。

目　录

第一章　小学生“时间管理与学业拖延”的心理健康教育干预活动辅导

一、心理健康教育干预活动课的设计

“提高时间管理能力”主题心理健康教育干预活动的设计与实施是以团体动力学为最基本的理论依据。该理论能够将个体的动力和需求与团体的目标相结合，能帮助学生在团体的氛围中培养良好的态度和行为，解决普遍存在的问题，从而促进学生更好地成长。

“提高时间管理能力”主题心理健康教育干预活动的设计与实施的理论基础还包括时间管理理论和人际沟通理论。它是根据教育学课程论的设计要求，以学生为中心，以情景为中介，以体验为核心，以问题为基础，以提高时间管理能力、有效缓解学业拖延为总目标。

干预者以“提高时间管理能力”为主题和目标进行设计。活动的设计包括教学对象、教学计划学时、设计理念、教学目的、教学目标、教学重难点、教学内容和教学形式，设计方案包括“正确认识时间”“反思时间的使用”“正确认识拖延”“学会管理时间”“摆脱拖延，做时间的主人”5 个总目标，其目的在于增强学生的时间观念，帮助学生学习时间管理技能，引导学生科学合理地分配和使用时间，有效缓解学生的学业拖延问题。

（一）心理健康教育干预活动方案一：正确认识时间

【教学对象】五、六年级的实施对象

【教学计划学时】1 课时

【设计理念】

《中小学心理健康教育指导纲要》（2012 年修订）要求：“树立集体意识，善于与同学、老师交往，培养自主参与各种活动的能力，以及开朗、合群、自立的健康人格。”小学生的学习和生活是离不开团体的，为了让学生对团体产生归属感，本次活动的前半部分主要是通过学生之间的交流互动，增加学生之间的相互了解和相互接纳。活动首先采用角色扮演的方式，使学生在表演的过程中发现问题，了解冲突所在，从而洞察人际关系。角色扮演的方法能

够使个体通过对角色的亲身体验，更好地站在他人的角度上理解他人的处境，体验他人在各种不同情况下的内心情感，同时反映出个人深藏于内心的情感。

随着物质生活水平的提高，有些学生不能够正确认识时间。现在高年级的小学生由于受到外界新事物的诱惑，意志力薄弱，经不住诱惑去玩游戏，学习的时候开小差，导致时间流逝，学习效率低下。由于时间是一个抽象的词语，小学生并不能达到对时间的正确认知，对时间没有具体的概念，所以本设计围绕时间价值感，帮助学生正确认识时间，为后续提高时间管理能力打下基础。

【教学目的】帮助学生认识时间，激发学生珍惜时间的意识。

【教学目标】

1. 学生了解集体的重要性，要有集体荣誉感；
2. 学生明白本次活动的目标，并遵守活动规则；
3. 学生感受时间的长短和价值；
4. 学生对时间有正确的态度。

【教学重难点】

1. 重点：（1）学生能正确地认识时间；（2）学生能感受时间的价值。

2. 难点：（1）学生能在活动中产生归属感；（2）学生对时间有正确的态度。

【教学内容】

1. 热身活动：击鼓传花（5 分钟）

（1）开场：介绍活动的主题，与学生订立共同遵守的规则；

（2）击鼓传花游戏。

2. 主题活动一：角色扮演，感受集体（10 分钟）

（1）观看视频《小水滴的故事》，并进行角色扮演；

（2）思考：小水滴离开大海母亲的怀抱为什么会消失？如果你是小水滴，你会采取什么办法让自己不消失？

3. 主题活动二：认识时间，感受时间（15 分钟）

（1）猜谜语；

（2）感受一分钟；

（3）学生分享活动感受。

4. 主题活动三：时间的价值（5 分钟）

（1）竞赛活动：一分钟，我能写多少个字；

（2）思考：一分钟时间世界会发生什么；

（3）观看视频：《一分钟世界发生了什么?》；

（4）教师总结。

5. 结束活动：名言警句记心中（5 分钟）

【教学形式】游戏互动法、角色扮演、讨论法、情景教学法等。

（二）心理健康教育干预活动方案二：反思时间的使用

【教学对象】五、六年级的实施对象

【教学计划学时】1 课时

【设计理念】

时间流逝的速度往往是飞快的，但很多小学生对时间不够敏感，缺乏时间观念。因此在日常学习的过程中，小学生的主观意识里往往觉得时间很多，用之不尽，感受不到时间的流逝，会把事情推到后面去做，当一天的时间过去了，往往什么事情都没有做完。教师只告诉学生时间宝贵是不够的，需要让学生先了解自己现在对时间的使用情况，重新审视自己对时间的分配情况。干预者设计了制作时间馅饼的活动，让学生意识到时间被浪费在什么地方。学生主观的时间价值感可能会导致一定的学业拖延行为，学生对自己过去一天时间的使用情况进行分享的过程，也是学生自主反思的过程。

【教学目的】学生能对自己时间使用的情况进行反思。

【教学目标】

1. 学生能根据时间使用的情况，自主制作时间馅饼；
2. 学生感受时间流逝的速度；
3. 学生自主分析时间被浪费的原因。

【教学重难点】

1. 重点：（1）学生自主分析时间使用情况，并进行自我反思；（2）学生深入分析时间被浪费的原因。

2. 难点：学生意识到时间的宝贵，增加学生珍惜时间的意识。

【教学内容】

1. 热身活动：制作时间馅饼（10 分钟）

（1）学生在反馈单上完成《过去二十四小时》；

（2）学生分享时间的利用情况；

（3）请学生给自己的时间利用情况打分，并说说对哪个地方不满意。

2. 主题活动一：小品演绎（10 分钟）

（1）观看小品《急什么》；

（2）请同学演一演；

（3）思考：从这个小品中你明白了什么道理？

3. 主题活动二：偷走时间的因素（15 分钟）

（1）故事：《小李同学的故事》；

（2）思考：针对小李同学的情况，请和自己的同桌交流讨论，小李同学为什么没有按照计划完成任务呢？

4. 结束活动：《今日歌》（5 分钟）

（1）教师展示《今日歌》，请同学齐读；

（2）教师总结。

【教学形式】游戏互动法、角色扮演、讨论法、情景教学法等。

（三）心理健康教育干预活动方案三：正确认识拖延

【教学对象】五、六年级的实施对象

【教学计划学时】1 课时

【设计理念】

小学高年级学生处于心理发展的骤变期，面临着巨大的学习压力，但小学生的自控能力比较差，在完成学习任务时，自觉性较差，会受到多种因素的影响，如果没有老师和家长的督促，容易将学业任务推迟或者到最后才完成，并且拖延行为容易造成恶性循环。因为学业拖延行为导致学生的学习压力变大，并出现不良情绪，上课时也容易注意力不集中，从而导致学习效率不高，导致小学生养成不良的学习习惯。另外，有研究表明，小学高年级的学生会产生学业拖延行为的主导因素是时间管理能力的不足，在进行活动设计的时候，也要将时间管理能力与学业拖延行为的关系间接设计到活动中。

【教学目的】学生能理解时间管理能力对学业拖延的影响。

【教学目标】

1. 学生能正确认识拖延，并了解身边的拖延行为；

2. 学生可以看到拖延造成的危害；

3. 学生懂得拖延背后产生的原因；

4. 学生认识时间管理能力与学业拖延的关系。

【教学重难点】

1. 重点：（1）学生能正确认识学业拖延行为，并了解发生在自己身边的学业拖延行为；（2）学生能了解学业拖延行为产生的原因，并意识到学业拖延行为带来的危害。

2. 难点：学生能厘清时间管理能力不高会导致学业拖延行为。

【教学内容】

1. 热身活动：齐心齐唱（5 分钟）

（1）播放歌曲《明日歌》；

（2）请学生跟唱《明日歌》；

（3）请学生听完这首歌分享自己的感受，并让其他学生注意倾听。

2. 主题活动一：认识学业拖延（10 分钟）

（1）请学生解释“我生待明日，万事成蹉跎”的意思；

（2）教师总结；

（3）展示拖延以及学业拖延的资料；

（4）故事分享：分享自己产生的学业拖延故事。

3. 主题活动二：学业拖延产生的危害（10 分钟）

（1）思考：为什么会出现学业拖延行为？学业拖延行为的危害有哪些？

（2）教师总结。

4. 结束活动：头脑风暴（15 分钟）

（1）请你来支着：如何摆脱学业拖延行为？

（教师将学生分为若干组，每组选出一名主持人，组内成员自由讨论，并由同学记录，将讨论的要点写在白纸上，每个小组派一名代表上台讲述讨论的结果。注意：不能重复其他小组的意见。）

（2）教师总结并在黑板上书写摆脱学业拖延的方法。

【教学形式】头脑风暴法、讨论法。

（四）心理健康教育干预活动方案四：学会管理时间

【教学对象】五、六年级的实施对象

【教学计划学时】1 课时

【设计理念】

时间管理是为了提高个体对时间的有效利用，是对时间进行合理计划和运用的过程。善于时间管理的学生，学习效率会提高。时间管理能力对人生发展具有重要意义。在生活和学习的过程中，小学生除了要完成学业任务外，还需要面对各种琐事，实际上每件事情的重要程度是不一样的，紧急程度也不同。为了在有限的时间内更加有效地完成任务，学生需要学会根据事情的重要和紧急程度排序，所以要帮助学生学习时间管理的方法。本节活动课围绕时间监控观和时间效能感两个维度，主要内容是帮助学生学习时间管理的方法，理解并学会时间管理四象限的内容。有了明确的时间管理方法后，就能自主制订学习计划，避免出现重要且紧急的事情没有完成的现象。

【教学目的】学生学习时间管理知识并能应用到实际学习生活中。

【教学目标】

1. 学生能够对事情的轻重缓急进行排序；
2. 学生能理解时间管理四象限的内容；
3. 学生能学会科学利用时间的方法并应用到学习生活中；
4. 学生能够形成良好的时间观。

【教学重难点】

1. 重点：（1）学生学会科学合理地分配时间；（2）学生能够根据事情的轻重缓急进行合理排序。

2. 难点：学生可以将时间管理方法应用到学习和生活之中。

【教学内容】

1. 热身活动：和时间赛跑（5 分钟）

2. 主题活动一：时间管理四象限（15 分钟）

（1）讲解时间管理四象限的理论知识；

（2）请你来排序：①看电视；②写日记；③完成老师布置的作业；④复习；⑤和父母分享学校发生的事情。

3. 主题活动二：科学使用你的时间（10 分钟）

（1）观看视频《一天之中四个高效学习的时间》；

（2）请同学交流：根据上述规律，你会怎样使用自己的一天呢？

4. 结束活动：计划你的一天（10 分钟）

请学生拿出反馈单，自己规划未来 3 天的计划，并按照科学合理的方法，对每个小时进行时间安排，内容包括任务的开始和结束时间，以及如何安排才能更好地节约时间。每完成一件事情就在所完成的事情上打钩，并进行一个总结或评价。

【教学形式】游戏法、讨论法。

（五）心理健康教育干预活动方案五：摆脱拖延，做时间的主人

【教学对象】五、六年级的实施对象

【教学计划学时】1 课时

【设计理念】

小学生在尝试新事物时，往往会有自卑的心理或是胆怯的心理。干预者在与学生交流的过程中发现，小学生参与活动的时候不举手回答问题的原因，主要是怕自己的答案是错误的。这是小学生对于自身没有真正的认识、没有发现自身的潜能而出现的躲避行为。这些行为是消极的不自信的表现。为此，本节课首先是帮小学生树立自信心。自信心是一种良好的心理品质，小学生拥有了自信心就可以勇于尝试，激发自身的潜能，进行自我激励。在前面的活动中，学生已经能够掌握时间管理的方法，也认识到学业拖延的危害。本次活动的主要目标就是帮助学生树立摆脱拖延的自信心。

【教学目的】学生学习时间管理知识并能应用到实际学习生活中。

【教学目标】

1. 学生感受自己的潜力，增加自信心；

2. 学生能够积极参与课堂，增加对未来的期待；

3. 学生掌握合理使用时间的方法，提高时间规划的能力；

4. 学生立下摆脱拖延的目标。

【教学重难点】

1. 重点：（1）学生掌握合理使用时间的方法；（2）学生能积极参与课堂，分享收获。

2. 难点：学生能树立摆脱拖延的自信心。

【教学内容】

1. 热身活动：一分钟鼓掌（5 分钟）

（1）活动规则：邀请几位学生上台挑战一分钟鼓掌的次数，哪位同学愿意上台挑战？一位同学鼓掌并估算自己鼓掌的次数，一位同学数次数；

（2）教师总结。

2. 主题活动一：回望过去（10 分钟）

（1）摘取胜利果实；

（2）请学生分享收获。

3. 主题活动二：过关（10 分钟）

4. 结束活动：坐上时光机（15 分钟）

【教学形式】游戏法、情景教学法。

二、心理健康教育干预活动课的实施

以“提高时间管理能力”为主题的心理健康教育干预活动选取某小学五、六年级进行，综合考虑到学生的学业拖延现状，分别选择五、六年级差异不大的两个班级分别作为五、六年级的实验组和控制组。五年级实验组共计 54 人，控制组 53 人；六年级实验组共计 57 人，控制组 59 人。在实验前一周分别对实验组和控制组进行前测。接着在实验组实施为期 3 个月共 5 次的“提高时间管理能力”主题心理健康教育干预活动，控制组 3 个月期间不进行任何心理健康教育干预活动，干预活动结束后分别对实验组和控制组进行后测。

（一）心理健康教育干预活动实施一：正确认识时间

【教学时间、地点】 ××××年××月××日，××时；实验组教室。

【教学准备】多媒体课件、计时器、学习单、“击鼓传花”所使用的道具。

【操作要点】

1. 热身活动中应该讲清楚规则，让学生听明白，避免课堂上出现混乱；

2. 主题活动中应该给予学生充分的思考时间，让学生在思考中有所感悟；

3. 在活动结束的时候，要注意预留充分的时间填写学习单。

【教学进行】

1. 热身活动：击鼓传花（5 分钟）

干预者：同学们，接下来 5 周的时间里，老师要邀请同学们一起参加本次心理健康教育活动。本次活动的主题是“点燃渴望，做时间的主人”。希望我们一起探索时间的世界，认识时间，掌握时间管理的技巧，一起改掉学业拖延的坏习惯。本次活动一共分为 5 次，每周一次。在活动期间，同学们在课堂上可以认真倾听，尽情分享自己的观点。请每位同学按时参加，如果有事请跟我请假。谢谢大家!

干预者：老师给大家带来了一个“击鼓传花”的小游戏，有哪些同学想玩，请举起你们的小手。

规则说明：干预者将会背对同学们，请同学们按座位次序传递一件东西，传递的同时，干预者会播放音乐，当音乐停止的时候，那件东西在谁的手里，谁就要站起来。站起来的同学会获得奖励。(游戏进行中……)

干预者：今天，我们的第一位幸运同学已经产生了，接下来请这位同学上台接受奖励。这奖励是什么呢？那就是请同学们来夸夸他，说说他的优点。有哪位同学想站起来跟我们分享?

学生 1：他平时喜欢帮助别人，特别乐于助人。

学生 2：这位同学长得高高壮壮的，特别强壮。

学生 3：他打篮球打得很好，我喜欢和他一起打篮球。

干预者：看来这位同学特别热爱运动、乐于助人，又有很多朋友，以后要继续将自己的优点发扬光大哦。

2. 主题活动一：角色扮演，感受集体（10 分钟）

干预者：接下来请同学们和老师一起来欣赏视频《小水滴的故事》。

干预者：各位同学，大家看完小水滴的故事，你们愿意来演一演吗？请同学们以前后左右 4 人为一小组，分别扮演小水滴、大海妈妈、太阳公公和旁白，一起把这个故事演一演。

(学生演绎)

干预者：刚才同学们的演绎都非常精彩。接下来，老师要请同学们思考并与同学们讨论，小水滴离开大海母亲的怀抱为什么会消失？如果你是小水滴，你会采取什么办法让自己不消失?

学生 1：因为太阳公公出来了，照在小水滴的身上，小水滴变成了水汽，就消失了。如果我是小水滴，我会等太阳公公落山了再出来。

学生 2：因为小水滴离开了大海妈妈的怀抱，它就慢慢干了，所以就消失了。如果我是小水滴，我会再找几个小伙伴和我一起出发。

学生3：如果我是小水滴，我会和大海妈妈一起行动，这样就不会消失。

学生4：如果我是小水滴，我会找风儿来帮忙，把自已再吹成水滴，回到大海妈妈的怀抱。

干预者：是啊，这几位同学说得很好，小水滴离开大海妈妈的怀抱后，又被太阳照射，化作了水汽，就消失了。如果我们不离开大海妈妈的怀抱，跟大海妈妈在一起就不会消失。这好比同学们就是小水滴，班级就是大海妈妈，只有在大海妈妈的怀抱中，我们才能茁壮成长。

3. 主题活动二：认识时间，感受时间（10分钟）

干预者：接下来的时间让我们一起猜一个谜语：世界上什么东西是最长的又是最短的，最快的又是最慢的；是能分割的，又是最广大的；是最不受重视的，又是最应珍惜的。没有它，什么事情都做不成，它让一切渺小的东西消失，使一切伟大的东西不觉。

学生齐声：时间！

干预者：你们真是聪明的孩子，一下子就猜出是时间，当你们听到“时间”两个字的时候，能想到什么？

学生1：我想到时间是非常宝贵的东西，它是每个人的却又不属于每个人。有的人对待时间是能玩就玩，有的人却争取每分每秒的时间。

学生2：我认为时间只能前进不会后退，不能做让自己后悔的事情。

干预者：提到时间，我们会想到很多。老师也会想到几句话：“时间就是金钱！”“时间就是生命！”我们每个人拥有的时间都是一样的，接下来我们一起来做一个小活动，感受一分钟的价值。

干预者：请同学们一起闭上双眼，用心感受一分钟的长短。当老师喊开始的时候，开始计时。如果有的同学认为一分钟的时间已到了，就睁开眼睛，并举手示意。让我们看一看哪位同学对时间的把握最准确。

干预者：在刚刚的活动中，老师发现有些同学过了很久才把眼睛睁开，有的同学则认为一分钟的时间很短，一下就把眼睛睁开了。那么，我们能在这一分钟时间内做什么事情呢？

4. 主题活动三：时间的价值（10分钟）

一分钟小测试：一分钟能写多少个字。

干预者：有的同学在一分钟之内能够写出30个字，而有的同学能够写出35个字，还有的同学一分钟之内能够背下一首古诗。由此，可看出每个人的潜力是不同的。接下来我想请同学们说说一分钟这个世界会发生什么事情。

学生1：一分钟的时间可能有的人会出生，有的人会死去。

学生2：我记得东京奥运会的时候，苏炳添跑100米只花了9秒83。我想，1分钟的时间，苏炳添能够跑好几百米。

学生3：我觉得一分钟的时间能创造很多财富。

学生4：一分钟的时间医生能救活一条生命。

干预者：接下来我们一起通过视频来看一看。

5. 结束活动：

干预者：看到同学们惊讶的表情，通过刚才的视频我们能感受到时间就是财富。一分钟的时间，医生能够救死扶伤，所以时间就是生命。一分钟的时间，运动员能够破世界纪录。同学们，这就是时间的价值啊！请看黑板，让我们一起读一读这些关于时间的名言警句。

干预者：今天，我们一起认识了时间，每一个成功都是每一分每一秒的日积月累。所以，今后我们在学习和生活中都要学会珍惜时间呀！

【教学总结】

本节活动课的设计具有很强的活动性，学生能在各种形式的活动中认识时间，体验时间的价值，从而达到使学生正确认识时间、树立珍惜时间的活动目标。本节课的难点是帮助学生产生对集体的归属感，为了突破这一难点，干预者设计了“击鼓传花”暖身游戏和《小水滴的故事》这两个环节。暖身游戏不仅能提高学生参与课堂的热情，同时干预者将相互夸奖作为游戏的奖励，促进学生之间的交流，建立良好的人际关系。学生对热身游戏的参与热情很高，学生都能够积极参与。但是，在学生接受奖励的环节，一开始举手的人比较少，上来的同学也都比较腼腆，夸奖的话不好意思说出口。于是干预者积极鼓励他们，要勇敢表达自己的意见，让学生互相说说对方的优点。整个课堂非常愉快，也推动了后续活动的开展。小学高年级学生可能处于身心发展的重要变化阶段，有的学生会变得腼腆，不好意思表达自己的观点。有的同学不够自信，干预者认为让他们认真倾听，勇敢表达自己的观点非常重要。干预者也意识到在后续活动设计的时候，设计的游戏应该让全部同学都能够参与其中。在进行主题活动时，干预者提到时间这一观点的时候，举手的同学比较少，干预者认为可能时间这一词语比较抽象，学生可能知道它的意思，却不能用自己的语言表达出来。干预者认为今后在设计这样类似的词语时，可以设计易懂的词语或是通过图片、视频的方式直观展示出来，符合小学生的认知水平，让他们更加容易理解。最后，当干预者在多媒体上播放关于运动员以及医生救死扶伤的视频时，同学们都感到非常震撼。干预者认为，播放视频的活动形式，不仅能帮助学生更加直观地感受到一分钟的价值，而且对学生的内心也起到了很好的激励作用。

（二）心理健康教育干预活动实施二：反思时间的使用

【教学时间、地点】 ××××年××月××日，××时；实验组教室

【教学准备】多媒体课件、《我的二十四小时》时间馅饼、《今日歌》。

【操作要点】

1. 热身活动时应引导学生认真填写，干预者讲清楚填写要点，让学生听明白，避免课堂上出现混乱的情况；

2. 主题活动应该把时间充分留给学生，干预者要注意引导学生交流，避免出现冷场的情况；

3. 结束活动要注意感情上的引导，增强学生珍惜时间的意识。

【教学进行】

1. 热身活动：制作时间馅饼（10 分钟）

干预者：同学们，上课前首先来检测一下大家对时间的使用情况吧。现在请同学们尽量回忆上周你们参加的各项活动，比如聊天、做作业、玩耍和打电话等，填入大家手中的表格，回忆你的二十四小时都发生了什么事情。每项活动投入时间的多少，请按照比例分配到下面的圆里，请大家仔细填写。同学们认真填写完成后，我请同学们上台分享自己的一天是怎么度过的，请其他同学进行点评。

学生 1：我在周末的时候，一般早上 10 点钟左右起床，然后吃午饭。吃过午饭后，我会玩一会儿手机，到下午 5 点到 6 点的时候，我会看会儿书，然后就到了吃晚饭的时间了。吃过晚饭大概是 7 点钟左右，我就去游泳，在晚上 10 点钟的时候我会回到家里。回家后我会边看电视，边吃夜宵。大概 12 点钟我就去睡觉了。

学生 2：我觉得他的时间安排不合理。玩手机的时间太长了，一下午的时间都是在玩手机，看书的时间比较少。

学生 3：我想分享我的一天。上个星期六，我大概 8 点钟就起床了，起床后，我自己做了早饭。吃完早饭后，在 10 点钟到 12 点的时候，我都在练字。练完字，吃完午饭后，我看电视。到了 2 点钟后，我就去兴趣班学习篮球。4 点后，我和我的同学一起去骑单车，骑过单车后直接在同学家吃晚饭，并且玩到晚上 10 点钟，我就回家睡觉了。

学生 4：他晚上的时间都是在玩，从 6 点玩到晚上 10 点才回家，我觉得不是很合理。我觉得可以抓一些时间，先把作业做完。

学生 5：记得上周六，我早上 7 点就起床了。吃了早饭后，我就开始看电视，不知不觉到了吃午饭的时间了。吃完饭休息了一会儿。下午妈妈带着我去打乒乓球，打到 4 点多下课。下了课以后，我就回家练习。晚上 6 点，妈妈做好饭，全家吃完饭然后一起出去运动，到了 10 点才回家。我匆忙洗漱好，看了一会儿书，就睡着了。

学生 6：我觉得她早上起得很早，但是一上午的时间都浪费在看电视上了。我认为一上午的时间能做更多事情。

干预者：听完同学们的分享，老师发现有的同学的时间在玩手机、看电视和玩耍中不知不觉就溜走了，但是同学们没有感觉，没有发现。我们的一天有24小时，有的同学一天用6小时在玩，一天四分之一的时间就没有了，时间就是这样一分一秒溜走的。

干预者：通过同学们的分享，老师也发现有的同学一天过得很充实，而有的同学则过得很无聊。

干预者：同学们，如果让你给自己的时间利用情况打分评价，你会给自己打几分呢？你觉得自己哪些地方做得不够好呢？可以在课后跟老师交流讨论哦。

2. 主题活动一：小品演绎（10分钟）

干预者：通过前面同学们的分享，我们已经对过去二十四小时是如何度过的有了了解。接下来，请同学们和老师一起观看小品《急什么》。

（学生观看……）

干预者：小明同学真是一个不着急的孩子呢，哪位同学能给我们演一演？

干预者：这位同学演得怎么样啊？哪两位同学能再给我们演一演？

干预者：同学们演得真好啊，演出了妈妈的着急，演出了小明的不着急。从这个小品中，你们明白了什么道理呀？

干预者：是呀，时间就是这么一分一秒地流逝的，小明同学在不知不觉中弄丢了那么多时间，真是替他感到可惜啊。希望同学们能够珍惜时间。

3. 主题活动二：偷走时间的因素（15分钟）

干预者：看完了小明同学的故事，我们发现有些时间不知道怎么用就没有了，时间都去哪里了呢？接下来让我们走进小李同学的故事，一起看一看小李同学又是怎样使用时间的。

（课件展示小李同学的故事）

干预者：针对小李同学的情况，请同学们和自己的同桌交流讨论。小李同学为什么没有按照计划完成任务呢？

学生1：小李同学没有按照他的计划，本来是先做作业的，但是他先花了半个小时整理桌面，整理完桌面开始看报纸，一直拖延着不做作业，最后拖到晚上才做作业。

学生2：小李同学在看报纸的时候没觉得时间会过得那么快，当他没有按照计划写作业时，还为自己找了个理由，说看报纸也是一种学习。他没有因为没做作业感到后悔。

学生3：他一天列好了计划，最后只做完了作业，因为他看见弟弟在玩就跟弟弟一起玩了起来。午休好了，精神充足又开始玩游戏，我觉得他一天都在浪费时间。

学生4：我感觉他一直在为自己找借口，一直拖延写作业。

干预者：看来同学们都能找到问题所在，其实在我们身边，有很多的小明同学，也有很多的小李同学。他们总觉得自己的时间不够用，但是一天的时间过去却什么事情都没干。主要还是不会管理自己的时间。老师也总结了小李同学没有按照计划完成任务的几个原因：做事不分轻重缓急；为拖延找借口；不会拒绝。

4. 结束活动：《今日歌》（5 分钟）

干预者：今天这节课我们通过制作时间馅饼的活动，发现了我们在时间利用中的一些不足之处。通过阅读小李同学的故事，也发现了小李同学没有按计划完成任务的原因，但其实古人早就发现了这些问题。让我们一起读读这首《今日歌》。

（学生齐读）

干预者：同学们，昨天的二十四小时已经过去了，给我们留下了很多遗憾。今天的二十四小时也将要过去，而明天的二十四小时是我们可以把握的。同学们要珍惜属于我们的时间。

【教学总结】

本节活动课的设计理念和思路清晰，活动目标基本能够达成。首先通过暖身活动让学生填写《我的二十四小时》，让学生清楚认识自己对时间的使用情况，然后通过情景分析循序渐进地引起学生情感上的共鸣。通过主题活动，学生基本都能在情景中找到时间被浪费的原因，并受到了启发，本次活动基本能够达成活动目标。

首先，在本次活动过程中，干预者也感受到了学生的变化。干预者认为，学生比第一次更愿意参与课堂活动，在回答问题的时候更愿意表达自己的想法，尤其是一开始特别腼腆的同学，也勇敢地分享自己的观点。其次，本次活动也有一些值得反思的地方。干预者认为，活动课上不能只一味地灌输理论，要充分体现学生的主体地位，让学生通过交流和讨论真正反思自己在时间管理上的不足和误区。在本次活动课的小品演绎环节，为了把控时间，干预者只让一组的同学上台表演。该小品只有两个角色，所以只有两位同学上台，其他的同学经过精心准备，没有得到上台的机会。干预者认为，下次小品活动的设计可以将角色丰富化，让更多同学有表现的机会。再次，在主题活动中，长篇的文字形式可能会让同学们觉得枯燥。干预者认为，类似的活动都可以用视频配上文字的形式，以提高学生的兴趣。最后，就是结束活动的环节，可以配上一些音乐引起学生的共鸣，有利于更好地引导学生珍惜时间。

（三）心理健康教育干预活动实施三：正确认识拖延

【教学时间、地点】 ××××年××月××日，××时；实验组教室

【教学准备】 多媒体课件、《明日歌》。

【操作要点】

1. 热身活动的时候，干预者要注意学生的参与度，并观察同学们的表现；

2. 主题活动中，当学生分享的时候，要提醒其他同学注意倾听（倾听是心理健康教育顺利开展的核心要点）；

3. 结束活动时，干预者要引导学生注意：问题是没有唯一的答案的，可以尽情地思考。

【教学进行】

1. 热身活动：齐心齐唱（5 分钟）

干预者：在这节课的开始，让我们一起来欣赏一首歌曲《明日歌》。

干预者：先请同学们一起齐读。

（在同学们齐读的时候，干预者为同学们配上音乐，营造气氛。）

干预者：是啊，明日复明日，明日何其多，现在让我们把握明天，一起跟着音乐齐唱这首歌曲。

干预者：听完这首歌，同学们有什么感受呢，可以尽情分享，其他同学要注意认真倾听。

学生 1：我觉得这首歌唱出了我的心声，有时候我就是把事情拖到第二天再做，结果什么事情都没有做好。

学生 2：我深深感受到时间的重要性，我们要珍惜时间，不要虚度光阴。

2. 主题活动一：认识拖延（10 分钟）

干预者：同学们，“我生待明日，万事成蹉跎。”你们知道这句话是什么意思吗？

干预者：你们理解得很到位。这句话的意思是说，我一生的时间都用来等待明天的到来，却什么事情都没有做好。同学们能够根据自己的理解来说一说什么是学业拖延行为吗？

干预者：同学们对拖延都有自己的理解，黑板上是老师整理的有关拖延和学业拖延的资料，我找同学来读一读。

干预者：接下来，我要请同学们回想一下自己是否出现过学业拖延的行为，具体的情景可以和同学们进行分享。其他同学要认真倾听，看看自己是否产生过类似的行为。

学生 1：上个星期六，我本来打算早上起来后就把作业先写完，这样晚上就能和妈妈一起去吃火锅了。结果，我早上起床的时候已经是 9 点了。吃完

早饭后，妈妈就说她要去她的朋友家一趟，我也想去阿姨家找妹妹一起玩，然后我就和妈妈一起去了。到了中午，在阿姨家吃完午饭回来，又要去上舞蹈课。我打算上完舞蹈课赶紧回家做作业。在回家的路上遇到我的好朋友，她邀请我去她家玩一会儿，我想时间还早，就去了。玩到晚上的时候，妈妈把我接回家一起去吃火锅，吃完后全家一起散步。回到家后我感觉很累，就洗洗睡觉了。就这样左拖右拖，我的作业直到星期日的晚上才做完。

学生2：我就是写作业拖延，不想写作业。有时候心情不好也会拖延，心情好的时候写作业就会有动力。有的时候快乐过度也会导致不想写作业，心里一直想着玩。

学生3：有时候妈妈让我去做一件事情时，我就会跟妈妈说：“等一下，马上就做。”可是一会儿我就忘记做了，妈妈又会催着我去做，催了好几遍，我才会去做这件事。

学生4：妈妈周末会给我布置一些学习任务，我总是因为打球或者是运动，老是忘记做，每次都要妈妈来提醒我。

学生5：我觉得拖延是对自己的学业没有计划，而做作业拖拖拉拉，总是对学习方面没有太大的兴趣，就一直拖着，觉得可以慢慢做，觉得时间还早着呢。

学生6：我有时会边吃东西边做作业，吃着吃着半个小时过去了，然后再去做作业。写作业的过程中，我又迫不及待地想去玩手机。

干预者：拖延行为时刻存在于我们的身边，写作业拖拉、赖床、不守时、执行力差、自制力差、做事犹豫不决、爱找借口、不断消遣、看电视玩游戏、作业总是最后一刻才完成等这些行为，就是拖延行为。而学业拖延行为就是当我们在完成学业任务时，我们会推迟完成。

3. 主题活动二：学业拖延的危害（10分钟）

干预者：刚刚很多同学已经勇敢分享了自己发生的学业拖延行为。同学们，请你们思考一下，为什么会产生学业拖延？还有，学业拖延行为会产生哪些危害呢？

学生1：每次星期天的时候，我知道我的作业一定要做完才可以玩耍，但是每次想到要做作业，我就感觉无精打采，感觉很困，心情就会变得不好。

学生2：有的时候我会在假期快结束的时候才去做作业，作业如果多的话，我熬夜做完，这样一来我第二天上课时就会犯困。

学生3：我知道我有作业要完成，每次我玩耍的时候，我又会感觉非常后悔；为什么不能先做完作业再玩？

学生4：我感觉我做作业或者读书的时候，会被别的事情打扰。家里的电视如果声音稍微大一点儿，我就会想去看电视。有时学习的时候就跑去做别的事情，想吃点儿东西。我觉得我的学习效率变得很差。

学生5：在周末的时候，我感觉我有很多事情要做，有家庭作业，妈妈也给我布置了学习任务，还有兴趣班要去上，事情很多，我感到压力很大，不知道应该先做哪样。我经常会数学作业写了一半，就想去写语文作业，不知道到底怎么做。

干预者：学业拖延行为不仅会让我们的学习效率下降，完不成学习任务，还会让我们的心情变得很差。所以同学们要按时完成学习任务，避免出现学业拖延行为。

4. 结束活动：头脑风暴（10分钟）

干预者：通过同学们刚刚的分享，我们都能深刻认识到学业拖延以及学业拖延产生的危害。接下来老师要请同学们思考，我们在现实生活中怎么做才能更好地摆脱学业拖延呢？请同学们10人为一组，并自己选出一位主持人，选出一位同学来进行记录，同学们尽情发表自己的观点，思考摆脱学业拖延的方法。

干预者总结：早睡早起，按时起床；可以把每天要做的事情列成清单，每完成一件事情就打钩；今日事今日毕，今天的事情不要留到第二天去做；每天都给自己定下目标；合理安排休息和学习的时间；完成学业任务的时候要专心；提高自控能力，控制自己的学习时间和娱乐时间；合理安排时间，先做作业，不重要的事情放在后面做；每天保持愉快的心情完成学习任务。

【教学总结】

本节课的重点是让学生认识学业拖延以及学业拖延的危害。为了突破这一重点，根据本班学生的实际情况，干预者着重让学生分享自己身上发生的学业拖延故事，引起学生情感上的共鸣，从而达到让学生对自己产生的学业拖延行为进行自我反思的目的。整体来说，本节课的课堂内容丰富，学生基本意识到学业拖延行为的危害。本次活动课的难点是如何让学生通过头脑风暴的环节，激发学生的思考，厘清时间管理和学业拖延的关系。干预者通过对学生的回答进行整理分析发现，这一目标基本达成。但本节课也存在着一些不足之处。比如整节课的活动内容丰富，要注意课堂节奏的把控，否则就会影响上课的进度。在整个课堂活动的过程中，大部分学生都能参与其中，但仍有少部分的同学一直都没有举手，或者注意力没有集中。干预者思考，原因可能是本节课没有设置游戏的环节，导致部分学生的学习兴趣不高。在课后与学生的交流过程中了解到，一些学生对自己的答案不够自信，所以不愿意举手回答。还有一位同学认为有的问题很简单，不需要做过多的思考就能回答。这也引起了干预者的反思，可能一些学生的家长或者班主任对学生的学习比较重视，在平时的生活中也会催促学生尽快去完成学业任务，所以对于学生而言，干预者需要根据学生的实际情况，设计具备挑战性的问题。

（四）心理健康教育干预活动实施四：学会管理时间

【教学时间、地点】 ××××年××月××日，××时；实验组教室

【教学准备】 多媒体课件、视频。

【操作要点】

1. 热身活动应该把游戏规则讲明白，学生能轻松理解；

2. 主题活动需要重点讲解时间管理四象限法的知识，教学生如何根据事情的轻重缓急进行排序，学生通过学习能应用到实际生活中；

3. 在结束活动的时候，应该让学生明白具体哪一段时间该做什么，同时引导学生交流讨论如何安排时间更加合理。

【教学进行】

1. 热身活动：和时间赛跑（5 分钟）

干预者：今天上课前，老师给大家带来了一个小游戏，让我们一起和时间赛跑，游戏规则请看大屏幕。

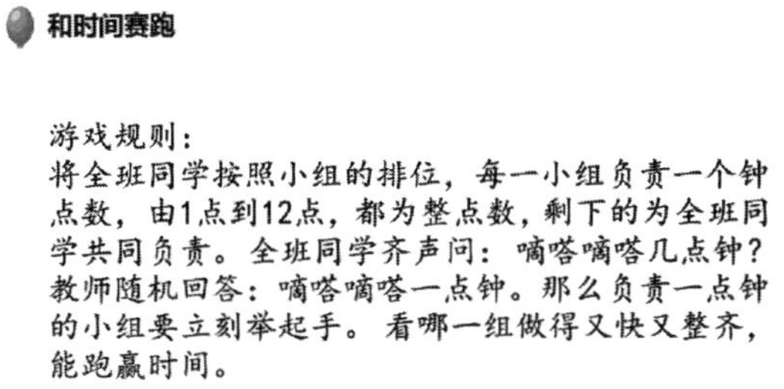

和时间赛跑

游戏规则：
将全班同学按照小组的排位，每一小组负责一个钟点数，由1点到12点，都为整点数，剩下的为全班同学共同负责。全班同学齐声问：嘀嗒嘀嗒几点钟？教师随机回答：嘀嗒嘀嗒一点钟。那么负责一点钟的小组要立刻举起手。看哪一组做得又快又整齐，能跑赢时间。

图 1－1 “和时间赛跑”游戏规则

干预者：要跑赢时间就要学会珍惜时间，学会管理时间。

2. 主题活动一：时间管理四象限（15 分钟）

干预者：同学们，接下来的时间，让我们一起进入时间管理的世界，一起学习时间管理的知识，一起合理分配时间。制订好学习计划，能让我们提高时间使用效率。让我们一起摆脱学业拖延，提高我们的学习效果。同学们，让我们一起学习，尝试着管理好自己的时间吧。

干预者：黑板上是今天我们要学习的时间管理四象限的知识。首先是第一象限的知识。第一象限指的是重要紧急的事，如今天要完成的学习任务，明天考试的复习资料。第二象限是重要、不紧急的事，如读书、人际交往、锻炼，应有规划，长期做。第三象限就是不重要、紧急的事情，如要交的

材料。第四象限是既不重要又不紧急的事，如看电视、打游戏，应尽量不做。

干预者：刚刚我们学习了时间管理四象限知识，接下来请同学们根据自己的实际情况，对以下的事情进行合理排序。假如吃完晚饭后，从晚上6点半到9点之间，有5件事情是你要完成的，这5件事情分别是：看电视，写日记，完成老师布置的作业，复习，和父母分享学校发生的事情。

3. 主题活动二：科学使用你的时间（10分钟）

干预者：刚刚同学们把时间管理四象限的知识掌握得很全面，在生活和学习中，我们也要根据事情的“重要性”和“紧急性”来划分生活中的事情。接下来我们观看一个视频，一起学习一天之中的四个高效学习的机遇。

第一个：每天早上起床后，这是人一天记忆力最好的时间段。

第二个：每天早上的8点到10点，是攻克难题的黄金时期。

第三个：每天晚上的18点到20点，可以复习，回顾当天学习的知识，也可以对白天学习的知识继续学习，加深记忆，并可以对所学的知识进行归纳总结。

第四个：每天临睡前一小时，是记忆、反复巩固知识的关键时间。

干预者：请同学们进行口头交流，根据上述规律，你会怎样使用自己的一天。

学生1：早上的时候，我会早点起床，吃完早饭后，在8点到10点的时间，我会做一些数学题和奥数题，接着我再做一些其他的作业，下午的时间我会去上些兴趣课等。这些课结束后我回家会做一些运动或完成妈妈给我布置的任务。晚上睡觉前我再去背课文，这样我想课文一定记得很牢固。

学生2：我觉得早上起床后可以先读一读单词，因为早上刚起床，读读单词可以让自己更加清醒。接着我就去上兴趣班，一直到下午。下午回家后，我想先做语文的阅读理解和数学题目，整理错题。到晚上要睡觉的时候，我可以再把早上读过的单词背一背，加深记忆。

4. 结束活动：计划你的一天（10分钟）

干预者：回忆刚才所学习到的知识，请同学们自己规划未来3天的计划。并且按照科学合理的方法对每个小时进行时间安排，内容包括任务的开始和结束时间，以及如何安排才能更好地节约时间，其中出现的干扰因素有哪些，事情的完成程度如何，每完成一件事情就在所完成的事情上打钩，并进行一个总结或评价。

干预者：我发现大部分的同学已经把学业任务的完成时间提前到早上的黄金时间进行，有的同学写《我的二十四小时》时，早上10点钟才起床，然后一直玩手机，作业总是拖到晚上才想起来去写。而学过时间管理知识后，现在把写作业的时间放到了早上，因为他现在认为完成作业是紧急且重要的事情，应该提前做完，这样玩的时候也能随心所欲。我相信通过同学们今天的学习，我们一定能够管理好时间，避免学业拖延行为。

【教学总结】

本节活动课目标明确，层层递进，学生在活动中基本达到活动目标。本节活动课的重难点是如何让学生通过学习时间管理四象限的知识，不仅能掌握时间管理的策略，还能对做事的顺序进行排序，并能科学合理地安排时间。本节课先设计的“和时间赛跑”小游戏能与前面的活动起到良好的衔接作用，也能在活动的开始就激发学生的学习兴趣，让学生积极参与课堂活动。在讲解时间管理四象限的内容时，目的是让学生能对事情先后顺序进行排列。干预者在知识讲解的时候拿学生要做的事情举例说明每个象限的内容，这样便于学生理解。在本次活动中，干预者也发现了一些不足之处。比如时间管理四象限知识的学习仅限于理论上的学习，与学生的实际生活有些脱节，所以除了教会学生重复利用学习和生活上的事情，还应当安排一些休闲活动，这也是时间管理的重要内容。只有劳逸结合，才能真正提高学习和生活的效率，实现时间管理的目标。

（五）心理健康教育干预活动实施五：摆脱拖延，做时间的主人

【教学时间、地点】 ××××年××月××日，××时；实验组教室

【教学准备】 多媒体课件、视频。

【操作要点】

1. 热身活动中，干预者要在学生进行游戏的时候，多给予学生适当的鼓励；

2. 在主题活动中，当学生分享的时候，要提醒其他同学注意倾听；

3. 在结束活动时干预者要注意自己的引导语，让学生达到放松的状态，从而能敞开心扉。

【教学进行】

1. 热身活动：一分钟鼓掌（5 分钟）

干预者：今天老师给大家带来一个游戏，老师邀请几位同学上台挑战一分钟鼓掌的次数，哪位同学愿意上台挑战？一位同学鼓掌，一位同学数数。

干预者：就请你们几位，鼓掌的同学先在心里估计自己鼓掌的次数，再找一位同学帮你们数次数，看谁拍的次数多。

干预者：你们刚刚预估的次数是不是比实际的次数少很多呢，其实每个人都有无限的潜力，所以我们要相信自己。刚刚老师也看到你们在鼓掌的过

程中，坚持不住的时候还在咬牙坚持。在生活中我们会遇到很多困难，只要我们努力坚持下去，就一定能够到达成功的彼岸。

2. 主题活动一：回望过去（10 分钟）

干预者：同学们，时间过得真快啊！今天这节课已经是我们的第五次课了，在本次活动中与同学们一起度过了快乐的时光，老师在这次活动中学习到了很多，相信同学们也一定有所收获。接下来就让我们一起前往苹果园，摘取胜利的果实，并和同学们分享你的收获。

学生 1：我的认识是：时间是非常宝贵的，所以我要把时间用在学习上。学业是第一位的，我会更好地利用时间。

学生 2：我认识到拖延是不好的，今天拖明天，明天拖后天，事情一旦做得太迟，就无法保证事情的质量。

学生 3：我学习到的是原来一分钟的时间能够做那么多的事情。

学生 4：我了解更多关于时间的名言警句。时间对于每个人来说都是公平的，只有合理地运用时间，才能让生活变得有规律，我们要珍爱时间。

学生 5：我觉得时间的分配是成功的关键，每天都可以列一个计划表。

学生 6：我认为时间应该好好利用，当你知道什么时间该干什么的话，那你就是时间的主人。我们要珍惜时间。

学生 7：我的新认识是可以少点拖延，合理安排时间。如果不能合理安排时间的话，就可能养成不好的习惯。

学生 8：我知道了要合理管理好自己的时间，哪怕是一分钟的时间也能做很多事情。

学生 9：我觉得我们总是把作业今天推明天，明天推后天，这是不对的，当天的事情当天要完成。

学生 10：拖延是不好的习惯，会造成不必要的损失。

学生 11：学业拖延会让我们没有成就感，学习成绩也会下降。

学生 12：通过本次活动，我对时间有了更深刻的印象，知道做事要有自己的规划。

干预者：同学们，在过去的这段时间里，通过每个人的努力，我们已经有了如此多的收获，这些都是胜利的果实，相信通过我们对时间的合理使用，一定能够改正学业拖延的习惯，获得成功。

3. 主题活动二：过关（10 分钟）

干预者：不知不觉我们已经有了那么多收获，那接下来应该就是我能、我行，我愿意、我自信。希望同学们能定下自己的目标。接下来我们一起玩一个过关的游戏，游戏规则请看大屏幕。

过关

游戏规则：
有两个守门神，守门把关。一位过关人，过关人的外在要求是昂首挺胸向前走，眼睛正视前方，说话声音响亮有力，办事态度坚决。守门神的要求是你凭什么本事过关，请在现场表演你的本事。接着过关人要在守门神3米外的距离开始走，站在守门神前面说：“报告守门神，我是×××，我有…… 来过关，现在请求过关。”最后，合格的过关，不合格的回去，并告诉他为什么不合格。

图1－2 “过关”游戏规则

4. 结束活动：坐上时光机（15分钟）

干预者播放一些轻松的音乐。

干预者：请同学们闭上眼睛，想象现在是早晨，第一缕阳光照在你的床上，你感到很温暖。现在请想象你小学毕业后，进入初中的画面。接着你考入理想的高中，最后你顺利考入大学，想象你的大学生活。接着请同学们用手中的纸和笔画一画，把你想象的画面，画出来与同学们分享。

在这个过程中有的学生把自己想象的画面画了下来，有的学生跟同学分享自己的愿望，有的学生想考入理想的初中，还有的学生想努力学习，以后能考入自己的目标大学，还有一些学生想当舞蹈老师，等等。干预者注意到有个女孩子，之前上课不是很积极，最后一次活动课也能主动参与，表达自己的愿望。每个学生都发挥了充分的想象，想象未来的美好生活。

干预者：这次活动，老师看到同学们都付出了很大的努力。相信同学们一定能利用好时间，成为时间的主人，摆脱学业拖延。

【教学总结】

这是最后一节活动课，本节活动课的目的就是让学生能在轻松愉快的活动中立下合理使用时间、摆脱拖延的目标，通过主题活动基本能达到目的。本节课的教学由理论回归到现实生活中，在整个活动过程中，让学生分享自己的收获，凸显学生的主体地位，也显示了整个课堂的生机和活力，收到良好的课堂效果。小学高年级学生即将进入中学，许多学生处在压抑和焦虑之中，游戏环节、想象环节的开展能帮助学生缓解压力。本节课让干预者印象深刻的是暖身活动环节，当看到学生拍手虽然感觉到很累，但是依旧咬牙坚持的时候，干预者认为学生正是在不断的鼓励中成长的。干预者关注到，一些女孩子平时比较腼腆，但是在最后一次活动中也能积极说出自己的愿望，干预者认为愉快的课堂会让学生更愿意表现自己。总之，干预活动的展开符合学生的认知，能帮助学生解决实际问题，在高年级开展是非常有意义的。当然，这节课也有一些不足之处，时间管理与学业拖延的联系不够，后续应设计更多活动，加强两者之间的联系。在结束活动开展时，由于时间不足，有很多同学的画都没有完成，只能让学生带回家完成。

三、心理健康教育干预活动课的效果评价及分析

主题心理健康教育干预活动实施之后，笔者对课程进行了效果评估与分析。分别从问卷调查的统计学数据对比的效果评估与分析、访谈的效果评估与分析以及从干预者的角度进行的效果评估与分析三个方面进行。

（一）统计学研究效果评估

在干预活动结束后，干预者使用李蒙蒙修订的一般拖延量表（学生版）对实验组学生和控制组学生进行后测，并对统计学研究结果进行效果评估，验证干预活动的有效性。

1. 五年级实验组和控制组前测、后测的均值变化

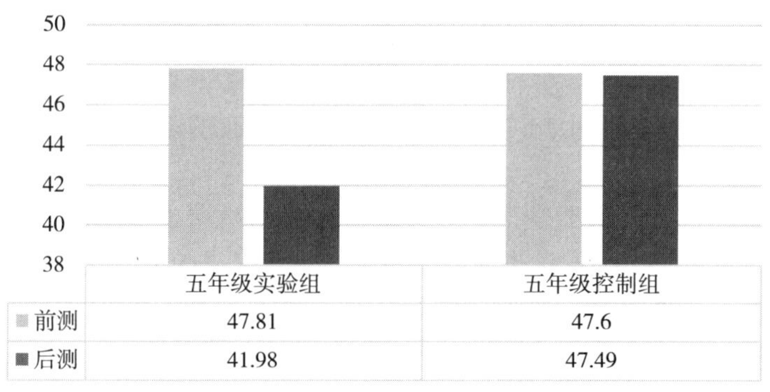

图 1－3　五年级实验组和控制组学业拖延干预前后均值变化（分）

通过图 1－3 表明：五年级实验组在实施了“提高时间管理能力”主题心理健康教育干预活动后，学生学业拖延得分明显降低，因此可以看出实施“提高时间管理能力”主题心理健康教育干预活动对于五年级实验组学生缓解学业拖延行为具有一定的积极作用。五年级控制组没有进行“提高时间管理能力”主题心理健康教育干预活动，学生的学业拖延问题没有发生显著改变。

2. 六年级实验组和控制组前测、后测的均值变化

通过图 1－4 表明：六年级实验组学生在参加了“提高时间管理能力”主题心理健康教育干预活动后，学生的学业拖延得到缓解。六年级控制组学生没有进行“提高时间管理能力”主题心理健康教育干预活动，六年级控制组学生的时间管理能力和学业拖延水平没有发生明显改变。

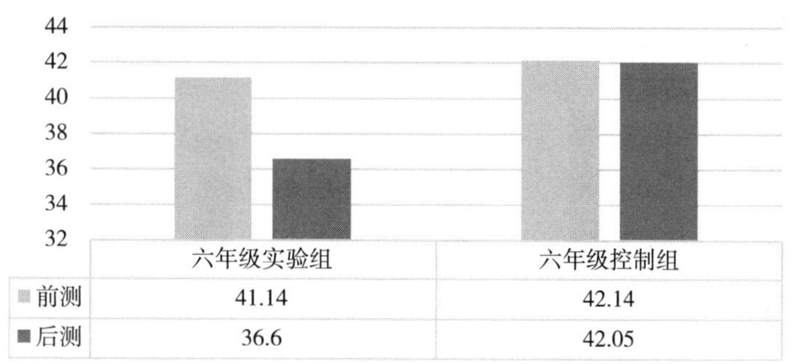

图1－4　六年级实验组和控制组学业拖延干预前后均值变化（分）

3. 定量评估小结

通过对实验组和控制组学生前后测数据进行对比分析，可以发现，在实施干预活动后，实验组学生的学业拖延得到有效缓解，而控制组学生的学业拖延水平没有显著变化，说明本次干预活动对缓解学生的学业拖延行为具有有效性。

（二）定性效果评估

在定量效果评估的基础上，干预者在心理健康教育干预活动实施后，通过访谈问卷的形式，对学生、干预者和家长进行问卷访谈，干预者通过与实验组学生的任课教师以及家长进行面对面的交谈，从第三方的角度了解小学高年级学生学业拖延的现状和对本次活动效果的评价，从而获得翔实的第一手资料。干预者根据访谈对象的回答客观记录，最后归纳综合分析，获得第一手资料，方便对本次心理健康教育干预活动的效果进行客观评价。根据访谈的结果和反馈从定性的角度对本次心理健康教育干预活动进行效果评估，分析干预活动对缓解学生学业拖延的有效性。

1. 学生访谈问卷的效果评估

在每次“提高时间管理能力”心理健康教育干预活动实施后，干预者随机与学生交谈参加活动课后的感受，并且在5次心理健康教育干预活动结束后，让学生对活动总反馈单进行填写，了解学生参加本次心理健康教育活动后的喜爱程度以及学生对本次活动的看法和收获。其内容如下：

（1）学生对于本次课程的喜爱程度

为了了解学生对“提高时间管理能力”心理健康教育干预活动的喜爱程度，干预者设计活动总反馈单让学生进行填写，反馈单第一个题项以李克特（Likert）五级评分法，从1分到5分，分别是非常不喜欢、不喜欢、一般、喜欢和非常喜欢。通过对数据统计分析发现，学生对这5次活动的喜爱程度均在4.5分以上，表明学生很喜欢本次心理健康教育干预活动，其中“正确认识时间”平均分最高，具体结果见图1－5。

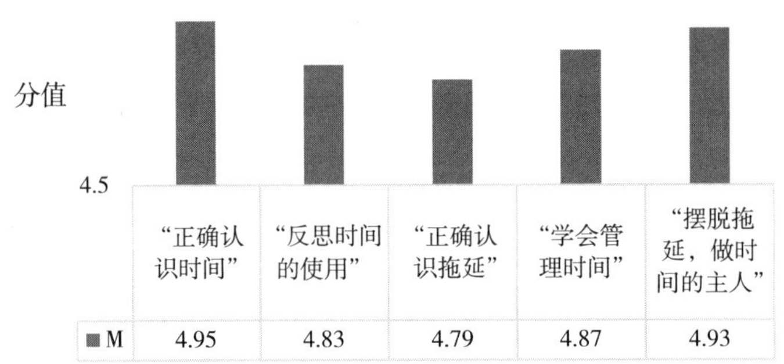

图1－5　实验组学生对活动的喜爱程度柱状图

（2）学生喜欢的活动内容和方式

干预者通过对学生填写的反馈单进行整理，了解学生在参加活动后喜欢的活动内容及原因，整理结果如下：学生最喜欢的活动是游戏环节，其次是亲身体验和影片欣赏的活动内容。

干预者与学生进一步交谈发现，学生喜欢在课堂上参加游戏环节和体验性活动，让学生在活动中学习的方式不仅能激发学生的学习兴趣，更能让学生在学习中得到放松。而故事欣赏的方式是学生选择最少的，有的学生认为故事能演绎出来或者以视频的方式播放出来，可能更能激发他们的兴趣。关于学生喜欢这次心理健康教育干预活动的原因，干预者在与学生多次的交流中总结出：学生喜欢本次活动最主要的原因是认为活动的内容丰富多彩，愿意积极参与；也有一些学生认为上课后能够正确认识时间，学会合理分配自己的时间；还有一些学生认为自己在参加完活动后，相信自己一定能够摆脱学业拖延。所以，干预者认为采取多元化的教学方式，让学生更愿意参与课堂。低年级的小学生在干预者提问后更加积极参与回答，积极参与课堂活动，低年级的课堂氛围整体活跃，但高年级学生在上课的时候不太愿意积极主动去回答干预者的提问，都是被动回答问题。通过本次心理健康教育活动的实施，高年级的学生更愿意参与课堂活动，说明学生的心理正在发生变化。

关于学生是否愿意再次参加类似的活动，通过对学生填写的答案进行整理发现，所有学生都勾选了愿意，这表明学生对本次活动非常认可，也非常愿意继续参与类似的心理健康教育干预活动。

（3）学生参加本次心理健康教育干预活动的收获

干预者在活动总反馈单上设计了开放性的题目让学生填写，题目为“对于本次活动，你的收获是什么，我想对老师说……”。干预者对学生的回答进行了整理，学生的回答如下：

学生1：谢谢老师，从活动中我学习了好多，以后我要摆脱拖延，重新合理安排时间。

学生2：感谢老师，让我认识到时间宝贵，也认识了拖延的危害，知道了怎么管理时间，我对计划时间有了正确认识。

学生3：老师您的课很有意思，您让我认识到要节约时间，不能浪费时间。希望您以后再给我们上这样的课程。

学生4：谢谢老师，我觉得活动很精彩。在课后，我制定了计划表，改掉了拖延的毛病。希望您能再给我们上课，让我们更好地管理时间。

学生5：希望老师以后能多上这类活动课，我学会了合理应用时间，摆脱了拖延症。

学生6：谢谢老师，您让我知道不要拖延时间，相信以后我一定能够摆脱拖延。

学生7：谢谢老师把关于时间的奇妙告诉了我，我会珍惜时间，把拖延的毛病改掉。

学生8：我学习到了时间对每个人都是公平的，同时也是十分珍贵的。

学生9：老师，我明白了如何管理时间，对学业拖延也有了新的认识，以后我会合理安排时间。

学生10：一寸光阴一寸金。我对时间有了新认识，以后我会珍惜时间，绝不拖延。很喜欢这次活动。

学生11：谢谢老师，您让我知道时间很宝贵，学业拖延会造成不好的影响，以后我会改正错误的。

学生12：我收获了很多时间的知识，其中我学到不要浪费时间，要节约时间，以后我会好好规划时间。

学生13：谢谢老师教我正确使用时间，我以后会按时完成学习任务。

学生14：老师上课的内容很棒，使我能正确认识时间，知道时间的重要。以后我能改正拖延的毛病。

学生15：老师，我觉得这次课讲得很精彩，我以后一定要珍惜时间，我以后能摆脱拖延。谢谢您老师。

学生16：我更加清楚地认识了时间，摆脱了学业拖延。谢谢老师。

通过对学生填写的活动反馈单内容进行分析，可以发现本次“提高时间管理能力”的心理健康教育活动对学生的学业拖延行为产生了正面的影响。首先，学生在认知方面发生改变。学生认识到时间的价值，认为时间是宝贵的，一秒钟都不能浪费，用自己的时间做该做的事情，发挥时间的作用。其次，学生在情感上发生变化。通过学生分享故事、小品演绎等活动，大部分的学生都感同身受，并进行自我反思，反思自己对时间使用不合理的地方，反思自己发生的学业拖延行为。最后，学生能够从行为上发生改变。有的学生通过课余时间制订了适合自己的学习计划，做好自己每天的规划。还有的学生立下目标要好好利用时间，摆脱学业拖延行为。学生对时间管理和学业拖延有了正确的认知，学生的时间价值感和学业拖延行为发生了改变，学生有了正确的认知后，才能将自己所学习的时间管理知识应用到实际的学习和生活之中，从而摆脱学业拖延行为。另外，干预者也利用课余时间与学生进行交流，可以发现，学生对本次心理健康教育干预活动接受度很高，学生喜欢活动中的游戏环节，认为能够一边进行游戏，一边学习到知识，他们愿意参与活动。

综合以上分析表明：本次心理健康教育干预活动符合小学高年级学生身心发展特点，丰富的活动内容和多元化的活动方式让学生更愿意参与其中，从学生的反馈中能看出本次活动取得良好的课堂效果，学生在参加完活动后对本次心理健康教育干预活动反馈良好。

2. 教师的访谈效果评估

在实施以“提高时间管理能力”为主题的心理健康教育活动后，为了对本次干预活动的效果有更全面的评估，干预者对实验组学生的四位任课教师进行访谈，了解学生在校期间产生的学业拖延问题、老师是否开展过相关活动帮助学生缓解学业拖延以及教师对本次活动的效果评价。通过对访谈的结果进行整理和分析，结果如下：

第一，关于学生是否在完成学业任务的时候产生过拖延的行为，具体的行为表现有哪些？

老师1：有部分学生存在学业拖延的情况，学生比较贪玩，有的学生不按时完成任务，还有的学生不按时完成作业，让他交作业的时候还会给自己找各种借口，主要还是因为他们做事懒散、不守时、特别贪玩。

老师2：学生在平时的学习中是会出现一些学业拖延行为的，别人一节课完成的内容，他三节课都无法完成，专注力差，上课也不专心。我也向这些学生了解具体原因，发现有的学生是因为作业太难了，不会写，也就不想写。

老师3：学生都会有拖延的情况，只是拖延程度不同。主要表现就是课堂作业不按时完成，家庭作业也不完成，特别是有些拖延严重的学生，他们写作业的时间用得很长，当让他们交的时候，他们又很着急，随便写写就交给我。

老师4：一些学生产生学业拖延的行为，具体就是写个作业磨磨蹭蹭，有的时候让他交作业也是最后才交来。

对以上教师的访谈表明：学生普遍存在学业拖延的行为，最主要的表现就是作业不按时完成，上课不专心，还为自己拖延任务找借口。

第二，学业拖延行为对学生的身心健康会产生什么影响?

老师1：学生对学习会越来越没信心，导致他们不管完成什么任务都会抱着应付的心理去完成，长此以往，学生学习效率很低。

老师2：如果学生经常产生学业拖延的行为会产生厌学的情绪，课堂上开小差，注意力不集中；还有的学生会做恶作剧，干扰课堂秩序。

老师3：长久的拖延行为会让学生对学习产生厌倦和厌学情绪，久而久之变成一种习惯，最终就会成为一种恶性循环。

老师4：学生如果有学业拖延的行为会产生一些不好的影响，比如说有的学生会厌恶做作业，不能按时完成学习任务，长此以往，学习效率就会变得很低。

通过对访谈结果的整理发现：学生如果一直有学业拖延行为，会导致学习效率低下、厌学情绪、自信心降低等，从而养成不良的学习习惯。

第三，老师布置学业任务的形式有哪些，学生完成时间要多久?

通过综合教师的访谈结果发现，几位教师都会布置不同形式的作业，比如书面作业、口头作业和实践作业等，学生平均完成的时间为40分钟。

第四，关于学生出现学业拖延的原因。

四位教师也列举了一些原因，通过整理可以归类为以下几种原因：一是学业任务超出学生能力范围，学生畏难；二是老师、家长要求太严格，学生对该学科没有兴趣；三是老师、家长疏于管理，督促不到位，缺乏沟通；四是学生时间观念差，边玩边做作业；五是学生专注力差，学习习惯差；六是学生自觉性差；七是没有养成在规定时间内完成相应任务的好习惯。通过四位教师的回答可以发现，学生产生学业拖延行为的原因有很多，但最主要的原因是学生的时间观念差，不能在规定时间内完成学业任务；其次是学生的自控能力差，自主学习能力差。

第五，教师是否展开相关的活动帮助学生缓解或摆脱学业拖延，效果如何?

老师1：我也开展过相关的活动，首先就是对学生进行作业分层布置，对学习有困难的学生降低作业要求，降低作业难度；其次就是对学生进行适当的激励，让他们对学习产生兴趣，较难的题目也会对学生给予指导和提示。我觉得效果不是很好，学生还是会产生学业拖延的行为。

老师2：在班级内部，我会进行分组，小组之间相互合作，互帮互学，组与组之间进行竞赛，这样的话，小组成员之间也会相互监督，这样学习效率就会提高。这样做可以取得不错的效果。

老师3：我认为学生的学业拖延行为主要是家中出现的比较多。我会先跟家长进行联系，希望家长在家中可以多督促孩子，得到家长的配合。对于学业拖延比较严重的学生，特别是贪玩的学生，我就单独找他们谈话，对他们进行心理辅导。我认为取得了不错的效果，但是只能短时间内有效果。

老师4：我之前在班级开展过相关的班会活动，具体就是让学生自己搜集资料，学生自己主持开展相关活动。还有的时候我会在班级内部树立学习积极的榜样。总体来说，两种方法的效果都不是很好。

通过以上教师的访谈表明：对于学生出现的学业拖延行为，每位老师都会采取不同的教学方式或展开不同的活动，缓解学生的拖延行为，但大部分的活动只能在较短时间内缓解学业拖延的行为或没有产生显著效果，而有的学生已经养成不良的习惯，并不能有效缓解学生的拖延行为。总的来说，教师开展的相关活动并不是持续的，由此取得的效果不够显著，不能从根本上改变学生的拖延行为。

第六，您觉得本次活动前后，您的学生有没有发生变化，拖延行为是否有所改善，请您举一些学生的例子来说一说。

老师1：参加这次活动，我认为学生还是有变化的。首先，学生的学习态度发生了很大的变化。特别是班上有一位同学，她平时上课不遵守纪律，爱搞小动作，完成学习任务也比较拖延，做事也是拖拖拉拉的，平时心思比较敏感，和其他同学的关系也比较紧张。由于是女孩子，平时也不太好批评。通过这次活动，我发现她发生了比较大的变化，她和同学的关系比之前好了很多，她脸上的笑容也多了很多，完成作业也没有那么拖拉了。经过这次活动，她的收获应该是很大的。

老师2：我觉得这次活动是很值得我学习的，活动开展对于部分学生会有一定的作用。根据我观察学生上课的表现，发现所有学生基本上都能按时交作业，之前有一个同学总是说自己的作业忘记带过来了，现在也都能按时上交。我觉得学生参加过这次活动后，不仅学习的拖延行为得到了缓解，更重要的是学生上课的积极性变高了，更愿意和老师交流了。

老师3：通过这次活动，作为老师，我对自己的教学工作也作了一些反思，找到了自己做得不够好的地方。由于老师的不断鼓励，学生对学业态度发生了很大的变化，看来在平时的教学中要多多激励学生。

老师4：在我看来，开展这样的主题活动很有意义，班上的学生都发生了很大的变化，特别是平时拖延行为比较严重的几个学生都有了变化，当我给他们时间写作业的时候，他们会认真完成，不像之前那样写作业的时候写一会儿就分心，还有就是交作业的时候不用催着去交了。

通过以上教师的访谈表明：这次主题活动的开展是非常有意义的，学生的学业拖延行为明显减少，学生对学业的态度发生了变化，对学业的厌恶情绪减少，学习习惯发生了明显的变化。一部分同学上课也变得更加积极，更多同学愿意举手回答问题。

第七，教师对开展本次活动的看法是什么，是否有改进的建议？

老师1：我认为开展这样的活动是非常有必要的，学生在活动中发生了很大的改变，尤其是在学习态度上发生了很大的变化，作为老师也得到很大收获，学到了一些开展活动的方法。

老师2：让我印象最深刻的是每次活动课之前的热身环节，很符合小学生的心理发展特点，学生也愿意在活动中学习。这样的活动能对自己的教学做一些反思，找到自己不够好的地方，改进自己的教学方法。

老师3：本次活动对缓解学生的学业拖延问题是很有用的，重要的是要持续开展效果会更明显。有一些活动的设计不能过于简单，一定要分析学生的实际情况进行。

老师4：我发现在活动过程中，男生比女生更愿意举手回答问题，表现自己。在我看来，可以改善一些活动，让女生也愿意积极参加活动。

综合以上的教师访谈表明：学生在完成作业时，容易产生拖延的行为。老师也会通过班会、榜样示范和小组竞争的方式来缓解学生的学业拖延行为，但是取得的效果并不明显。干预者在对实验组学生实施干预活动后，可以看出各老师对本次活动的认可度很高。学生参加完活动课后，通过对几位教师的访谈，可以得出学生在上完活动课后，发生了明显的变化，学生的学习态度发生转变，当老师布置学习任务时厌恶情绪减少。同时学生的学业拖延行为开始减少，学业任务能够按时完成，学习效率有所提高。老师也认为活动中的很多教学方法是值得借鉴的，学生上课的时候更愿意积极参与课堂活动，以后的课堂中也会多多设计类似的多元化的教学方式。通过对教师访谈的综合分析，说明本次心理健康教育干预活动具有有效性，学生在认知和行为上都发生了很大的变化，学生的拖延行为也减少了很多。

3. 家长的访谈效果评估

通过实施以“提高时间管理能力”为主题的心理健康教育活动，干预者对实验组学生的两位家长进行了访谈，收集了家长对学业拖延和时间管理方面的认识以及学生在参加本次“提高时间管理能力”主题心理健康教育干预活动后，学生在各个方面发生的变化。具体的访谈内容如下：

第一，除了学校布置的学习任务外，家长是否还会给孩子布置一些学习任务。

家长1：孩子在家中除了需要完成老师布置的一些家庭作业外，我也会给他布置一些学习任务，主要是读读课外书和名著。

家长2：有时候家庭作业不多的话，我会让孩子做些家务。

第二，学生是否出现过拖延行为，有什么具体表现。

家长1：拖延行为估计每个孩子都会有一点的，基本上是学习上的拖拉，每天的作业都需要家长提醒，他才会去做，不提醒他的话，他是能拖一会儿是一会儿。孩子的拖延行为还是比较严重的，每次在我提醒他后，他可能会做一张卷子，做完之后就想着休息一会儿，等要做第二张卷子的时候，还需要去提醒他。

家长2：孩子多多少少有拖延行为。我家孩子在低年级的时候一回家就写作业，完成作业后才会打开电视。上了高年级以后做事就变得越来越拖拉了，特别是上了补习班以后，我发现她每次上完补习班回家做作业就变得很拖拉，一会儿喝水，一会儿上厕所，有时候必须得我坐在她旁边看着她，她才会主动写作业。

第三，家长是否教学生一些时间管理的方法。

家长1：在暑假的时候，我也让他制订了一个详细的计划，安排哪个时间段该干什么。他自己思考后制订的计划，完成情况还可以。但是我在周末帮他制订计划，他完成得不是很好。不知道是不是因为暑假是他自己制订的计划，他愿意完成。

家长2：平时，我没有教过孩子时间管理的方法，不过有的时候在孩子做家庭作业的时候，我会让孩子在规定的时间内完成，不要拖拉。但是我觉得对于孩子来说学习时间管理的方法还是很重要的。

第四，参加本次活动课后，学生发生的变化。

家长1：每次上完这个课，孩子回家能主动和我们分享自己的时间计划，说他今天上课参加了哪些活动，我觉得这是一个很不错的变化。另外就是做作业变得积极了，也不用我催着他去写，他会主动完成家庭作业。

家长2：孩子说她学会时间管理了，还向我们展示每天制订的计划，我觉得这样的活动很有意义，希望学校在今后的课程中也能添加心理健康教育活动课。

综合分析两位家长的访谈结果表明：学生在家中除了完成老师布置的作业外，通常家长也会布置一些作业让学生完成，学生在家中也会出现一些拖延的行为，具体的表现就是在完成学习任务时，会拖时间，需要家长不断催促，但是催促的教育方式只会在当时有效。另外，针对时间管理的内容，家长没有对学生进行引导，帮助学生正确认识时间。而有的家长让学生制订计划，但没有教会学生科学合理制订计划，导致学生的时间管理能力存在不足。关于本次活动实施后，家长能够发现孩子的变化很大，学生完成作业时更积极主动，不需要督促。有的学生在家里还能和家长分享自己制订的学习计划表。家长认为学校可以多开展类似的心理健康教育活动，对缓解学生的学业拖延行为很有意义。由此可见，通过对家长的访谈，可以总结出本次活动能提高学生的自主学习能力，缓解学生的拖延行为。

4. 干预者角度的效果评估

每次干预活动结束后，干预者都会详细记录当天活动的实际情况，课堂上每个学生的表现和变化，课堂上的突发情况等，并在课后与学生交流。根据学生的实际情况和课堂状况，不断反思，不断完善活动方案，使活动方案能达到活动目标。以下是从干预者的角度对本次干预活动效果进行评价分析：

第一，学生参加活动积极性高。学生在此次活动之前，没有参加过相关的心理健康教育干预活动，因此，学生一开始的热情很高，特别是每次活动的热身游戏都能抓住学生的兴趣点，提高学生的参与度。另外，小学高年级的学生面临学业的压力，不仅学业任务重，有的课后还参加兴趣班。大部分学生能够将活动中学习到的知识应用到实际的生活和学习中，学生能够体会合理安排时间带来的成就感，学习效率有所提高，自信心也会随之增强，他们自然更乐意参加活动。

第二，参加活动的学生所在班级氛围良好。在整个活动中，每次活动课干预者力求创造一个轻松愉快的课堂氛围。第一次活动中“击鼓传花”游戏环节增加了学生之间的交流和互动，学生之间建立了尊重和信任，保证了活动的顺利进行。在活动中，学生不仅在干预者的引导下能感悟时间管理与学业拖延的关系，领悟时间管理的重要性，还能与同学相互分享、相互学习。在整个活动中，学生有更多的思考空间，每个人都能认真倾听同伴的想法，也有的学生从不敢发言到敢于发表自己的观点，交流自己的时间管理技巧，促进学生自身对时间管理认识的转变，增强摆脱学业拖延的信心。

5. 定性评估小结

通过对学生、教师、家长反馈分析以及干预者角度的效果评估进行综合分析，发现该干预活动能够提高学生的时间管理能力，学生的学业拖延行为显著改善。

四、心理健康教育干预活动课的总结

（一）心理健康教育干预活动能有效缓解学生普遍存在的学业拖延问题

干预者以时间管理理论、团体动力学理论和人际沟通理论为理论依据，在发现小学高年级学生在时间管理能力与学业拖延上存在的问题后，设计了以“提高时间管理能力”为主题的心理健康教育干预活动，活动设计方案在遵循小学高年级学生的身心发展特点的基础上设计“正确认识时间”“反思时间的使用”“正确认识拖延”“学会时间管理”“摆脱拖延，做时间的主人”5次活动，帮助学生从认识时间、亲身体验时间的价值到学习时间管理的方法来提高自身时间管理能力，最终摆脱学业拖延。为了更好地达到活动目标，干预者设计了多种形式的活动方式，充分发挥学生的主观能动性，让学生积极参与、学会倾听和自我反思，学生在干预活动实施后能正确认识时间和学业拖延，达到自我反思，并在干预者的引导下学习时间管理的方法，合理计划和使用时间，通过有效提高学生时间管理能力，改善学业拖延行为。这说明本次心理健康教育干预活动有效缓解了学生学业拖延，对学校开展心理健康教育课程具有一定的借鉴作用。

（二）学生对心理健康教育干预活动接受程度高

一方面，本次干预活动的设计在查阅了大量“学业拖延”和“时间管理”相关文献以及一些心理辅导活动方案的基础上，围绕时间管理倾向的三个维度并涵盖学业拖延的相关内容进行设计，在最后一个活动设计中将时间管理能力与摆脱学业拖延相结合，有效帮助学生学习时间管理的相关知识和科学合理地使用时间，从而提高学生的时间管理能力，缓解学业拖延行为。本次活动方案分为5次，从第一次到最后一次，是层层推进、环环相扣的，在每次活动结束后，干预者也会根据活动中的情况和学生的表现去不断修改活动方案，使每次活动都能达到活动目标。另一方面，活动根据研究对象的实际情况设计，活动方案内容多元化，每次活动都会将游戏、影片欣赏、亲身体验等多种活动方式结合起来，体现学生的主体地位，让学生在做中学，整个活动过程丰富多彩，学生乐在其中。

（三）心理健康教育干预活动实施后，学生在知情意行方面有所改变

本次干预活动发现学生普遍存在的学业拖延问题，而在实际的教育教学中，对学生学业拖延的缓解大多都是通过教育者对学生的口头谈话进行的，效果不显著。而干预者以团体动力学理论为理论依据，通过实施以“提高时间管理能力”为主题的心理健康教育干预活动，目的是通过提高学生的时间管理能力来缓解学业拖延。在实施心理健康教育干预活动后，学生在认知、情感和行为上发生了很大的变化，学生的学业拖延行为得到有效缓解，证实本次心理健康教育干预活动对缓解小学生学业拖延的有效性，这为心理健康教育的开展提供了可靠的实证依据，说明心理健康教育干预活动是促进学生身心健康发展的重要活动。因此，中小学应该重视心理健康教育课程的开展，有针对性地进行心理健康教育课程目标、目的、活动方式设计，在课程实施

后及时反思并对活动的效果进行全面评估与分析，保证心理健康教育课程教育实施质量，从而达到目标，有效解决学生在心理发展过程中普遍存在的问题。

（四）多元化效果评估方式证明心理健康教育干预活动的有效性

本次心理健康教育干预活动实施后，干预者采用多元化的效果评估方式对实施后的效果进行评估。首先，在干预活动实施后，干预者使用问卷调查法对实验组和控制组学生进行后测，通过对实验组前后测数据、控制组前后测数据、实验组和控制组后测数据进行对比，分析干预活动的有效性。其次，干预者通过学生反馈、教师访谈和家长访谈三方反馈的结果得出实验组学生反映在活动中收获颇多。教师和家长都普遍认为心理健康教育干预活动能有效缓解学生的学业拖延，学生在参加活动后发生了很大变化。最后，干预者通过自身角度的观察对本次干预活动的效果进行评估。干预者通过多种效果评估方式评价本次心理健康教育干预活动的有效性，证明通过干预活动能提高小学高年级学生的时间管理能力，学业拖延行为得到显著改善，达到本次心理健康教育干预活动的目标。多元化的效果评估方式能够深入了解学生，更加全面、真实地展示本次心理健康教育干预活动实施过程中的课堂情况和学生课后变化，能综合反映本次心理健康教育干预活动的实施成效。

（五）多角度的训练方式可以有效提高学生的时间管理能力

通过本次干预活动，可以发现小学高年级学生对时间的长度和价值不够敏感，缺乏运筹和掌握时间的能力，这是小学生出现学业拖延行为的主要原因。由此，从学生入校开始，老师就可以在教育教学过程中渗透正确的时间观念，训练学生的时间管理能力。由于每一阶段学生的心理发展特征不同，教师可以在遵循学生心理发展特点的基础上并结合学生的实际情况，开展时间管理或学业拖延相关的主题班会活动、讲座以及心理健康教育课程，进一步提高他们的时间管理能力。训练学生时间管理能力的关键，就是将时间管理相关知识传授给学生，小学生能针对自己的实际情况分配时间，安排学习计划，因此教师可以从多个角度、多个学科对小学生进行时间管理知识的渗透。首先，教师要在教育教学的过程中将时间管理的策略渗透给学生，比如每天引导学生树立适合的学习目标，学生制订的目标既要符合实际情况，又要具有挑战性，当学生完成自己制订的目标后，就会产生自信心，对下一阶段目标的完成也会充满动力。其次，教师可以引导学生每日自主编写属于自己的时间管理手册，每日制订合理的学习计划，鼓励学生按时完成。另外要引导学生学会反思。反思分为计划实施过程中和计划完成后。在计划实施过程中，学生应该适时调整自己的时间管理方法，保证时间的利用率达到最大化，减少拖延。在计划完成后，学生应该进行自我检查，对每个目标效果进行反思，并从中吸取经验，提高学习效率，促进个体成长。

（六）家校合作在缓解学生学业拖延行为方面具有重要作用

通过与家长交流可以发现，学生在家中完成学业任务时会产生拖延，家庭教育对学生的时间管理能力和学业拖延都有一定的影响，所以还需要家长对孩子进行引导和强化。首先，家长是孩子最好的老师，家长对时间的态度和拖延行为都会成为孩子模仿的对象，因此家长应该树立榜样的作用。比如，为了控制孩子玩手机和看电视的时长，家长也需要遵守给孩子的规定。家长和孩子之间可以共同制订学习计划，彼此之间互相监督，不仅能够加强亲子交流，还能共同进步。其次，良好的亲子关系也能在一定程度上帮助小学生缓解学业拖延行为。当学生遇到学习上的问题时，会乐于向父母分享并寻求帮助，从而使问题得到解决，缓解一定的学业拖延问题。再次，父母应当给予孩子适当的期望。每个孩子都有自己的个体差异，父母的期望过高，会让孩子对学业产生厌恶的情绪；父母的期望过低，孩子又会对学业产生消极的态度。因此，作为家长应该与老师建立沟通与联系，真正了解孩子的学习状态，建立正确的教育观念，给予孩子合适的引导，从而有效缓解孩子的学业拖延行为。最后，家校合作离不开学校教育的作用。学校可以举办一些活动，邀请家长和学生一起参加活动，比如家长会和亲子活动等，让家长了解一些时间管理方法和正确的教育方法，也让家长重视学生的学业任务，及时和老师进行交流，共同实现育人目标，促进学生身心健康发展。

第二章　小学生“情绪体验与情绪管理”的心理健康教育干预活动辅导

一、心理健康教育干预活动课的设计

“积极情绪培育”主题心理健康教育干预活动的设计与实施以团体心理辅导中的团体动力学为核心，以人际相互作用分析理论为依据，从营造和谐、平等、互助的氛围开始，借助团体的方式发展到学生个体，帮助学生学会社交技巧，改善不良情绪，促进学生的成长，并与他人建立和谐稳定的人际关系。

本次干预活动的理论依据还涉及积极心理学理论（从增强积极情绪体验、建立积极人格特质、融入积极的社会环境三大方面着手）、情绪社会建构理论（情绪产生于人与人之间的交往活动中，应该合理利用好情绪情境）以及自我意识理论（人应该充分地认知自己，合理评价自己），从而为本次干预活动奠定坚实的理论基础。

本次干预活动以教育学课程设计与实施的要求作为依据，按照以学生为主体的原则、关注学生全面发展的整体性原则以及符合学生年龄特点的适时性原则，以积极情绪培养为总目标进行“积极情绪培育”主题心理健康教育干预活动的设计与实施，以“积极情绪培育”为主题进行心理健康教育干预活动方案的设计。设计方案从“提升自我意识，合理评价自己”“增强积极情绪体验”“增强积极人格特质”“融入积极社会环境”“科学发展自己，正确调节情绪”5个目标进行，其中包括主题教育活动设计的理论依据、活动的目标及目的设计、活动的内容设计、活动重难点以及活动的形式。其目的在于增强学生的积极情绪体验，帮助其学会调节自身情绪，培育积极的人格，进而良好地适应团体、适应社会。

（一）心理健康教育干预活动方案一：提升自我意识，合理评价自己

【教学对象】五、六年级的实施对象

【教学计划学时】1课时

【设计理念】

自我认识是自己对他人眼中自己的认识和自己对自己的认识。包括生理上的自己（如身高、外貌、性别、体重等）、心理上的自己（如能力、气质、性格等）以及社会上的自己（如人际关系、社会地位等）。孩子处于五、六年级，由于年龄和经验的限制，他们对于自我的感觉会出现一定的片面性和盲目性，他们无法正确、合理地认知自己、评价自己。会产生自负、自卑、自私等心理。因此只有让学生清楚地认识自己是一个怎样的人后，对自己有一个清晰、准确的认识，才能够客观地发展、评价自己，以一种全新的自我去拥抱每一个人，拥抱未来。因此，利用自我意识理论让学生从认识自我、他人眼中的我、众人眼中的我到最后自己如何正确、合理地认识自己，步步深入，帮助学生能够认识到自己的不足和长处，使每一位学生都参与活动，得到成长，得到提升。

【教学目的】帮助学生提升自我意识，学会用客观、全面、发展的眼光看待自己。

【教学目标】

1. 认识到每个人都是独一无二的；
2. 通过不同的途径、方式提高自我认识；
3. 初步学会用客观、全面、发展的眼光看待自己。

【教学重难点】

1. 重点：（1）认识到每个人都是独一无二的；（2）通过不同的途径、方式提高自我认识。

2. 难点：初步学会用客观、全面、发展的眼光看待自己。

【教学内容】

1. 热身活动：找不同（5 分钟）

2. 主题活动

（1）说说我自己：直觉的我；

（2）照镜子：某人眼中的我（30 分钟）；

（3）超级模仿：众人眼中的我；

（4）如何认识自我。

3. 活动结束：重塑自我（5 分钟）

【教学形式】游戏、角色扮演、填句、小组讨论等。

（二）心理健康教育干预活动方案二：增强积极情绪体验

【教学对象】五、六年级的实施对象

【教学计划学时】1 课时

【设计理念】

小学高年级学生对于自我的认识逐渐增强，因此他们常常会因为外界的一些刺激而产生一些较为强烈的情绪和情感，分为两极，沉默或者暴躁，对于这些消极的情绪，他们大多无法轻松应对。因而教给学生一些积极有效的方式、方法，可以使其更加合理地调节自身情绪，增强积极的情绪体验，使其充满阳光、乐观开朗地面对生活中的问题情境。同时，小学高年级学生虽然已经具备了一定的辨别是非能力，也具备了一定的情绪调节和控制能力，但如独生子女、三代同堂的孩子由于家长的宠爱，情绪的控制、辨别能力较差，因此本次干预活动从增强学生积极情绪体验出发，使学生学会辨别情绪。同时，情绪社会建构理论也强调，情绪产生于人与人之间的交往和互动当中，所以使学生了解彼此，认知自己和他人尤为重要。

【教学目的】帮助学生增强积极的情绪体验，了解情绪对生活的意义和作用，并始终保持乐观、积极的状态。

【教学目标】

1. 了解都有哪些情绪以及情绪对个体的影响；

2. 能在日常生活中学会觉察情绪、体验积极情绪，能够运用积极有效的方法来调节不良情绪；

3. 了解积极情绪对生活的重要意义，并始终保持积极乐观、开朗的心境。

【教学重难点】

1. 重点：（1）了解都有哪些情绪以及情绪对个体的影响；（2）能在日常生活中学会觉察情绪、体验积极情绪，能够运用积极有效的方法来调节不良情绪。

2. 难点：了解积极情绪对生活的意义，并始终保持乐观向上、积极开朗的心理状态。

【教学内容】

1. 热身游戏：“我猜你演”（10 分钟）

2. 主题活动

（1）情绪涂鸦（25 分钟）；

（2）情绪表达。

3. 活动结束：情绪放大镜（5 分钟）

【教学形式】游戏、小组活动、案例分析。

（三）心理健康教育干预活动方案三：培养积极人格特质

【教学对象】五、六年级的实施对象

【教学计划学时】1 课时

【设计理念】

拥有积极人格特质的人，即代表拥有很广阔的活动范围，在生活中，他们兴趣广泛，遇到困难和挫折能够迎难而上、积极应对，能够站在他人的角度看待问题，具有良好的心理品质；在学校里，积极参加各种有意义的活动，对待朋友热情不逾矩，具有良好的与他人交流沟通的能力，能够给他人带来正能量，不冲动易怒，做事有准则，情绪上能够觉察到快乐的意义，不轻易被负面情绪“绑架”。对于小学高年级的学生来说，他们的世界观、人生观、价值观还未彻底定型，所以告知学生每天一个微笑的好处，帮助学生发现快乐无处不在，从而得到感悟和收获，帮助其学会成为一个具有积极人格特质的人尤为重要。

【教学目的】帮助学生建立积极的人格，在生活中遇到挫折与困难等消极状况时要乐观向上，拥有良好的积极品质。

【教学目标】

1. 觉察日常生活中的快乐情绪以及积极情绪所带来的优点；

2. 寻找使自己快乐的方法，发现生活的积极意义；

3. 学会在生活中遇到挫折与困难等消极状况时要乐观向上，拥有良好的积极品质。

【教学重难点】

1. 重点：觉察日常生活中的快乐情绪以及积极情绪所带来的优点。

2. 难点：（1）寻找使自己快乐的方法，发现生活的积极意义；（2）学会在生活中遇到挫折与困难等消极情况时要乐观向上，拥有良好的积极品质。

【教学内容】

1. 热身游戏：镜子活动（10 分钟）

2. 主题活动

（1）快乐清单；

（2）情景模拟（25 分钟）；

（3）经验交流。

3. 活动结束：反馈总结（5 分钟）

【教学形式】游戏、小组活动。

（四）心理健康教育干预活动方案四：融入积极社会环境

【教学对象】五、六年级的实施对象

【教学计划学时】1 课时

【设计理念】

积极心理学认为人是有社会性的，人的成长和发展离不开社会环境，相应地，社会环境也在很大程度上影响了人的发展，如文化、社会氛围等都能够影响一个人的发展。如果给学生营造一个积极的氛围，他们将不自觉地产生积极的心理品质，从而激发本身所具有的潜能。

团体动力学理论充分重视团体的重要性，团体中的活动能够帮助成员之间认识自我、学会表达、学会交往等。而情绪社会建构理论也认为个体的情绪反应与个体存在的社会氛围密切相连，并且个体的情绪产生于社会交往与人际交流中，而这种情绪的产生反过来也会改变社会上人与人的交往和互动。因此本次活动将团体动力学理论与情绪社会建构理论结合在一起，使学生体会到团队的重要性，帮助其与他人建立良好的人际关系，感受与他人和睦相处以及受欢迎的愉悦。让学生懂得积极关系需要具备哪些条件，让学生在讨论过程中有所启发、有所感悟，从而能与他人和睦相处、友好交往，将自己没做到的积极品质内化为自身行为。使学生学会团队合作以及信任他人，了解到人际交往中合作的重要性，增进班级成员感情，相互勉励，使学生学会感恩，从而与他人建立积极的人际关系。并且使成员学会关爱、信任、尊重他人，并在此基础上进行团体合作，靠集体的力量去解决大家一起面临的问题和困惑，体会团体支持对个人的意义和重要性。

【教学目的】帮助学生在合理控制情绪、做积极乐观的人的基础上掌握在社会或团体中与人交往的技巧，明白团队的重要性。

【教学目标】

1. 在学会合理控制情绪，做积极乐观的人的基础上，使学生学会关爱、信任、尊重他人，培养学生对人、对物的积极态度，学习有效的沟通技巧，建立和谐的人际关系；

2. 学生在活动中自己感悟，感受与他人和睦相处的快乐，获得积极的情感体验；

3. 帮助学生掌握在社会或团体中与人交往的技巧，明白团队的重要性，为以后建立良好的人际关系打下基础。

【教学重难点】

1. 重点：（1）学生在活动中自己感悟，感受与他人和睦相处的快乐，获得积极的情感体验；（2）帮助学生掌握在社会或团体中与人交往的技巧，明白团队的重要性，为以后建立良好的人际关系打下基础。

2. 难点：在学会合理控制情绪，做积极乐观的人的基础上，使学生学会关爱、信任、尊重他人，培养学生对人、对物的积极态度，学习有效的沟通技巧，建立和谐的人际关系。

【教学内容】

1. 热身游戏：解开千千结（10 分钟）

2. 主题活动

（1）交际之花：我的友谊之花（10 分钟）；

（2）信任盲道（15 分钟）。

3. 活动结束：传递祝福（5 分钟）

【教学形式】游戏、小组活动、角色扮演。

（五）心理健康教育干预活动设计方案五：科学发展自己，正确调节情绪

【教学对象】五、六年级的实施对象

【教学计划学时】1 课时

【设计理念】

利用团体动力学理论、情绪社会建构理论、自我意识理论，帮助学生总结过去几周的学习体验，深化活动所学知识，合理调节自身情绪，从而成为更加积极向上的人，进而具备良好的社会适应能力。并且帮助学生整理自己的生命成长轨迹，并积极谋划未来，使学生以一个积极的态度憧憬未来。

因此，以团体心理辅导的方式唤醒同学们的积极情绪，利用情绪社会建构理论，帮助学生深化自我认识，总结过去，体会现在，展望未来，使学生以积极的态度憧憬未来。最后通过自我意识理论，合理认知自己、评价他人，帮助学生整理心态变化，检验自己的情绪是否发生改变，能够拥有积极情绪，成为一个乐观向上的人，从而更好地适应社会。

【教学目的】帮助学生总结过去、体会现在、展望未来，科学发展自己，并以积极的态度憧憬未来。

【教学目标】

1. 深化“积极情绪培育”主题心理健康教育活动中的体验，协助学生发现自己的改变，并分享、讨论自己的感受以及收获；

2. 帮助学生深化对自身的认识，勇敢地表达情绪、敞开自己的怀抱；

3. 帮助学生总结过去、体会现在、展望未来，并以积极的态度憧憬未来。

【教学重难点】

1. 重点：（1）协助学生发现自己的改变，并分享、讨论自己的感受以及收获；（2）帮助学生深化对自身的认识，勇敢地表达情绪、敞开自己的怀抱。

2. 难点：体会现在、展望未来，并以积极的态度憧憬未来。

【教学内容】

1. 热身游戏：寻找鸡蛋（10 分钟）

2. 主题活动

（1）情绪清单（10 分钟）；
（2）拥抱未来（15 分钟）。
3. 活动结束：传递祝福（5 分钟）
【教学形式】游戏、小组活动。

二、心理健康教育干预活动课的实施

在干预活动方案设计结束后，本次干预活动将实施 5 次“积极情绪培育”主题心理健康教育干预活动。在五、六年级分别选出情绪调节能力统计学数据调查结果差异不大的两个班作为实验组和控制组，实验组接受为期 3 个月共 5 次的“积极情绪培育”主题心理健康教育干预活动，控制组在 3 个月期间不进行任何心理健康教育干预活动；实施的内容包括干预活动的准备、进行、操作要点等过程。

（一）心理健康教育干预活动实施一：提升自我意识，合理评价自己

【教学时间、地点】 ××××年××月××日，××时；实验组教室

【教学准备】多媒体课件、歌曲《小小的我》、写有班级座位号的小纸条、小纸盒、课堂材料单。

【操作要点】

1. 热身活动中，学生大多对自己的形象较为敏感，因此不要把“找不同”变为“揭短”活动，如果学生找不到不同，干预者可引导学生从细微之处如皮肤、手的大小等地方观察；
2. 主题活动中，干预者要注意引导学生尊重同学，评价时要保持客观中立，不能模仿伤及学生自尊及脸面的事情；
3. 活动结束的总结和课外延伸注意对时间的把控。

【教学进行】

1. 热身活动：找不同（5 分钟）

干预者：上课之前，老师带领大家做个小游戏，请大家自己选择队友，两人一组，请仔细观察你的小伙伴，寻找出他/她身上至少一处他/她与众不同的地方，时间 1 分钟。老师提醒大家，不要找对方比较忌讳的地方。（PPT 展示游戏规则）

干预者：有哪两位同学想来试试呢？（请一组同学说说。）

学生 1：她有一头长发，笑起来很阳光。

学生 2：他个子高高的，由于经常运动皮肤晒得比较黑。

干预者：好的，请坐。两位同学都观察得很全面、细致。从刚才的活动

中，我们也可以发现我们每个人都有与众不同的地方，我们每个人都是独一无二的。那么我们真正认识自己、了解自己吗？今天我们就来充分认识一下自己吧！

2. 主题活动一：说说我自己——直觉的我（30分钟）

干预者：接下来，我想请同学们说说自己，你觉得自己是什么样的呢？或者又不是什么样的呢？老师在反馈表里已经举出了一些例子给同学们做参考，同学们可以根据老师的提示进行填写，也可以自己想。如我是有恒心、有毅力、开朗、活泼、善良、乐于助人、有责任感、被动的……请同学们写完以后进行小组讨论，然后老师将会请小组代表发言，在班级分享你们讨论的结果。

学生3：我觉得我很高、很帅，有爱心。我不是一个充满好奇心的人，也是不追根究底、善于言辞的人。我想到的就这么多。

（同学大笑）

干预者：好的，谢谢你的回答。我觉得大家的笑是认同你非常能够认清自己的优点，老师也觉得你很高、很帅！还有哪位同学来说说自己？

学生4：我经常烦躁，容易恼怒并且容易冲动。我是个开朗、有主见的女生，不是一个文静、害羞的女孩。

干预者：你比较欣赏自己哪些地方呢？不太满意的地方又有哪些呢？请同学们分享一下。

学生5：我欣赏自己的地方是我爱笑，不太满意的是有点冲动。

干预者：那你觉得还有需要改善的地方吗？

学生6：我觉得需要改掉我冲动的毛病。

学生7：我欣赏自己的地方是我觉得我很理智，对待事物一般情绪起伏不会很大；不太满意的是我有一些冷漠，我觉得我需要对待同学热情一点儿。

干预者：既然同学们能够根据老师的提示词对自己作出合理的判断，还能再加上一些老师没有给的提示词。我觉得大家已经能够对自己有一个大概的认识了。那么接下来，老师想再问问大家，你们觉得如果将自己分为生理的我、心理的我、社会的我三类，应该如何介绍自己呢？

（干预者解释生理的我、心理的我、社会的我为何意，并出示PPT举例子，帮助学生更好地理解。）

干预者：好的，第一位举手的是一个女同学，我们就来听听她是如何认识自己的。

学生8：生理的我：身高155cm；外貌：五官还好；体重：34kg；性别：女

心理的我：气质：说不出；性格：还好；兴趣：听音乐

社会的我：学生

干预者：这位同学很有勇气，能够完整地从各个方面认识自己，并且对于老师刚才为大家介绍的什么是生理的我、心理的我、社会的我理解得也很清楚。请大家为她鼓掌！

（同学鼓掌！）

干预者：还有没有其他同学想来说说？我们再请一位男同学吧！

学生9：生理的我164.1cm，49kg，男；心理的我害羞，喜欢打球；社会的我是学生。

干预者：好，我们也谢谢这位酷酷又害羞的男同学的分享。既然大家不好意思跟同学们分享，那么我们就写在老师给大家发的材料上，给大家2分钟的时间，开始吧！

（学生填写材料）

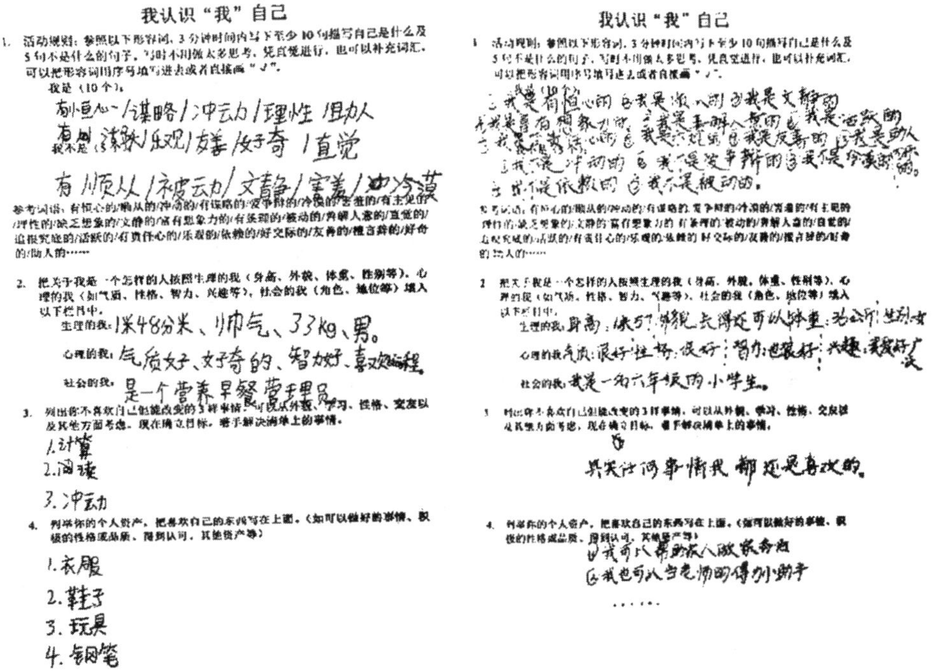

图2-1 学生的材料填写展示

3. 主题活动二：照镜子——某人眼中的我

干预者：刚才同学们在“说说我自己”这个环节中，我发现有些同学会出现一些嘲笑的声音，说明这些同学对自己的认识和别人对他（她）的认识存在不同。但是我们需要知道的是我们有时很难正确、客观地看待自己，然而通过周围的人对我们的态度和评价能帮助我们在一定程度上认识、了解自己。现在我们就通过“照镜子”感受一下某人眼中的我。

干预者：老师现在将要发给每位同学一张小贴纸，请同学到前面的小纸盒来抽号码，记住：抽到的号码不要告诉其他同学。如果有的同学抽到了自己的号码，那么就再重新抽一次。

（同学们抽号码）

干预者：现在给大家2分钟的时间，请同学们不用写自己的名字，在贴纸的右上角写上你抽到的号码，然后请你把对这位同学的印象写在纸上，但不能对对方进行人身攻击。写好后，请同学们将写好后的贴纸放进小盒子里，老师将按照你们右上角写的号码发给各位座位号的同学。

干预者：下面就请同学们小组内交流一下自己拿到的纸条上他人对自己的评价是什么？你们觉得和自己对自己的评价是一样的吗？

学生1：我觉得同学给我的反馈与自己的评价是一致的，我平常就喜欢看书，以至于我早早地就戴上了眼镜。

干预者：有没有不一样的同学？

学生2：我平常就愿意逗同学，开玩笑，但我是没有恶意的。

学生3：我觉得我的自我评价和别人写给我的评价有些一样，有些不同，没有想到我在别人眼里是个如此阳光的人，但是我爱打篮球倒是有目共睹！

……

干预者：别人对你的印象就像一面镜子，可以从“镜子”中了解不一样的自己。因此我们不能像《皇帝的新装》里的皇帝一样，自欺欺人，而是要学会去发现真实的自己，适当地去倾听他人的意见以及反省自己的不足。

4. 主题活动三：超级模仿——众人眼中的我

干预者：在刚才的活动中，我们通过他人的评价来了解了别人眼中的自己。也许有的同学会认为这个人一点儿都不了解自己是什么样的，我们也不熟悉，这只是他片面的观点。因此，我们接下来进入“超级模仿”环节，通过众人眼中的我来了解一下自己是什么样子的。

干预者：请一位同学上来模仿本班的一位同学，可以模仿他/她平常的行为习惯、言语等。当然也要先告诉同学们你模仿的是男孩还是女孩，也记住不能以嘲笑、讥笑的口吻去模仿他人。然后让本小组的同学猜猜是班上哪位同学。

（学生上台模仿）

（学生讨论、猜测）

……

干预者：如果很多同学都说这个同学模仿得很像、很传神，那就说明这位模仿者模仿得很成功，并且被模仿者也确实具有这方面的明显特征。

5. 主题活动四：如何认识自我

干预者：如果大家把自己看成是一个长方形，它有4个部分，公开区是别人和自己都知道的自己；盲点区是别人能看得到，而自己却不知道的自己；隐藏区是自己不想告诉别人的自己；未知区则是自己都不知道的自己，有待开发和发掘。

	自己知道的	自己不知道的
别人知道	（A）公开区	（B）盲点区
别人不知	（C）隐藏区	（D）未知区

图2-2　乔哈里窗口

干预者：我们可以通过自我反省、第三方的反馈（干预者、家长）或者心理测试等方法来认识自己。无论现在我们的脾气秉性是好是坏、成绩高还是低，都要不断进行改正和自省。因为我们还存在着有待开发的“我”，不断挖掘尚未发现的闪光点，不断认知自己，就会拥有不一样的人生。

6. 活动结束：重塑自我（歌曲《小小的我》5分钟）

干预者：请同学们跟随着音乐在纸上写下自己想要改变的三件事，如我不想太内向了、我想多交朋友、我想改掉自己拖延的毛病等。再写出自己最喜欢自己的三件事，如我很喜欢我自己开朗活泼的性格、我很喜欢自己的善良等。最后老师将给每个人发一张纸，在纸上写下自己不喜欢也无法改变的事情，写完不用给任何人看直接扔掉它，写不完可以课下完成。

……

干预者：同学们，每个人的性格都有好有坏，我们要尽可能地不断地挖掘自我，发现自我，才能不断成长。

课外延伸

干预者：请大家做做小记者，回去采访一下自己的父母、老师或者朋友，让他们谈谈对自己的看法，并思考他们眼中的你和“我”对“我”的认识是不是一样呢？哪些地方一样，哪些地方不同？出现差异的原因可能是什么呢？

【教学总结】

本次活动的教学目的与教学目标基本达到，学生能够认识到每个人都是独一无二的，学会通过不同的方法、方式提高自我认识，并能够初步学会用客观、全面、发展的眼光看待自己。

在第一次活动课上，班级同学有一定的了解基础，学生在热身环节积极踊跃，兴趣高涨。让学生在思考自己对自己的看法和他人对自己的看法有哪些不同的时候，给被访者一个解释说明的机会，学生能够积极参与，并对有疑问的地方进行提问。但由于部分活动为随机点名，所以出现了个别同学讲空话、学生开玩笑等情况，但是大部分学生可以真实反映别人对自己的评价以及正确合理地评价他人。干预者在课堂上提醒同学们评价时要保持客观、中立，不可随意评判他人，对于一些他人评价与自我评价出现差异的现象，要注意引导其理性接纳。但是深入引导不够，如你认为可能是什么原因导致他人的评价与自我的评价会有不同以及出现差异等问题时，学生的回答可能不够充分，干预者的引导不够。

在说说自己的环节中，小学高年级学生正处于向青春期过渡的时期，部分孩子不愿意表达自己，因此会出现部分学生积极踊跃，部分孩子沉默的状况。作为干预者还需在接下来的活动中尽量以一个朋友、倾听者的姿态与同学交流，使其打开内心。在“众人眼中的我”环节中，小组代表上台模仿，干预者注重引导学生对他人正确的态度和评价，以及对同学的模仿情况进行冷静的分析，不能盲从其他同学。由于前面的活动环节进行时间较长，在最后活动结束总结时较为匆促，在下一节活动课时需注意，控制好时长。

最后，本次活动课堂效果较好，学生的自我认识得到了提升。

（二）心理健康教育干预活动实施二：增强积极情绪体验

【教学时间、地点】 ××××年××月××日，××时；实验组教室

【教学准备】 多媒体课件、情绪卡片、课堂反馈材料。

【操作要点】

1. 在热身活动中，干预者要注意引导学生认识6种不同的情绪类型；

2. 在主题活动中，干预者要注意引导学生说出什么是情绪，积极思考情绪产生的原因，带领学生分析情景所引起的情绪及其由什么因素引起。提醒学生对于情绪可以积极表达、尽情表达，但尽情不是宣泄，不是沾沾自喜，不要伤害他人；

3. 活动结束时应再次澄清本节课目标以及所学内容。

【教学进行】

1. 热身活动：“我猜你演”（10分钟）

干预者：老师事先准备了几张“情绪卡片”，我们请两位同学上来，一位同学表演，一位同学猜。

（同学们进行热身活动。）

干预者：刚才两位同学为大家表演了不同的情绪，那么不同的情绪会对我们产生怎样的影响呢？如考试前的适度紧张焦虑，有利于好好复习等。

学生1：会影响的，如果我考试没有考出理想成绩时，我会很伤心，但是自己也会更加努力，争取下次考出一个优异的成绩，让自己和父母都满意。

干预者：那有没有同学可以说一说什么时候你的好情绪会给你带来一些积极的影响？什么时候你的坏情绪又能给你带来消极影响呢？

学生2：我本来想去打球，但是突然感到不舒服，没办法去打球了，我的心情就不好。

学生3：今天又上了好多课，我好累，所以我不开心。

学生4：今天爸爸说我要是这周表现得好就要带我出去玩，我好激动！

……

干预者：同学们分享了很多自己的感受。我们知道，有些情绪会影响我们做一些事情，有些情绪也能促进我们做一些事情。例如刚才有位同学在爸爸的激励下，他这周一定会表现得很好！也例如考试前的适度紧张焦虑，有利于我们好好复习。

2. 主题活动一：情绪涂鸦（20分钟）

干预者：接下来，请同学们在纸上画出自己印象中最深刻的情绪是什么。和同桌两人一组，互相猜一下对方表达的是什么。然后我们请部分同学向全班进行展示并分享。

（干预者引导学生画出简单的表情即可。）

干预者：下面请同学们分享一下自己印象最深刻的情绪，并说原因哦！

学生5：刚才活动时我非常开心，因为我想多上一些这种活动课。

干预者：大家想一想，他这是积极情绪还是消极情绪？

学生：积极情绪。

干预者：他也说了原因，同学们觉得影响他情绪的因素是什么呢？老师向大家介绍一下影响情绪的几种因素，如生理因素（身体不适造成情绪低落）、心理因素（抑郁、焦虑）、外部因素（环境优美使人心情愉悦、拥挤的人群使人烦躁不安）、饮食因素（汉堡薯片等高油食品使人心情愉悦）这几种因素，都会使得我们的情绪发生一些变化。

干预者：现在大家知道影响这位同学情绪的因素是什么了吗？

学生：知道了，是外部因素！

干预者：好，那大家一起来分析一下下面的情景会产生什么样的情绪呢？这些情绪又是什么因素引起的呢？（出示PPT）

学生6：感冒以后会身体不舒服，会没有精神，是由于生理因素引起的。

学生7：考试临近的时候会紧张，也是外部和心理的共同因素。

学生8：莫名的生气有可能是外部原因引起的，就比如今天我同桌老是捉弄我，我就会很生气！

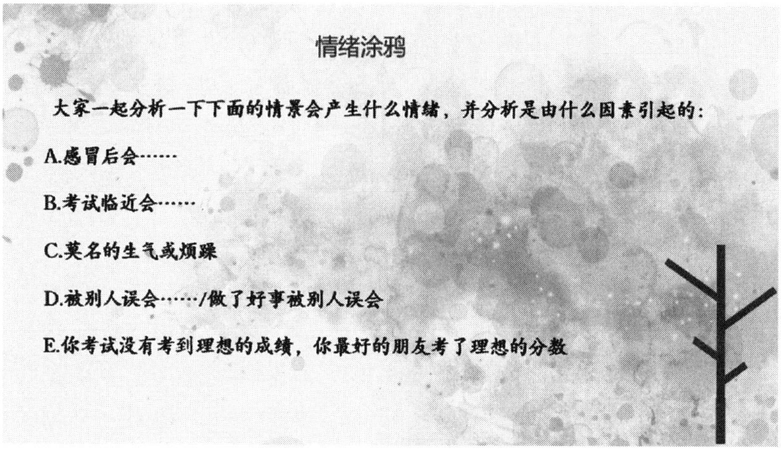

情绪涂鸦

大家一起分析一下下面的情景会产生什么情绪，并分析是由什么因素引起的：

A.感冒后会……

B.考试临近会……

C.莫名的生气或烦躁

D.被别人误会……/做了好事被别人误会

E.你考试没有考到理想的成绩，你最好的朋友考了理想的分数

图 2－3 “情绪涂鸦”中的情景假设

学生 9：我觉得莫名的生气有可能是心理上的，因为我们有时候会控制不住自己的脾气。

干预者：同学们分析得都特别好，能够说出原因并且结合自身的情况进行讲解。

……

3. 主题活动二：情绪表达

干预者：同学们都分析得很好！那老师来为大家提供一个场景，请同学来说说，看大家能不能分析出这个主人公的情绪状态。（出示 PPT）

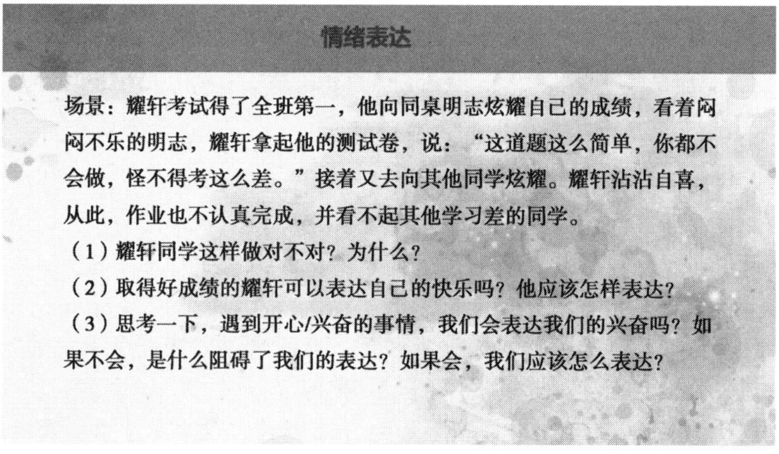

情绪表达

场景：耀轩考试得了全班第一，他向同桌明志炫耀自己的成绩，看着闷闷不乐的明志，耀轩拿起他的测试卷，说：“这道题这么简单，你都不会做，怪不得考这么差。”接着又去向其他同学炫耀。耀轩沾沾自喜，从此，作业也不认真完成，并看不起其他学习差的同学。

（1）耀轩同学这样做对不对？为什么？

（2）取得好成绩的耀轩可以表达自己的快乐吗？他应该怎样表达？

（3）思考一下，遇到开心/兴奋的事情，我们会表达我们的兴奋吗？如果不会，是什么阻碍了我们的表达？如果会，我们应该怎么表达？

图 2－4 “情绪表达”案例分析

干预者：给大家3分钟时间讨论一下！

（学生讨论）

干预者：讨论结束！我们请几位同学来说说。首先第一个问题，耀轩同学这样做对不对？为什么？

学生10：不对！其他同学没有考好，他不应该向他人炫耀。他太骄傲了！

学生11：他不应该到处炫耀，而且还看不起别人。

干预者：同学们说得没错。我们虽然取得了好成绩，但是还会有其他同学考得不理想，我们不能因此去嘲笑、看不起别人。这样是不对的。那么，取得好成绩的耀轩可以表达自己的快乐吗？他应该怎样表达？

学生12：可以表达，可以藏在心里。

学生13：如果是我的话，我会回家和父母表达自己的喜悦。

干预者：大家说得都很好。那么思考一下，遇到开心或者兴奋的事情，我们会表达我们的兴奋吗？如果不会，是什么阻碍了我们的表达？如果会，我们应该怎么表达？

学生14：上学期考试我取得了优异的成绩，但是我的好朋友却考得不是很理想。这学期，我帮助她一起努力，我相信我们都会共同进步。

学生15：如果是我，我一定不会表示很开心，而是安慰他，跟往常一样和他一起玩。

学生16：我觉得耀轩应该谦虚一点，自己偷偷开心就可以了，不要去跟别人炫耀。

干预者：大家都说得很好，说明大家在平常生活中都是爱护朋友、体贴他人的好孩子，并且也能够在事情发生在自己身上时，合理地调整自己的情绪，不把自己的喜悦强加到别人的身上。我们如果想要表达自己的开心与快乐，可以积极表达、尽情表达，但尽情不是宣泄，不是沾沾自喜，不是伤害其他人。记住了吗？

学生：知道啦！

4. 活动结束：情绪放大镜（10分钟）

干预者：接下来请同学们回想最近几天的生活中，自己印象中最深刻的一种情绪状态是什么（可以是快乐的、愤怒的、悲伤的）？首先写明引起你情绪变化的事情是什么，其次写清楚你当时的情绪状态是什么，再次运用今天所学的知识分析一下产生这种情绪的原因，最后说说你是怎么解决或者如何表达、应对的？

学生17：我上周很不开心，因为我写了好几次检讨，每次都被老师抓到。

干预者：那你觉得原因是什么呢？

学生18：我倒霉，跟我一起的朋友却没有被老师抓到。但是，有另一个同学写的检讨比我还多，我就开心了。

干预者：那你想过没有，如果你没有做错事，那老师怎么可能会抓你呢？那你就不会有你所说的倒霉了，是不是？也不会不开心。而对于另一位同学，他写的检讨比你多。我觉得你下次可以和他比比赛，看谁写的检讨少。我相信这样你就不会不开心了，你觉得呢？

学生18：是的，老师。

▲布置家庭作业——情绪日志

干预者：请同学们完成老师发的情绪日志，记录自己一天或者几天的情绪状态或者你的朋友的情绪状态，写清具体时间、主人公、情绪状态、（自己或其他同学）遇到的情况以及原因。（老师不会在班级里向所有同学展示，请同学们放心填写。）

时间	主人公	情绪状态	遇到的情况	原因
周一	[illegible]		一起玩[illegible]	[illegible]了。
周二	[illegible]		住院了	[illegible]
周三	[illegible]		一起聊天	很快乐
周四	[illegible]		一起出去玩	和朋友吵架了。
周五	[illegible]		一起出去玩	[illegible]
周六	[illegible]		和朋友在一起	[illegible]。

时间	主人公	情绪状态	遇到的情况	原因
14:00	我		[illegible]	东西很好吃
13:36	妈妈		考试了	我考得不好
12:30	爷爷		买鞋去了	买到了喜欢的鞋子
6:42	爸爸		谈业务	业务谈成了。
8:56	姐姐		买了新口红	口红被我弟弟弄断了。
10:54	弟弟		弄断了新口红	觉得弄断口红很好玩

图2-5 学生情绪日志

【教学总结】

本次活动的教学目的和目标基本达到，学生能够了解情绪的种类以及情绪对个体有何影响；能结合生活实际运用积极有效的方法来调节不良情绪。

上课之前干预者带领学生做好热身活动，充分调动起学生参与的积极性，并且让学生了解本节课的目的在于辨别不同情绪的类型，方便接下来的活动进行。在接下来的环节中干预者能够顺势引导学生积极思考情绪产生的原因，并向学生讲解影响情绪的因素有哪些，进一步带领学生分析情景中所引起的情绪可能是什么以及可能是什么因素导致的。

但在情景模拟中出现了小插曲，一位同学讲述自己与朋友成绩的差异时，被其他同学唏嘘，从而情绪激动哭了起来。干预者也借此对学生进行道德与心理教育，“对同学能够勇敢分享自己的想法是值得赞扬的，而不应该对其进行唏嘘。每个人都有自己的小世界，当他愿意敞开心扉对大家和老师说的时候就是希望得到同学的理解或帮助，而不是质疑，我们不应该用带有偏见的眼光去看待倾诉者，而是要做一个耐心的倾听者，这样我们才能做一个积极向上的孩子。”虽然课堂上发生突发情况时有发生，但是干预者须具有教学机智，在此次课堂中突发的小插曲，干预者对于学生情绪的引导还不够，虽然对于当事人和其他同学进行了调解，也对当事人进行了安慰，但是在提问前应该提前对学生说清楚，对于别人的分享和看法不得进行调侃和嘲弄，在接下来的课程中需进一步注意。并且由于此阶段学生的自尊心较强，对于成绩、考试等方面可以酌量少提，多设计一些和生活情景相关的问题。

通过游戏双方的互动，学生能够彼此了解，认识自己和他人。干预者的讲解也方便学生更好地了解不同情绪产生的原因。通过案例分析更生动形象，而且主人公形象贴近学生生活、学习实际，方便学生们讨论交流。最后的环节，让学生填写情绪日志方便对学生的情绪状态进行记录和反馈，从而了解学生是否掌握课程内容。

综上所述，学生在此次活动中的积极情绪体验得到了深化，能够了解良好的情绪对生活的积极意义，并始终保持乐观开朗的心境。

（三）心理健康教育干预活动实施三：培养积极人格特质

【教学时间、地点】 ××××年××月××日，××时；实验组教室

【教学准备】 多媒体课件、小故事、课堂反馈材料。

【操作要点】

1. 活动中让学生初步了解了面对挫折保持乐观的方法以及保持好心情的方法。

2. 通过学生之间的经验交流，引导学生可以通过自己已有的经验和所学到的知识，从而更好地理解新知识。

【教学进行】

1. 热身活动：镜子活动（5分钟）

干预者：上课前，老师请两位同学上台表演一下你所知道的愉快情绪，其他同学担当镜子的角色，模仿这两位同学的表情。

干预者：同学们，通过刚才的镜子活动，看到“镜子”的表情你有什么感受？

学生1：看到对方哈哈大笑的时候，我也非常想笑。

干预者：那么你们觉得情绪可以传染吗？

学生2：可以的。我的同桌有时候经常会哈哈大笑，我有时候不知道他在笑什么，但是我也会跟着笑。

学生3：有一次，我的朋友跟我讲个笑话，但是她还没讲完就笑了起来，

我也就跟着笑了起来。

学生4：我的朋友因为一些事情很难过，哭得很伤心，我看到之后，也忍不住抹了抹眼泪。

干预者：那同学们，老师想问大家，你们在努力做各种愉快的表情时，你们觉得你们的情绪有什么变化吗？

学生：有变化的，我感觉我可以开心起来，转移我不开心的情绪。

干预者：看来大家都觉得情绪是可以感染的，我们经常会把自己带入对方的情感世界中，产生共情，从而感受到对方的开心与难过。那么你在伤心、难过的时候是否会努力做各种愉快的表情让自己变得开心起来呢？

学生5：我不开心的时候就会和同学一起讲讲笑话，开心一下。

学生6：我难过的时候，会分散注意力做些其他事情，比如写写字，让自己静下来，一会儿就开心了。

干预者：看来同学们都有很多方法帮助自己去调整情绪。有研究表明，当我们模仿着某种愉快心情的时候，我们就会真的获得这种心情。因此每天遇到不愉快的事情时，我们可以对着镜子笑一笑，告诉自己"我很开心"，我们的心情就会变好。如果没有镜子，我们也可以深呼吸，然后唱唱歌，让自己的心情变好。

2. 主题活动一：快乐清单（30分钟）

干预者：下面老师想请同学们制作一份快乐清单，回想一下最近两周令自己开心的事，在老师发的反馈单上列出自己的"快乐清单"，每人至少列出5项。一会儿老师就找同学们说说自己都有哪些快乐的事情，跟同学们一起分享一下！

学生7：第一件事，周末我去游泳很开心；第二件事，昨天吃了肯德基很开心……

学生8：我买到了我梦寐以求的礼物；妈妈给我买了一支钢笔；今天中午有烤鸭；老师表扬了我；去了游乐园。

学生9：去生态廊道玩；和同学一起玩《三国杀》；买了好吃的零食；和爸爸一起玩耍；去同学家玩。

学生10：出去吃饭；出去旅行；吃冰激凌；去游乐场玩；和朋友一起去看电影。

学生11：课后作业少；去了超市；前段时间放假；回家可以看电视；可以吃好吃的食物。

干预者：根据同学们的分享，我们可以发现，令我们开心的事情其实都是生活中一些琐碎的小事，我们就可以如此满足，如此快乐。所以我们对于生活中的点点滴滴都要抱有积极向上的态度，要善于发现这些能使我们快乐的想法和事件，让我们的每一天都开心快乐！

3. 主题活动二：情景模拟

干预者：快乐的情绪使我们心情愉悦，笑对一切，但大家总会在生活和学习中遇到一些小麻烦，下面老师给出一些情景，想请同学回答，如果你遇到了这些情景，你会怎么办？（出示 PPT）

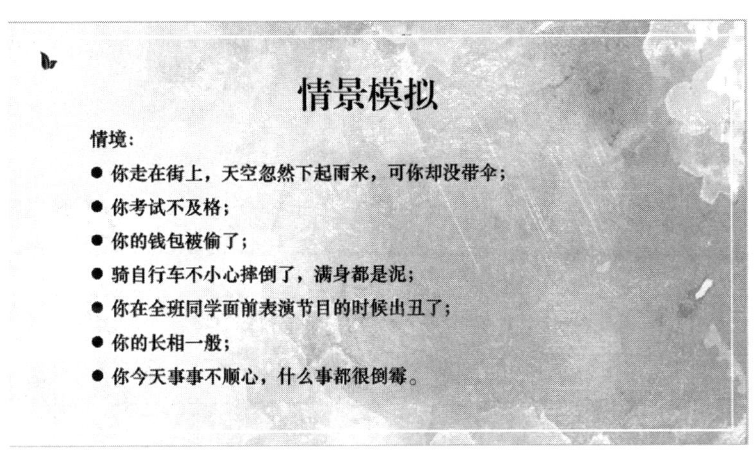

图 2－6　情景模拟

干预者：首先针对情景 1，哪位同学来谈谈你的想法。

学生 12：我会在路边的小店里等一会儿，雨停了再走。

学生 13：我会拿起书包顶在头上跑回家。

干预者：情景 4 呢？

学生 14：我会拍拍身上的泥巴，然后把自行车扶起来，骑回家。

干预者：这位同学的方法很好，他摔倒了，不会哀号，不怕痛，很勇敢。但是同学们也要记得骑自行车的时候要小心，不要受伤哦！

干预者：下一个情景，你在全班同学面前表演节目的时候出丑了，你会怎么办？

学生 15：重新表演一遍！

干预者：真是个好办法！当我们表演的时候演砸了，没关系。不要害羞，不要害怕，把你想要展示的节目重新表演一遍，大家一定会为你的勇敢和努力鼓掌！最后一个，你今天事事不顺心，什么事都很倒霉，此时你会如何做？

学生 16：我会躲到厕所哭一会儿，发泄完今天的不开心就好了。

学生 17：我会自认倒霉，真的很无奈，有时候真的一天都倒霉。

干预者：每个人在生活中都会遇到各种各样不顺心的事情，假如都凑到了一天，那我们可以想象未来的一段日子里，一定会有更好的事情等着我，那是来弥补我今天的不如意的。所以同学们，当我们遇到不顺心的事情时，不要气馁，而是要告诉自己，这点事情没什么大不了，就好比刚才那位同学所说“我会拍拍身上的土，然后把自行车扶起来，骑回家”。我们也应如此，拍掉我们身上的阴霾，告诉自己这点泥土不算什么！

4. 主题活动三：经验交流

干预者：接下来请同学们回忆、归纳一下让自己快乐的秘密武器，说说自己在遇到不开心的事情时是如何做的。小组成员之间交流一下，然后请每个小组选一名代表介绍本组的快乐武器是什么。

学生18：我会听听自己喜欢的音乐，放松一下。

学生19：我会看看书，有时也会睡觉。

学生20：我会和父母一起去骑自行车、钓鱼。

5. 活动结束：反馈总结

（学生填写反馈单）

请填写反馈单“我要说”

这堂课我印象最深的地方是……	我知道了……	我要对老师说……	我要对自己说……	对这样的活动课，我的看法是……
我们一起做活动的时候。	学会控制自己的情绪换位思考。	谢谢老师让我明白了学会控制自己的情绪	以后会控制自己的情绪，学会换位思考。	我希望以后多上这样的活动课。

请填写反馈单“我要说”

这堂课我印象最深的地方是……	我知道了……	我要对老师说……	我要对自己说……	对这样的活动课，我的看法是……
老师让我们做了很多有趣的活动。	我们要学会改变自己的情绪，让自己变的活泼开朗。	我感谢老师给我们讲这么有趣的课。	我很感谢认真听课的我自己。	我认为这堂课很有趣。

图2-7　学生的反馈总结

【教学总结】

本次干预活动的教学目的和目标基本达到，学生们能够了解快乐情绪的优点，思考使自己快乐的方法，发现生活的积极意义。如“我们总是会为了一些事情而发愁、烦恼，却忘了快乐其实无处不在，我们只是缺少发现快乐的眼睛和心灵。当我们察觉到快乐情绪时，快乐便会悄悄来到我们的身边”。干预者利用快乐清单帮助学生回忆令自己开心的事情，让学生发现，生活中的小事也可以令我们心情愉悦。

在情景模拟的环节中，学生结合自身的实际，可以初步了解一些面对困难时保持乐观向上的方法。这也能使学生回顾前两节课所学习的内容，如遇到的是何种情绪、如何解决，以及影响情绪的因素是什么，等等。接下来通过学生之间的讨论和交流，引导学生可以通过将自己已有的生活经验和所学到的情绪知识联系起来，从而更好地理解新知识。最后再利用经验交流的环节让学生交流自己应对不良情绪的方法，相互学习、相互借鉴。在本堂课中可以发现，对于情景的模拟，部分同学能够想出办法合理解决，然而部分同学在遇到类似的事情时却会发生手足无措、“自认倒霉”等现象。因此，干预者应该进一步合理说明，帮助学生找到合理的解决办法以及应对措施。

总的来说，青少年会在学习和生活中遇到许多挫折，只有拥有了一定的情绪调节能力，才能应对好困难与挫折。因此，在此类心理健康教育活动过程中让学生学会调控情绪，保持愉悦的心情对待生活，就会拥有健康、积极的心理品质。

（四）心理健康教育干预活动实施四：融入积极社会环境

【教学时间、地点】 ××××年××月××日，××时；实验组教室

【教学准备】 多媒体课件、彩笔、眼罩、课堂反馈材料。

【操作要点】

活动中，干预者要注意提醒学生不可嬉戏，注意安全。

【教学进行】

1. 热身活动：解开千千结（10 分钟）

干预者：老师想要邀请几位同学上来做个小活动，请这几位同学手拉手围成一个圈，看清楚自己的左手和右手拉着的是谁，确认后松手，在圈内自由走动，老师叫停，就不要动了。手去拉一开始左右手拉着的同学的手，遇到结时不能松手，但可以通过钻、跨、绕恢复到开始的状态。老师先和几位同学示范一下。

（干预者示范）

干预者：看明白了吗？可以理解吗？

学生：可以。

（学生进行游戏热身，干预者在旁指导。）

干预者：好，几组同学进行了热身活动，大家有没有猜到今天我们的主题是什么呢？

学生 1：团结！

学生 2：友情！

干预者：有同学猜对了！之前我们对情绪调节有了简单的了解，我们知道拥有了积极的情绪情感才能进行积极的人际交往，今天老师为大家带来的就是“团队交际之花”。接下来我们一起来感受与他人和睦相处以及受欢迎的愉悦，获得积极的情感体验吧。

2. 主题活动一：交际之花——我的友谊之花（25 分钟）

干预者：不知从什么时候起，你认为自己已经长大了，不想被当成孩子了，你想成为一个大人。你希望得到尊重和信任，渴望自由。而在朋友身边，你感受到了友情的魅力，你得到了尊重、支持、理解。因此，朋友之间的交往是你必不可少的活动。但是，在交朋友的过程中，也会有烦恼存在，不知道如何解决与朋友相处时出现的各种小问题，如信任问题、没有尊重个人隐私、不宽容等。接下来老师出几个小题目请同学们看看自己对于友情的理解。第一个问题，你和 A 是好朋友，A 就不能再和 B 同学做朋友，否则就是对你不忠。

学生 1：有时候我的好朋友跟别人过于交往密切，我也会怀疑，我是不是她最好的朋友?

学生 2：这样是不对的，但是要是我，我心里也会不太舒服。

干预者：为什么心里会不舒服?

学生 2：因为我和她关系好，如果她再有了别的好朋友，我就会认为我不再是她唯一的好朋友了。

干预者：每个人都有交朋友的权利，尽管我们会心里不舒服，但是只要她能够真心待你，你也要学会调节自己，祝福他人。我想如果你自己能够调整好自己，你的朋友也会很开心地期待你交到其他朋友，你觉得呢?

学生 2：嗯嗯，我知道了，老师。我会好好调整自己的。她也应该拥有自己的朋友，我不能干涉她。

干预者：第二个问题，不要和能力不如自己的人交往。

学生 3：这不对。交朋友看的是两个人合不合得来，不是能力的高低。

学生 4：朋友之间相处，要看他是否理解你，我们的兴趣爱好是不是一样，不能瞧不起别人。

干预者：没错，不能凭借能力的高低去交朋友，而是要你们一起努力，一起进步。第三个问题，和朋友发生口角时，互相不讲话，进行冷战，如果对方先开口说话，就是认输。

学生 5：虽然和朋友吵架时，我也愿意这样和朋友冷战，希望他能够先对我说话，缓和我们之间的关系，但是我知道这样是不对的。

学生 6：应该谁做错了，谁就认错。

干预者：没错，在朋友之间发生意见不统一的情况时，应该互相为对方考虑，站在对方的角度看问题，想一想是否自己做错了，主动道个歉。但是道歉的同时，对方也应该及时地调整好自己，原谅他人，不能固执己见，不给对方台阶下。第四个问题，对待朋友的一些过错行为不能轻易饶恕，否则我们的友谊就不纯洁了。

……

干预者：以上这些都是大家在交朋友的过程中经常会出现的问题，也会给我们带来一些交友上的启示，希望同学们平时要注意，以良好的心态去交朋友。

干预者：下面老师有一些交朋友的秘诀，请同学们看一看老师发到大家手上的课堂材料。交朋友的要诀，就像是友谊花上的10片花瓣，你拥有的花瓣越多，你的友谊之花就会开得越美丽。下面来涂一涂，你能有多少花瓣呢？请将与你合适的花瓣涂上颜色。

（学生开始涂色）

干预者：大家都涂完了吗？请同学来说说自己的涂色情况。

学生7：我能够做到不挖苦别人；有礼貌地对待同学；严守好朋友告诉我的秘密；尊重别人。

干预者：那么你觉得自己还有哪些地方存在不足、想要改正的呢？

学生7：但是我不太愿意主动去交朋友，都是等着别人来找我玩。我希望自己以后能够外向一点，主动热情一点。

学生8：我能够做到主动开放，不挖苦别人，坦诚严守秘密，但是有时候我脾气有点火暴，不能调节好自己的情绪。我希望自己以后能够尽量控制好自己，不要乱发脾气。

学生9：我觉得自己这些都可以做到。

干预者：那请你的好朋友说说他对你的看法。

学生10：他都能够做到，是个有义气、很好的朋友！

干预者：你的好朋友对你评价这么高，看来你真的是个好朋友典范呢！还有几个问题，老师不提问，请同学们来演一演此类情景，看看大家怎么解决。

（学生演示）

3. 主题活动二：信任盲道

干预者：接下来老师再带领大家玩一个小游戏，规则请看PPT。

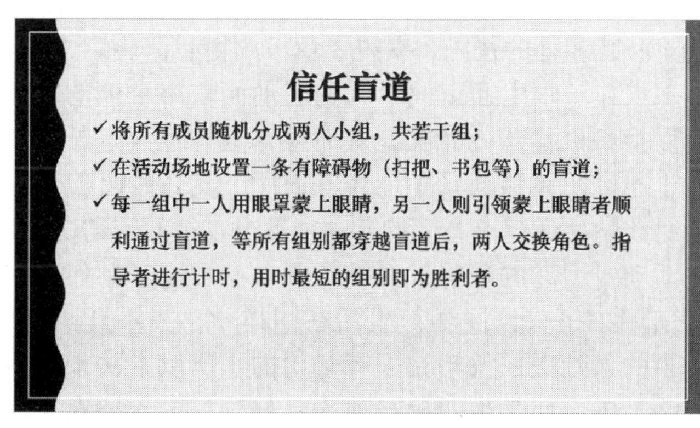

图2-8　信任盲道规则

干预者：一会儿活动的时候请大家想一想，当你被蒙上双眼，把自己的安危交给你的伙伴时，你害怕了吗？你相信你的伙伴会引领你安全到达吗？你现在的感受是什么？在生活中遇到困难时，有同学向你伸出援手吗？

（学生进行活动）

干预者：活动结束了！还记得老师刚才问的问题吗？当你被蒙上双眼，把自己的安危交给你的伙伴时，你害怕了吗？

学生11：不害怕，我觉得很有趣。

干预者：你相信你的伙伴会引领你安全到达吗？你现在的感受是什么？

学生12：相信！她是我的好朋友，我信任她！我感觉她就是我的第二双眼睛！

学生13：我很信任他，我觉得他不会让我摔倒的，我感觉很安全。

干预者：在生活中遇到困难时，有同学向你伸出援手吗？

学生14：有的，有次我肚子疼不舒服，我的朋友一下课就来关心我，还帮我倒热水。

学生15：我做数学题不会的时候，我的朋友学习好，总是来帮助我，教我。

……

4. 活动结束：传递祝福

干预者：同学们都分享得特别好，老师设计这样一个游戏就是为了能够让大家懂得同学之间要学会团队合作以及信任他人，了解到人际交往中合作的重要性。快乐的时光总是很短暂的，下面老师将播放周华健的《朋友》，请同学们拥抱自己的小组成员，将自己想要对他说的祝福或感激的话写在卡片上送给他/她。

【教学总结】

本次活动的教学目的和目标基本达到，学生能够在逐步学会合理控制情绪的情况下，学会关爱、信任、尊重他人。同时，学生在活动中自己感悟，感受到了与他人和睦相处的快乐，获得了积极的情感体验。

本节课的重点在于学生通过同学间的互动而获得个体的发展，学生间相互学习，领会保持积极情绪的意义，从而很好地与他人进行交往、交流。本节课的难点在于通过团体活动让学生相互鼓励、支持，改善学生不成熟的态度和行为，同时让学生通过有意义的活动来解决友谊的问题，促进其发展。

本次干预活动对主题的选择针对性较强，有理论基础作为支撑，能够贴近学生的生活实际，每一位同学都生活在团体中，离不开团体而独自发展。因此，掌握基本的人际交往技巧是很有必要的。所以本次干预活动从引导学生调节情绪入手，进而使学生明确与他人良好交往的重要意义。如干预者出示交友问题，请学生讨论时，学生都能说出自己的看法和见解，学生的表演和干预者的步步引导，有助于学生在亲身体验中更好地理解和应用人际交往的技巧。活动设计中每一个环节都发挥了学生的自主性和活动性。总之，干预效果较好，学生能体会到团队的意义与重要性，学会改变对他人、他物的认识和态度，最后在“祝福”环节中活动得到升华，使这堂课更加完整。

不足是在涂画花瓣活动中，干预者应该跟同学们一起探讨如何帮助学生解决自己的交友缺陷，帮助改正，而不是让同学自己说过后便一笔带过。在“信任盲道”环节中，由于其他因素，场地有限，时间有限，只能在走廊进行，每组只能挑选几名搭档进行活动，其他学生只能旁观，学生的体验性不高。

综上所述，本次活动旨在帮助学生掌握在社会或团体中与人交往的技巧、在明白团队重要性的基础上，为其以后建立良好的人际关系打下基础，同时培养了学生对人、对物的积极态度。

（五）心理健康教育干预活动实施五：科学发展自己，正确调节情绪

【教学时间、地点】 ××××年××月××日，××时；实验组教室

【教学准备】 多媒体课件、课堂反馈材料。

【操作要点】

1. 在活动中，干预者要注意帮助学生整理心态变化，检验自己的情绪变化是否发生改变，能够拥有一个积极情绪，成为乐观向上的人，从而更好地适应社会。

2. 深化自我认识，帮助学生总结过去、体会现在、展望未来。

【教学进行】

1. 热身活动：寻找鸡蛋（10 分钟）

干预者：今天上课前老师来带领大家做个小游戏！叫“寻找鸡蛋”，游戏规则如 PPT 所示。

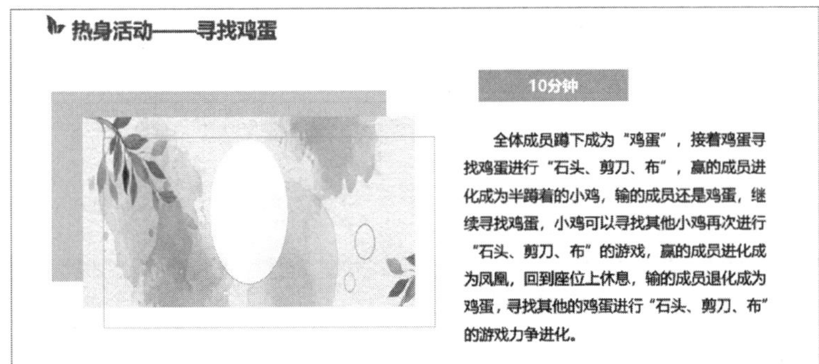

图 2－9 “寻找鸡蛋”游戏规则

（干预者先示范，后指导。）

……

2. 主题活动一：情绪清单（25 分钟）

干预者：做完游戏啦，大家也兴奋了起来，那么老师想请大家完成一份情绪清单，分享一下。第一个，在平常的学习和生活中，你们觉得最让你们开心的事情有哪些呢？（出示 PPT）

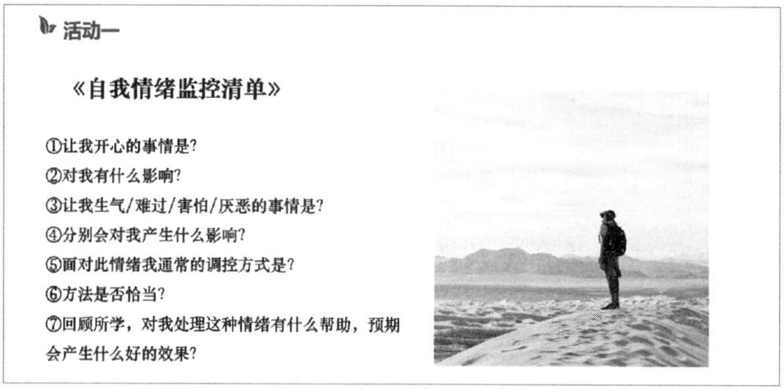

活动一

《自我情绪监控清单》

①让我开心的事情是?
②对我有什么影响?
③让我生气/难过/害怕/厌恶的事情是?
④分别会对我产生什么影响?
⑤面对此情绪我通常的调控方式是?
⑥方法是否恰当?
⑦回顾所学，对我处理这种情绪有什么帮助，预期会产生什么好的效果?

图 2－10 《自我情绪监控清单》

学生 1：我最近养了一只会亲人的鹦鹉。

学生 2：追星和听音乐。

学生 3：打球、打游戏。

干预者：都是一些琐碎的日常小事就足以让你们开心啦！那么这些开心的事情对你们有什么影响呢？

学生 4：使我感到快乐！

学生 5：感觉也没什么影响，都是我的日常。

学生 6：会影响到我学习。

干预者：没错！生活和学习中的一些令我们开心的事情大部分会让我们很快乐很幸福，但是有些也会影响到我们的学习。因此在进行一些令我们开心的事情时，要合理地规划好时间，不可以过度，要适度。

干预者：那么让你们生气/难过/害怕/厌恶的事情有什么呢？

学生 7：课外时间被父母占用。

学生 8：碰到我不喜欢的人。

学生 9：打游戏老是输。

干预者：那你们觉得这些事情发生时，会对你产生哪些影响呢？

学生 10：生命值 －1。

学生 11：影响了我原本的好心情。

学生12：伤心、难过。

学生13：发生一些我不喜欢的事情我就会烦躁。

干预者：结合我们之前学的，你们通常会用什么方法进行调控呢？或者你们有什么好的方法可以和同学们分享一下？

学生14：我有时候会忍着。

干预者：有时候忍耐是一种好的办法，但是也要分情况，如果是他人对你进行了一些不礼貌的行为，侵犯到了你的权益，那么我们就应该及时地告诉老师和家长，或者跟同伴说清楚。还有其他同学吗？

学生15：对于父母占用我的课余时间时，我一般都会尽量接受。

干预者：有时候家长是以另一种方式对我们好，想让我们多学习然后有所成就，但是有时候很疲惫时，我们也可以和家长说一声，想要休息调节一下，同学们尽量不要和父母起冲突哦。

学生16：我有时会听听音乐、深呼吸，告诉自己没必要生气。

学生17：我会去打球，出一身汗就好了。

干预者：这两位同学的方法都很好，还有的同学说睡一觉，或者去公园里散散步就好了。这都是很好的方法，能帮助我们调节自己的情绪。之前我们也提过还可以和朋友倾诉、及时去解决这个困难，或者告诉自己这没什么大不了，都是有效的方法。

3. 主题活动二：拥抱未来

干预者：接下来就请同学们简单地画一幅画，代表“我的昨天、今天和明天”。画好以后分享一下对自己的昨天、今天和明天有何感受。

（学生画画）

学生18：我的昨天感觉是不开心的，因为妈妈说我了。我的今天很开心，因为我和我的朋友一起玩。我希望我的明天也是开心快乐的。

学生19：因为一些事情，我感觉我的昨天、今天、明天都会是阴天下雨。

干预者：老师想问你是什么事情，可以说吗？

（学生沉默）

干预者：没关系，不愿意说也可以。但是老师希望你能够勇敢地面对每一天，不要气馁。阳光总在风雨后，你一定会拥有属于你的“晴天”。

学生19：谢谢老师，我会的！

学生20：我的昨天在上学很痛苦，今天要上学，明天还要上学。

干预者：这位同学说上学很痛苦，但是老师觉得你只是对于学习上不懂的事情感到痛苦，如果有好的同学帮助你，你一定会很开心的。那我们应该以什么样的态度去面对昨天、今天、明天呢？

学生21：积极向上！

学生 22：笑着面对明天。

干预者：没错，不管发生什么事情我们都要着眼于眼前，解决好现在发生的事情，忘记过去的不开心，笑着拥抱美好的未来！现在请同学们拿出 A4 信纸，所有人给“三年后的自己”写一封信（距离毕业几年，就给几年后的自己），具体内容不限（不用分享），或自己把信折成喜欢的形状，作为送给自己的一个礼物。

4. 活动结束：回顾

干预者：经过 5 周的主题心理健康教育干预活动课，请同学们写出心得体会，感受自己的变化、他人的变化、自我认识的深化。

【教学总结】

本次干预活动的教学目的和目标基本达到，学生能够发现自己的改变，并分享、讨论自己的感受以及收获。

本次干预活动依然是利用小游戏热身，营造集体氛围，唤醒学生积极情绪。此外，本节课的目的就是帮助学生深化自我认识，帮助学生总结过去、体会现在、展望未来。使学生以一个积极的态度憧憬未来，在经过 5 周的主题活动课后，也让学生能够写出自己的心得体会，感受自己的变化、他人的变化、自我认识的深化。帮助学生整理心态变化，检验自己的情绪是否发生改变，能够拥有一个积极情绪，成为乐观向上的人，从而更好地适应社会。

不足是由于时间有限，对学生进行持续性的积极情绪培育的时间较短，学生还会存在一些难以调节自己情绪的情况发生，但是通过干预者的引导和指点都能够有所体会，并且游戏环节由于时间、场地有限无法请所有同学参与。

综上所述，学生能够深化对自身的认识，勇敢地表达情绪、敞开自己的怀抱。总结过去、体会现在、展望未来，并以一个积极的态度憧憬未来。

三、心理健康教育干预活动课的效果评价及分析

主题心理健康教育干预活动实施之后，笔者对课程进行了效果评估与分析。分别从问卷调查的统计学数据对比的效果评估与分析、访谈的效果评估与分析以及从干预者的角度进行的效果评估与分析三个方面进行。

（一）统计学研究效果评估

在干预活动结束后，干预者采用希尔兹（Shields）和西科赫蒂（Cicchetti）于 1997 年编制的《儿童情绪调节核查表》（Emotion Regulation Checklist，ERC），由教师来评估儿童的情绪调节能力（此量表的中英文版均由香港中文

大学张雷教授提供)，对实验组学生和控制组学生进行后测，并对统计学研究结果进行效果评估，验证干预活动的有效性。

1. 五年级实验组和控制组前测、后测的均值变化

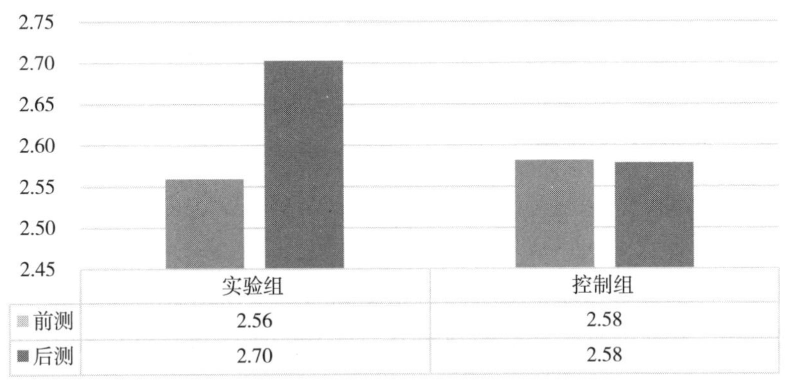

图 2－11　五年级实验组和控制组前测和后测情绪调节能力均值变化（分）

由图 2－11 表明：与前测的数据结果相比，五年级实验组在实施了“积极情绪培育”主题心理健康教育干预活动后，学生情绪调节能力的总均值具有明显的提高，因此可以看出实施“积极情绪培育”主题心理健康教育干预活动对于提升小学高年级学生的情绪调节能力具有一定的积极作用。而控制组没有实施“积极情绪培育”主题心理健康教育干预活动，学生的情绪调节能力水平没有明显变化。

2. 六年级实验组和控制组前测、后测的均值变化

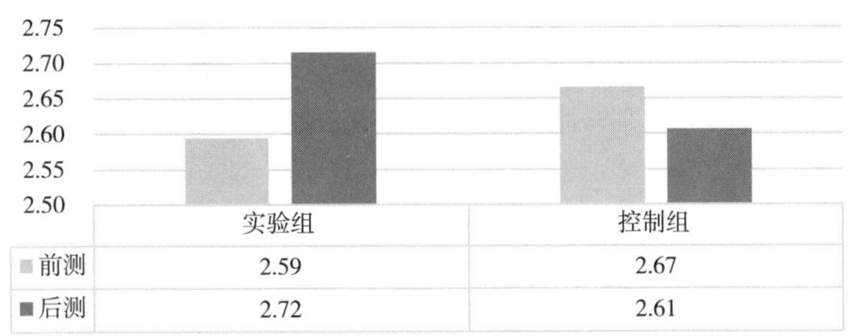

图 2－12　六年级实验组和控制组前测和后测情绪调节能力均值变化（分）

由图 2－12 表明：与前测的数据结果相比，六年级实验组在实施了“积极情绪培育”主题心理健康教育干预活动后，学生情绪调节能力的总均值具有明显的提高。因此可以看出实施“积极情绪培育”主题心理健康教育干预活动对于提升小学高年级学生的情绪调节能力具有一定的积极作用。而控制组没有实施“积极情绪培育”主题心理健康教育干预活动，学生的情绪调节

能力水平没有明显变化。

3. 定量评估小结

通过对实验组和控制组学生前后测数据进行对比分析后，可以发现实验组学生在实施干预活动后，学生的情绪调节能力有了明显的提升，而控制组情绪调节能力的水平没有显著变化，说明本次干预活动对于改善学生情绪、提升学生的情绪调节能力具有有效性。

（二）定性效果评估

进行统计学数据结果的效果评估后，干预者将通过深入访谈的方式，从定性的角度对30名学生、教师、家长进行问卷访谈，根据其访谈的结果和反馈进行效果评估，多角度了解“积极情绪培育”主题心理健康教育干预活动的干预效果，进而得出“积极情绪培育”主题心理健康教育干预活动的效果评估结论。

1. 学生访谈问卷的效果评估

“积极情绪培育”主题心理健康教育干预活动实施后，干预者选取了5名学生的访谈内容，收集了这5名学生对于“情绪调节”的认识以及参加完“积极情绪培育”主题心理健康教育干预活动后的收获，内容如下。

学生1：在课前，我对“情绪调节”的认识是在自己的情绪发生一定波动时，能够很快把情绪调整过来。上完这次活动课，我有了很大的收获，一是让我变得更加自信，因为老师清楚地帮我分析了在别人视角中的自己，让我对自己更加了解了；二是让我懂得了取长补短，让自己变得更好，对自己的认知又近了一步，知道了自己的不足，也知道如何提升自己；三是知道了情绪低落或兴奋时如何快速调回，在不管遇到什么样的挫折时，我都没有像以前那么怕了，我也没有一遇到什么事就以消极的态度去面对，我学会了调节我的情绪。

学生2：“情绪调节”对于我听课时非常重要，如果我上课前非常不开心，那我完全没有心思听课；如果我上课前很开心、高兴，那么我一定会以积极乐观的态度去对待这一节课。情绪是我们生活中不可避免的东西，所以我们一定要知道情绪调节的重要性。当你情绪不好时你会不想学习、工作和出现分心的情况，还会影响到其他的人，还会影响我们的睡眠质量，睡眠对于我们小学生尤为重要，所以我们一定要学会调节我们的负面情绪。上完“积极情绪培育”活动课后，我了解到了调节负面情绪的重要性，也学会了如何调节负面情绪。当我情绪不好时，我一定会多去解决问题而不会去抱怨，又或者向好朋友说明问题，让他帮助我找到解决问题的方法，接受他人的开导，避免自己因冲动而引起不必要的麻烦。

学生3：在课前，我对调节自己的情绪的理解只是在生气的时候让自己变得快乐，或是在自己冲动、不安时让自己冷静，不要因为别人说的一句话而使自己不开心。而上完这节课以后，我对“情绪调节”有了新的理解，我们不仅要让自己的情绪快乐，也要想一想别人的心情，注意自己的言行，不要让别人不开心。聊天的时候要注意，不要提别人不开心的事或是别人的缺点。开玩笑的时候也要有度，委婉地说话。凡事要站在别人的角度想一想，这样大家都很开心。如果别人很伤心、生气，就不要去提及别人的伤心事。同时我也学会了“情绪调节”的办法：如遇到令大家不开心的事情时，多进行沟通；更加注意自己的言行；控制好自己的情绪，尽量用积极的情绪对待他人，不要把坏情绪发泄在他人身上。

学生4：在上这节课之前，我认为“情绪调节”是一件有点困难的事情，因为有时我会控制不住自己的情绪。而上完课后我的收获是我能够更好地控制情绪，也不会经常发脾气，也知道了该如何调节好自己的情绪。如当发生不开心的事要懂得微笑，也要在内心鼓励自己，让不开心的事都飞到九霄云外；在不开心时也可以做一些令自己放松的事情，如打篮球、跑步等，这样就开心了。并且通过本次课，也谢谢老师让我知道了如何管理情绪，让我的情绪不会再像以前一样控制不住了，现在我的脾气比以前好了很多，家人们也说我上了这节课像变了个人！

学生5：课前我认为“情绪调节”就是对情绪的一种调节，有时候对自己的情绪不了解就很难控制，而且也不会顾及别人的感受，只想着自己。上完课后，我认识了一个不一样、独一无二的我，课堂上做了一些小活动，很有趣。我也非常愿意参与这样的活动课，学会了情绪调节。我们应该控制好自己的情绪，学会照顾别人的情绪，考虑他人的感受，换位思考，不要只顾着自己的心情。和平相处、乐于助人应该是我们与他人相处的标准。而且，也要明白我们的一言一行都可能给他人带来快乐或难过。

以上5位学生的访谈问卷表明：同学们对于本次活动的满意程度较高，并且在一定程度上认为本次活动能够帮助他们学会情绪调节。如交友方面，有些同学认识到较好的情绪管理能够使自己与他人友好交往，学会站在他人的角度看待问题，学会倾听，觉察到他人的感受，等等。在对情绪调节的认识上，学生能够认识到情绪是可以传染的，并且不同的情绪不仅会影响我们自身，有时还会影响到他人等。在情绪调节方法上，大部分学生也掌握了调节自身情绪的方法，如通过旅游、唱歌、运动、倾诉等释放自己的不良情绪；对于周围的人出现消极情绪时，要给予及时的安慰和开导等。因此可以看出，实验组的同学能够深刻认识到积极情绪培育的重要性，并且其情绪调节能力也有一定的提升和进步。

2. 教师的访谈效果评估

在“积极情绪培育”主题心理健康教育干预活动实施后，干预者对教师进行了访谈，选取了4位教师的访谈内容，了解教师对于“情绪调节”的一些观点和看法。其内容如下：

提问：在实施“积极情绪培育”主题心理健康教育干预活动前，您怎样理解“情绪调节”？对于小学高年级学生来说，学会情绪调节重要吗？

老师1：重要的。情绪是一种复杂的心理活动表现，有积极的，也有消极的。在生活和学习中，孩子如果遇到了一些消极情绪，就必须进行疏导和调节。

老师2：情绪调节就是能控制住自己的喜怒哀乐，改善自己的情绪。对于小学生来说，学会情绪调节很重要。

老师3：情绪调节就是通过一定的方式方法，管理、改变自己和他人情绪的一种手段，是使学生的情绪在面部表情、行为等方面发生变化的过程。因此，情绪调节对于小学高年级学生来说尤为重要。

老师4：情绪调节是对自己情绪的把控和调整，对于小学高年级学生来说学会情绪调节很重要，良好的情绪调节能够促进身心健康。

从以上4位教师的访谈中表明，4位教师都对情绪调节有着不同程度的了解，并且也能充分认识到情绪调节对于小学高年级学生的重要性。

提问：在开展“积极情绪培育”主题心理健康教育干预活动前，您平时会对学生进行一些情绪方面的教育吗？如果有，您一般会采取哪些方法对学生进行情绪方面的教育？

老师1：我主要是通过个别谈话、列举事例以及和家长配合沟通的方式来教给孩子控制情绪的一些方法。

老师2：平时会对学生进行一些情绪方面的教育。主要是通过在教学中渗透这方面的教育，如对生活中学生发生的一些事情进行复述或举例，从而让学生意识到其所表达的情绪或所做出的情绪行为是不对的。

老师3：我在教学中会对学生进行一些情绪方面的教育，如在学生情绪不好时，会让他/她做些其他事情转移注意力来缓解其消极、负面的情绪。

老师4：我会跟学生进行情感交流，对待情绪不稳定或表现出消极情绪的学生，会和学生谈心交流，让其倾诉自己的不良情绪。

对以上教师访谈表明，4位教师都能够对学生进行一定的情绪教育，但方式有所不同，如个别谈话、课堂教学中的情绪教育渗透、转移情绪等，这也能充分表现出教师对学生情绪教育的多样性。

提问：学校是否有专职的心理健康教育教师？是否开设心理咨询室？有对学生进行情绪调节方面的活动吗？

4 位教师都表示目前学校设置了心理咨询室，但是并没有专职的心理健康教育教师，在开展活动上也只是教师对于个别学生的谈话或者是在班会时，对学生进行相关的教育，集体性的情绪调节活动并没有单独开展过。

提问：面对学生的负面情绪（愤怒、伤心），您一般是如何回应的？能否举例说明一下？（例如某一次，学生因为什么原因导致负面情绪的发生，您是怎样处理的？处理的结果如何？）

老师 1：一般我会积极回应学生的负面情绪。例如一次在课前我发现我们班的 × 同学一直闷闷不乐，我暗中得知她前几天遇到了一件不开心的事。看到她整天不开心，自己一人坐在座位上不跟其他同学说话、玩耍，我觉得这样下去会影响其上课的状态和与朋友的相处，我便语重心长地和其单独交流，让其放下戒备，并告诉她不要把烦恼放在心里，老师愿意当你的倾听者。说完后，× 同学哭了起来，并讲述了自己内心的想法。我对她进行了开导，之后几天我发现她逐渐开朗了起来。

老师 2：面对学生的负面情绪，我一般都是耐心安抚的，通过沟通，了解事情的经过，慢慢进行疏导。例如一次在选运动员时，体育老师并没有选 × 学生，他很生气。在我了解情况后，通过和体育老师沟通，再和体育老师一起对他进行测试，他表现得很好，就选择了他。之后，在体育运动会上他表现得也很优秀！

老师 3：曾经教过的一位同学，非常聪明，学习成绩也好。但是他的脾气却非常火暴，爱发脾气，稍有不顺心的事，就很难控制住自己的脾气。之后我通过疏导的方法来改变他的现状。经过一年的时间，我发现他变化很大，变得不冲动和乱发脾气了，和同学之间也相处得友好融洽，家长也觉得他转变很大。

老师 4：对待学生的负面情绪，我会先心平气和地与他进行交谈，倾听他所遭遇的事情，等他宣泄完内心的情绪后，再对其进行劝导，帮他梳理负面情绪，引导他走向积极快乐的方向。

对以上 4 位教师的访谈表明，教师在面对学生的负面情绪时，大多会积极回应，着手应对，通过私下沟通交流的方式对学生进行疏导，以帮助孩子拥有一个积极向上的情绪状态。

提问：您和家长主动沟通过孩子的情绪问题吗？沟通之后，孩子在出现情绪时有什么相应的改变？

老师 1：有过沟通。我认为教师和家长在日常生活中，应该多沟通联系，善于发现，善于观察，了解学生的情绪波动，让孩子像朋友一样对你产生信赖、倾诉。也可以当面谈心，或用发微信等方法让孩子渡过心理的“坎儿”。之前在和家长沟通孩子在学校的状况、表现时，有提过孩子的情绪问题，解决了孩子所遇到的麻烦后，孩子的情绪也发生了变化。

老师2：我经常和家长主动沟通，一般都是请家长关注孩子，讲如何与同学友好相处，让其懂得包容、友爱、平和、宽容。沟通之后，孩子还是有所改善的。

老师3：沟通过，一般家长关注的都是孩子厌学、内向不爱说话、爱发脾气这些情绪。通过沟通，大多数孩子在出现情绪时会有少许改变，但持续时间不太长，需要反复深化、引导才能有较明显的改变。

老师4：沟通过。请家长关注学生情绪的变化以及产生这种情绪的原因。在校也和学生进行沟通，学生的情绪会有所改变。

通过以上4位教师的访谈表明，教师会和家长沟通学生情绪的问题，帮助解决孩子们的情绪问题，但多是从学生在学校的表现、学业情况等方面发现学生的情绪问题。

提问：您对于此次开展的“积极情绪培育”主题心理健康教育干预活动是什么看法？您认为还需要改进的地方是什么？

老师1：对于帮助学生学会如何进行“情绪调节”是非常必要的，心理阳光健康、积极向上的孩子才能在各方面表现得更好。在此次主题心理健康教育干预活动中，教师通过5个主题的单元活动帮助学生增强其积极情绪体验，帮助其控制自己的情绪，使其学会换位思考，与他人进行友好的交往。在面对挫折时，能够根据自身情况或情境调整自己的情绪状态，使自身变得更加积极向上。在本次活动中，教师可以再细化活动内容，针对不同的情绪问题，开展专题为学生进行讲解。

老师2：我认为开展这样的主题心理健康教育干预活动很好，它可以让学生学会如何管理自己的情绪。本次活动我认为还需要加强让学生明白寻找积极情绪的意义，给每件事寻找积极的意义，让学生自己能够对生活中的小事、大事充满激情，认真对待，调节好自身的情绪。

老师3：学校没有心理健康教育课，只是开展过一些讲座。本学期的“积极情绪培育”主题心理健康教育干预活动课形式新颖，学生愿意参与，热情较高。课后感受到同学们在情绪情感方面有一定的提升。

老师4：老师的活动设计贴近学生的生活实际，将学生生活和学习中常见的现象和状况引入课堂活动中，帮助学生改善自身情绪，从而健康成长。课堂导入时老师也开展了热身活动，营造了良好的课堂氛围，但是，活动次数有些少，对于高年级学生来说，学业情绪较为严重，能够持续深化和开展会较好。

通过以上4位教师的访谈表明，在经过干预者的“积极情绪培育”主题心理健康教育干预活动之后，教师们认同开展“积极情绪培育”主题心理健康教育干预活动的积极效果，并且能够感受到学生在这个过程中的情绪变化，也给予了干预者一定的建议和指导。

提问：您觉得您和学校还可以从哪些方面引导学生解决情绪问题或是帮助学生学会调节情绪？

老师1：可以对家长开展心理健康教育讲座；对学生进行及时、有效、必要的心理辅导；帮助家长和学生多沟通，架起桥梁，及时了解学生各种情绪上的波动。

老师2：对学生的情绪调节帮助无处不在，各位老师都应该努力营造一个积极、团结向上的班级氛围和学校氛围，家校协同，让孩子们在一个轻松愉快的环境中学习。

老师3：可以从学生的认知方面、行为方面、人际关系方面等进行帮助，发挥学校心理咨询室的作用，告知同学们进行心理咨询和调适不是坏事。

老师4：多方面、全方位地了解学生不良情绪的原因；要消除学生的敌对情绪；帮助学生调控消极情绪。以后也可以尝试开展相关的主题心理健康教育活动，帮助学生解决各种情绪问题。

通过以上4位教师访谈表明，教师对引导学生解决情绪问题或是帮助学生学会调节情绪都有自己独到的看法和见解，并且积极倡导开展类似的情绪调节活动。

综合上述教师访谈结果表明：学校并没有配备专职心理健康教育教师或者专门为学生开展过专题性的情绪心理健康教育活动。同时，虽然教师对情绪调节有一定的认识，并能够对学生产生的一些情绪问题进行引导和排解，但多通过日常的常规教育、个人谈话等方式对学生进行教育。因此，通过开展以“积极情绪培育”为主题的心理健康教育干预活动，教师可以学习到不同的教育活动方式，进而帮助其更好地育人，如培育学生对班级有归属感、学会社交、学会处理矛盾等，使其积极向上、健康成长。

3. 家长的访谈效果评估

“积极情绪培育”主题心理健康教育干预活动实施后，干预者对部分家长进行了访谈，主要选取了6位家长的访谈内容，收集了家长对孩子进行情绪教育的认识以及参加完“积极情绪培育”主题心理健康教育干预活动后的学生的变化，内容如下：

提问：您的孩子最近有哪些消极情绪方面的表现？您又是如何处理的？

家长1：孩子在家不太愿意说话，试图与孩子进行沟通时，孩子拒绝与家长沟通，脾气急躁，有轻微逆反心理，对于这种情况我也无可奈何。

家长2：注意力不集中，对教师有抵触情绪，对于家长的教导，不会用语言反驳，但会用情绪进行宣泄，如哭泣、吵闹等。一开始我也与孩子进行争吵，但自身会因焦虑不懂得如何与孩子沟通，后来明白对孩子不应有过高的要求，应以陪伴、沟通为主。

家长3：孩子较少出现消极情绪，经常积极面对各种事情。但如果出现考试成绩不理想时，孩子会出现伤心的情况，我一般以鼓励、激励为主。

家长4：孩子有时候会有厌学情绪，不愿意和家长沟通，脾气倔强，但能与朋友友好相处。

提问：请您说一说您孩子在调节自己情绪时使用的方法。

家长1：孩子有时候会逃避、自娱自乐、听听音乐，自己独处，找自己喜欢、感兴趣的事情做。

家长2：孩子积极向上，如与同学发生矛盾，他能够站在别人角度看待问题，换位思考，理解他人，会开导自己。

家长3：打篮球、打游戏、看看电视，缓解自己的情绪。

提问：您觉得您自身的哪些方面会影响您孩子的情绪调节？

家长1：自身工作的焦虑情绪、家庭的压力以及对孩子期望过高。

家长2：家长之间的相处模式，如父母之间出现争吵，家庭结构等会影响孩子的情绪。

家长3：对孩子出现失望表情、孩子没有达到家长期待时，孩子会压力增大，不说话，自己独处，严重时才会出现暴躁情绪。

家长4：家长的语言暴力也会使孩子出现一些逆反心理。

提问：您认为孩子的情绪发展重要吗？您想怎样培养孩子调节情绪的能力？

家长1：重要。但没有具体对孩子的情绪调节能力进行培养，只是在平时教导时，会对其脾气秉性方面进行教育。

家长2：重要。我带她去公园散心，陪她去做她感兴趣的事情；从朋友的角度，作为倾听者，倾听她的心里话。

家长3：非常重要。为人处世、待人接物、性格以及对生活的态度都会与情绪密切相关。以后在发现孩子有情绪问题时，或在谈话中发现其存在一定问题，应该投其所好。跟他谈心，诱导其说出自己的心里话。

家长4：我认为培养孩子正确的情绪观念很重要，我们家长应该树立榜样作用，以身作则，给他观看相关事例的反例，及时进行沟通、交流。

提问：您认为经过几周的主题心理健康教育活动课，孩子在情绪调节方面有变化吗？变化如何？

家长1：通过学校开展的“积极情绪培育”主题心理健康教育干预活动，孩子虽然还是不太愿意说话，但是感觉他的脾气相对温和了一点，愿意和我聊两句学校的事情。

家长2：开展这次心理健康教育干预活动后，感觉孩子笑容多了，比以前阳光了一些。

家长3：在几周的主题心理健康教育干预活动课后，孩子更愿意与我沟通交流，我也会跟他进行谈心，再遇到一些挫折问题时，孩子能够轻松应对。

家长4：我感受到孩子能够按时完成作业，厌学情绪没有那么重了，孩子的课堂表现也好了很多。

综合上述家长访谈的结果表明：家长虽然在认知上理解情绪调节对于孩子具有很重要的作用，但是在行动上有时并没有重点关注孩子的情绪教育，只是采取谈话沟通或者放任的方式。因此，实施“积极情绪培育”主题心理健康教育干预活动后，家长对开展此类活动表示了一致的认可。他们认为通过此类情绪调节专题心理健康教育干预活动，家长可以认识到平时对于孩子关注的不足，从而学会更好地与孩子沟通，帮助孩子更加了解自己、尊重自己，学会体验积极情绪，培养自身积极人格，进而更好地融入社会环境中。

4. 干预者角度的效果评估

通过对参加“积极情绪培育”主题心理健康教育干预活动的学生访谈结果以及学生的课堂表现可以看出，学生总体上对本次心理健康教育活动是比较满意和喜爱的，学生喜欢这样活动丰富的上课形式，并且团体性的活动对他们个人的交往、情绪态度等也发挥了一定的积极作用。总体来说，通过对实验组实施干预后，小学高年级学生的情绪调节能力得到了显著提升。因此，运用以“积极情绪培育”为主题的心理健康教育干预活动课来提升小学高年级学生的情绪调节能力的方法是有效的。而从对教师、家长访谈的结果也可以看出，其对于干预者设计的活动内容和对孩子的帮助方面给予了积极的评价。

从干预者自身的总结中可以看出，在3个月的活动开展过程中，干预者和同学们建立了深厚的情感，深刻感受到了这3个月学生在情绪情感上的变化，以及学生在活动过程中的可爱与活泼，如学生在活动中逐渐开始踊跃发言，勇于表达自己的想法和见解，活动中主动协助教师进行小活动，等等。对于干预者所设置的情绪情境，能够设身处地，结合自身情况去分析、探讨等。由此可以看出“积极情绪培育”心理健康教育干预活动对于提高小学高年级学生情绪调节能力具有明显的有效性，在干预的实施过程中，干预者自身也能够深入情境，与同学们一起成长。

5. 定性评估小结

以培养学生积极情绪为目标设计与实施的“积极情绪培育”心理健康教育干预活动收到了良好的干预效果，改善了学生的不良情绪，提高了学生的情绪调节能力。实验证明“积极情绪培育”心理健康教育干预活动，不仅使学生意识到了自己情绪调节能力的提升，得到了收获。同时教师和家长也感受到了学生情绪上的变化，懂得了情绪对于学生的重要影响和重要性，学会了利用不同的方法和技巧与学生沟通交流，使学生变得更加积极乐观、健康向上。干预者也发现个别性格内向的同学开始敞开心扉与他人交往，积极参加各项活动；冲动易怒的同学能够忍耐住自己的脾气，融入集体生活中；具有自卑心理的学生能够更加自信，合理地认识、评价自己与他人；经常焦虑紧张的同学能够意识到适当的焦虑可以促进自己的进步；学生们认识到积极情绪的意义和重要性，与同学和睦相处、更好地适应学校生活，并以积极的心态憧憬未来。

四、心理健康教育干预活动课的总结

（一）主题心理健康教育活动的实施对于改善学生情绪调节能力具有一定的积极作用

本章以积极心理学为主要理论背景，结合情绪社会建构理论、团体动力学理论、自我意识理论，在了解当前小学高年级学生存在的情绪问题后，设计了“积极情绪培育”主题心理健康教育干预活动，具有针对性和合理性的特点。同时，“积极情绪培育”心理健康教育活动设计紧跟学生思维，设计思路清晰、目标明确，内容围绕主题，如“情绪涂鸦”活动，就是严格按照学会觉察情绪、体验积极情绪以及了解情绪的影响因素等目标设计，学生在活动实施后能够了解情绪的种类，觉察、体验到生活中的积极情绪，增强了自身积极情绪的体验，学生改变了自身对于情绪的理解与认识。同时，为了使课堂达到一定的效果，本次活动立足小学生的生理、心理发展特点，发现小学高年级学生善于表现自己，所以干预者在设计活动内容时着重偏向于让学生进行模仿表演或是通过情景分析的方式，如“找不同”“照镜子”等活动，用学生喜欢的活动调动其主观能动性，从而使学生有效地参与活动，增强了学生自我意识，学会了合理认识与评价他人。因此，这些内容达到了“积极情绪培育”主题心理健康教育干预活动的目的和目标，对于改善小学高年级学生的情绪具有一定的积极作用和效果。

（二）学生对于主题心理健康教育干预活动实施的接受程度较高

在“积极情绪培育”心理健康教育干预活动实施的过程中，干预者利用了多种教学方法帮助学生深入了解和体会培养积极情绪的重要性，如游戏法，“热身活动”可以让学生尽快地活跃起来并投入活动，大胆地开放自己，尽情体验。在“解开千千结”的热身活动中，学生通过手拉手进行游戏，排除困难解开“结”和“扣”，学会了如何进行团队合作，依靠集体的力量解决困难，体会到了团体支持对于个人的意义和重要性；在“情景模拟”环节中，干预者利用情景体验法，让学生进入生活情景中去感受、体验、分析情绪问题，学生在具体情景中掌握了面对挫折时保持乐观的方法，寻找到了生活中的积极意义；在“情绪表达”环节中，干预者利用讨论分析的方法，让学生对案例中主人公的做法进行讨论分析，各抒己见。同学们能够通过交换意见或辩论进一步体会情景中的情绪调节问题，增强了自身积极的情绪体验，建立了积极的人格特质，学会了利用有效的方法来调节不良情绪。因此，在“积极情绪培育”心理健康教育活动中学生受到了良好的干预效果，提升了自身的情绪调节能力。

（三）为儿童青少年心理发展过程中普遍存在的情绪问题提供了有效的情绪调适方法

从本次干预活动的干预效果可以发现，有针对性地对小学高年级学生开展“积极情绪培育”主题心理健康教育干预活动，能够有效提高小学高年级学生的情绪调节能力。学生在主题心理健康教育干预活动中通过学习合理的心理调适方法、技巧，如宣泄策略（注意力转移、运动舒缓等），可以有效减少因外部因素而导致的情绪问题；学生也可以学习一些必要的方法去面对情绪困难，如认知重评策略（对待一些挫折采用不要生气、都是小事的态度等），从调整自身不合理认知入手，以积极乐观的思维方式来重新解读消极事件发生的原因，减少由内部因素而导致的情绪问题，进而不断提升自身的情绪调节水平和能力，这是具有积极效果和作用的。这种“积极情绪培育”主题心理健康教育干预活动为儿童青少年心理发展过程中普遍存在的情绪问题提供了有效的情绪调适方法。

（四）“积极情绪培育”主题心理健康教育干预活动的开展拓宽了心理健康教育活动的途径

针对学生普遍存在的情绪问题，开展“积极情绪培育”主题教育心理健康教育干预活动。本次干预活动给出了较强的有效性的结论，这对于人们运用此种活动方式帮助学生解决心理问题，改善不良情绪，建立积极人格，具有借鉴和启发作用。同时，本次干预活动以小学高年级学生作为干预的对象，对实施主题心理健康教育干预活动前后的实验组和控制组进行比较，使积极心理学应用于心理健康教育干预活动中的有效性得到了可靠的实证检验。并且，本次干预活动也试图在实践中探索一种“以点带面”的积极心理健康教育模式，使得这种模式能够推广到偏远地区的学校，即需要接受心理健康教育的学生群体之中，让具有普遍心理问题的学生都能够受到良好的心理指导和帮助。

首先，以团体心理辅导的方式开展心理健康教育干预活动，简单易操作，在干预者的组织和引导下，可以充分利用团体的力量营造轻松、愉悦的氛围，让学生在课堂中不仅接受到知识的学习，也可以受到心灵上的熏陶，更加具有实效性。其次，团体心理辅导可以有效促使学生在人际交往中进行观察和学习，在群体中不断认识自我、接纳自我，学会调节自身情绪，与他人建立良好的同伴关系，增强自身的社会适应能力。最后，通过团体心理辅导的方式可以弥补学校缺乏专职心理健康教师以及心理咨询专业人员的不足，拓宽了小学开展心理健康教育活动的途径。

（五）多角度的效果评估方式证明了心理健康教育干预活动的有效性

在 3 个月的心理健康教育干预活动结束后，干预者从三个角度进行了效果评估和分析，分别从定量研究的角度对统计学的数据进行对比和分析，从定性研究的角度对教师、家长的访谈结果进行效果评估与分析，从干预者的角度进行效果评估与分析。通过多方的效果评估总结出活动中设计存在的问题、实施存在的问题以及效果评估存在的问题。这种多元的评价方式可以全面地验证“积极情绪培育”主题教育干预活动是否能够提升小学高年级学生的情绪调节能力，是否具有有效性。因此，这种多元效果评估的评价方式也可以给予学校内的教育工作者一定的启发和帮助，便于其在进行心理健康教育课程的设计与实施时，从多方面、多角度验证其课程设计与实施的效果，帮助其不断地对心理健康教育课程的设计与实施进行调整和改善。

（六）良好的家校成长模式对于培养学生的心理品质具有重要作用

家庭是学生生活和成长的摇篮，学校与家长进行合作可以更加及时、准确、快速地发现学生心理、行为问题产生的原因，并及时想出积极有效的对策，进而帮助学生解决其存在的心理和行为问题。不少家长对学生成长过程中出现的问题，不能够运用合理的方式方法来解决，因此迫切需要学校的配合，从而对其进行科学的指导。同时，还有一些家长认为学生心理上的一些负面情绪只是小事，这种教育无疑是起到了反作用。所以，学校可以适时举办一些家庭教育指导讲座，让家长了解到当前小学生普遍存在的、共性的心理问题，引导家长正确、有效地教育孩子，促进家长育人理念的转变，重视子女心理问题，加强与子女交流沟通，引导家长科学育人，让学生健康成长。

第三章　初中生“亲子沟通与冲突解决”的心理健康教育干预活动辅导

一、心理健康教育干预活动课的设计

初中生“亲子沟通与冲突解决”心理健康教育干预课程，以提高初中生的亲子沟通水平、改善初中生的心理健康状况为总目标，从认识亲子沟通、掌握沟通的技巧和原则、了解正确的倾听方法、如何正确有效表达等角度入手进行方案的具体设计，让学生在认识和了解亲子沟通重要性的基础上，循序渐进地掌握与人沟通的技巧和原则。

（一）心理健康教育干预活动方案一：了解沟通的重要性，认识与父母沟通的必要性

【教学对象】实验组全体学生

【教学计划学时】1 课时

【设计理念】

青春期的初中生，正处于幼稚与成熟、冲动与控制、独立性和依赖性自相矛盾和相互冲突的关键时期，这一时期也是初中生的价值观和人生观开始形成的重要时期。同时，初中生的心理发展与生理发育不一致，处于该阶段的初中生容易与父母发生矛盾和冲突，也会存在人际交往的困扰。以此，帮助这一时期的初中生认识沟通和亲子沟通的重要性，掌握正确的沟通方法是具有现实意义的。

【教学目的】

1. 导入：引起学生对课堂的兴趣和关注，在游戏活动的基础上对“沟通”及沟通的重要性有初步的了解，为主题活动奠定基础。

2. 主题活动：引导学生讨论沟通的真正含义，讨论日常生活中与父母沟通时存在的问题，通过情景讨论和辨析了解与父母想法的不一致之处，明白主动与父母进行沟通的重要性。

3. 结束：进一步加深学生对沟通重要性的认识，同时以家庭作业的方式鼓励学生主动与父母进行沟通。

【教学目标】

1. 通过课程的学习，让学生认识到沟通的重要性；

2. 通过课堂活动体验，让学生能感知与父母沟通时的情感体验；

3. 通过学习，让学生能够尝试主动与父母进行沟通。

【教学重难点】

1. 重点：通过课程的学习，让学生认识到沟通的重要性。

2. 难点：学生能够感知与父母沟通时的情感体验，让学生能够尝试主动与父母沟通。

【教学内容】

1. 热身活动：各“纸”精彩

欢迎各位同学来到今天的课堂，首先请大家拿出一张正方形的纸，我们一起来做一个游戏。

游戏规则：（1）把手中的方形纸对折；（2）再对折，再一次对折；（3）把右上角撕下来；（4）旋转 90 度；（5）把左下角撕下来。

讨论：为什么你撕出来的纸与别人的不一样？

2. 主题活动

（1）什么是沟通

通过刚才的游戏和屏幕上展示的今天学习的主题，请同学们联系生活实际仔细想一想你所认识的沟通是什么。

（2）透过数据发现问题

展示一组调查数据，请学生讨论：为什么大家都觉得自己的爸爸妈妈不可缺少，而且与爸爸妈妈的沟通也很重要，但我们有烦恼或疑惑的时候却不愿意和父母分享和沟通呢？

（3）观看视频，分享感悟

播放视频《少年说》节选片段，结束后让学生分享看完视频后的感悟和认识。

（4）情景讨论

3. 结束活动：总结沟通的重要性，让学生尝试主动与父母进行沟通。

【教学形式】游戏体验法、情景分析法、讲授法、讨论法。

（二）心理健康教育干预活动方案二：了解父母的内心感受，学会换位思考

【教学对象】实验组全体学生

【教学计划学时】1 课时

【设计理念】

处于青春期的初中生，他们想要自由和独立，对父母的依赖也随之减少。

随着初中生所学知识的增加，他们产生了更多独立思考的观点和想法，从而导致初中生与父母沟通和交流的话题发生改变。他们更多地想从家长的唠叨、干预和限制中解放出来，但父母基于对子女的期望，对子女过度关心和约束，初中生与父母之间发生冲突和矛盾的频率增加，反而会使得亲子关系进一步疏远。设计此次课程是为了使学生更加理解父母，学会换位思考，从而学会正确处理与父母的关系和冲突。

【教学目的】

1. 导入：通过讲故事的方式吸引学生的注意力，增强学生参与课堂的积极性；

2. 主题活动：通过我对自己的了解和我对父母的了解进行对比，引发学生的思考，同时通过时间计算的方式让学生体会到与父母和谐沟通和相处的重要性，最后通过故事讨论的形式增强学生的内心体验和内心感悟；

3. 结束活动：以音频和视频相结合的方式，唤醒学生的内心感受。

【教学目标】

1. 通过学习，让学生认识到自己对父母的了解程度和了解父母的重要性；

2. 通过活动体验，感受父母的不容易以及父母对自己的关爱；

3. 让学生懂得换位思考的重要性，尝试从父母的角度思考问题。

【教学重难点】

1. 重点：感受父母的不容易及父母对自己的关爱。

2. 难点：学会换位思考，尝试站在父母的角度思考问题。

【教学内容】

1. 热身活动：“我的爸爸”

同学们，今天的课堂开始了，我们先一起来看一个故事：“我的爸爸”。同学们要仔细听故事都讲了些什么内容。故事结束后，有一个问题需要同学们和我一起来讨论讨论。

2. 主题活动

（1）你了解你的爸爸妈妈吗

填写对父母了解程度的表格，体会父母对自己的了解与“我”对父母了解的差别。

（2）“时间易逝”

请大家仔细想一想在我们平时的生活中，除了我们在学校的时间，父母都在什么时候陪伴我们。每一天会陪伴多长的时间。然后计算一下，接下来的初中 3 年，父母能够陪伴我们的时间一共有多少。

要求：独立思考和计算。

（3）故事讨论：深情的唠叨

讨论：听完这个故事后，你最大的感受是什么？

3. 结束活动：播放音乐 MV《爸爸妈妈》

【教学形式】故事讨论法、讲授法。

（三）心理健康教育干预活动方案三：感受倾听的重要性，掌握正确的倾听方法

【教学对象】实验组全体学生

【教学计划学时】1 课时

【设计理念】

初中生在与父母沟通的过程中会因为与父母产生矛盾而造成与父母沟通时的困扰，究其原因是初中生在与父母沟通的过程中，急于对父母输出自己的观点和想法，甚至不想倾听父母的想法。这一现象也会在同伴或老师中发生，这就会造成不同个体之间的误解。针对这一现象干预者设计了此次课程，目的是让学生学会倾听父母和他人，感受倾听在与父母沟通时的重要性。

【教学目的】

1. 导入：心理健康课程要面对比团体辅导和活动更多的成员，且由于场地的限制，导入活动需要简洁而有效，通过听故事回答问题的方式进行导入，可以在最短的时间内吸引学生的注意力。

2. 主题活动：通过游戏活动体验，让学生切实认识到认真倾听的重要性，在情景讨论中，寻找到自己与父母沟通时存在的问题；通过角色扮演的方式，让学生在活动中寻找到正确的倾听方式。

3. 结束活动：总结课堂重点，深化学生对正确倾听方式的认识。

【教学目标】

1. 通过学习，让学生理解倾听的重要性；

2. 体会自己和父母被倾听的需要，感受倾听带来的快乐；

3. 通过活动体验，让学生学会正确的倾听方法和技巧。

【教学重难点】

1. 重点：体会在沟通中自己被倾听的需要。

2. 难点：能够在日常生活中灵活地运用倾听的技巧。

【教学内容】

1. 热身活动：“我说你听”

我们都知道在任何时候，认真地听清楚和理解别人说的话是十分重要的，那接下来老师读一个故事，同学们要仔细听，然后判断下面的题目是否正确。

（1）这个故事发生在2015年一个闷热的夏日；

（2）一家装饰考究，位于闹市区的珠宝店；

（3）听到玻璃被击碎的声音；

（4）有一个高个子男子冲出珠宝店。

2. 主题活动

（1）荒岛求生

活动背景：一架私人飞机坠落在荒岛上，只有6个人能够存活下来，但是只有一个可以逃生的工具，而且只能容纳一个人，没有任何的水和食物。

活动要求：①一共6个同学，每个同学抽签决定自己的角色；②6个人针对由谁乘坐气球先行离岛的问题进行讨论，各自陈述理由；③从第二个同学开始，每个人先复述前一个人的理由再说自己的理由；④在6位同学中根据复述别人逃生理由的完整度和陈述自身理由的充分程度，决定先行离岛的人。

讨论：①为什么有的同学可以比较完整地复述前一个同学的观点，而有的同学却只能记住其中的一部分？②我们要如何才能比较准确和完整地复述前一位同学的观点呢？

（2）情景讨论

想一想下列情景是否会出现在你与父母的日常沟通中？

①感到厌烦，不想理也不想说话；②心不在焉，完全没听；③大声理论，指出他们的不对。

（3）情景短剧

①演讲者：认真地读演讲稿，无论台下3位听众做出什么样的行为，都要坚持讲完。②听众A：打断演讲者说话，例如：“知道了。别啰嗦，还用你教我？！”③听众B：捂住耳朵表现出不耐烦。④听众C：可以东张西望，敲打桌子。

分享：①演讲者分享：当你在演讲的时候，没有人听你说话，你有什么样的感受？②听众分享：演讲者演讲的内容。③其他同学分享：讨论情景里的听众是否合格，为什么不是合格的听众，有哪些地方做得不对？

3. 结束活动：“拆文解字”

对“听”的繁体字（聽）进行拆解，“十目一心耳为王”就是让我们多听多看用心记，虚心听取别人的意见和合理的建议。

【教学形式】游戏体验法、角色扮演法、讨论法、讲授法。

（四）心理健康教育干预活动方案四：掌握表达的技巧，感受正确有效表达的重要性

【教学对象】实验组全体学生

【教学计划学时】1 课时

【设计理念】

青春期的初中生生理发育和心理发展都处于相对活跃的状态，随着知识的积累，他们对社会的理解进一步加深，主观意识也在不断增强，但这一过程也使得初中生的逆反心理更加严重。初中生对事物的理解和认知缺乏深度和广度，时常处于困惑之中，因此在生活和学习中会因为与父母观点和想法的差异而产生矛盾。干预者设计此次课程，以期通过这一课程的学习，让学生掌握正确有效的与父母沟通的方式。

【教学目的】

1. 导入：通过对上一次课程的总结和学生在使用沟通方法和表达技巧时遇到的问题的讨论进入课堂，可以使学生更快地进入课堂学习的状态。

2. 主题活动：通过“说与察”的活动，让学生意识到在日常的沟通与交流中更倾向于使用哪一种类型的语言，帮助学生区分观察与评价，让学生意识到观察性语言和评价性语言的区别，通过活动的练习，进一步让学生掌握如何在日常的沟通中采用观察性语言。

3. 结束：总结课堂，进一步强调有效正确表达的重要性。

【教学目标】

1. 通过学习，让学生了解有效表达和说话的重要性；

2. 学会有效表达的方法，并尝试在日常生活中运用；

3. 通过活动体验，让学生体会有效表达和沟通带来的积极影响。

【教学重难点】

1. 重点：学会表达的技巧，尝试在日常生活中运用。

2. 难点：体会表达和沟通带来的积极影响。

【教学内容】

1. 热身活动：在与父母或朋友、同学沟通交流的过程中，有没有遇到问题呢？这些问题你都是怎么面对和解决的呢？老师想请同学来分享一下。

2. 主题活动

（1）“说与察”

请同学们根据规则用 5 个完整的句子形容你身边的同桌。形容的内容可以随意，可以是对 TA 的描述，也可以是你想对 TA 说的话，或是写下你们曾经的一些回忆（具体内容随意，但必须围绕你的同桌）。

（2）区分观察与评价

我们一起来看一看接下来的一些句子，看一看大家能不能区分出哪些是观察性的句子，哪些是评价性的语言？

讨论：你更喜欢观察性的语言还是评价性的语言，为什么？

（3）“听与说”

活动要求：请与你的好朋友面对面坐着，由左边的同学先开始说话，说话内容必须是一个完整的句子，或者也可以说一些自己想表达的事情与烦恼，说完后由另外一位同学用自己的语言进行复述，复述的格式为：你的意思是……吗？之后由说话者反馈，倾听者是否理解说话者的意思，如若没有则继续复述，直至说话者认为倾听者理解了为止。之后互换身份，继续进行说话、倾听、反馈这一流程。

讨论：如何较为准确地复述别人的话呢？活动都带给你哪些感受？

3. 结束活动：总结课堂，进一步强化学生对正确表达的认识。

【教学形式】小组讨论法、游戏体验法、讲授法。

（五）心理健康教育干预活动方案五：了解冲突，换位思考

【教学对象】实验组全体学生

【教学计划学时】1 课时

【设计理念】

处于青春期的初中生产生了较为明显的逆反心理，容易与父母发生冲突和矛盾，从而导致与父母的关系疏远和紧张。对初中生与父母紧张和疏远的关系如果不及时加以引导和解决，就会对学生的成长产生影响。因此，设计此次课程，以期通过课程的学习和讨论，让学生学会理解父母，换位思考，学会恰当处理与父母的关系。

【教学目的】

1. 导入：通过简单的课堂导入活动，调动学生参与课堂的积极性，同时为接下来的主题活动做铺垫；

2. 主题活动：通过小组辩论赛，让学生从自己的视角发现与父母的差异，然后通过对差异的分析了解产生差异的原因，以寻找与父母共同期望的方式，找到与父母的共同之处，最终达到学会站在父母的角度思考问题的目的；

3. 结束活动：总结课堂，强调学会站在父母的角度思考问题的重要性。

【教学目标】

1. 通过课堂讨论和分享，了解自己与父母沟通产生冲突的原因，正确认识父母的教育与关爱；

2. 通过活动体验，让学生体会父母的关爱，学会理解与尊重父母；

3. 通过学习，掌握化解与父母冲突的方法，并能够尝试积极主动地与父母沟通。

【教学重难点】

1. 重点：掌握正确的化解和解决与父母冲突的方法，尝试积极主动地与

父母进行沟通。

2. 难点：让学生真正掌握沟通的方法，并在现实中主动与父母沟通。

【教学内容】

1. 热身活动："手牵手"

游戏规则：

（1）与同桌面对面坐下，手牵着手；（2）老师叫出植物的名字时，全体同学将双手举过头顶，叫出动物的名字时，把手放下；（3）例：芹菜（双手举过头顶）、兔子（放下）。

2. 主题活动

（1）小组辩论赛

辩题：父母管我们究竟多一点好还是少一点好。

①正方观点：多管一些好；②反方观点：少管一些好。

寻找原因：通过辩论，我们可以发现，同样一件事情，我们和父母看待这件事却是不一样的，造成我们和父母观点不一样的原因有哪些呢？

（2）求同存异

活动规则：①列出父母对你的期望，再列出你对自己的期望；②对比"父母对我的期望"和"我对自己的期望"，挑选出符合以下要求的3种期望：相一致的共同期望，不一致但不矛盾的期望，相冲突的期望。

（3）讨论与分享：

①你跟父母的矛盾都是因为期望不一致引起的吗？为什么？

②通过期望对比，你觉得和父母在多大程度上可以"和平相处"？

3. 结束活动：总结课堂，强化学生对与父母产生冲突的认识。

【教学形式】小组讨论法、游戏体验法、讲授法。

（六）心理健康教育干预活动方案六：真诚交往，和谐沟通

【教学对象】实验组全体学生

【教学计划学时】1课时

【设计理念】

沟通是一门重要的语言艺术，它对学生的个体发展有着非常重要的作用。初中生的心理还不够成熟，容易以自我为中心，导致初中生在与父母或他人沟通的过程中，不善于站在他人的角度思考问题，从而影响沟通双方的关系。所以，让初中生掌握正确的沟通方法，对初中生的心理健康发展具有重要的意义。

【教学目的】

1. 导入：通过游戏活动的方式导入课堂，可以激发学生对课堂的兴趣，从而提高学生参与课堂的积极性，为后面的主题活动打下基础。

2. 主题活动：通过故事讨论、游戏体验和情景辨析的方式让学生在活动和游戏中体会沟通的原则，认识和谐沟通的重要性，在每个活动结束后对活动的目的进行总结和强化。

3. 结束活动：总结沟通的原则，强化和谐沟通的重要性。

【教学目标】

1. 让学生学会与父母平等沟通，回顾与总结和父母和谐沟通的方法；

2. 体验和父母和谐沟通、平等沟通带来的积极影响。

【教学重难点】

1. 重点：（1）学会与父母平等沟通，回顾与总结和父母和谐沟通的方法；（2）体验和父母和谐沟通、平等沟通的乐趣。

2. 难点：能够灵活地运用与父母平等沟通、和谐沟通的方法。

【教学内容】

1. 热身活动：小小传声筒

提问：为什么一句话传来传去会变得不一样了呢？你从这个活动中感悟到了什么呢？

2. 主题活动

（1）故事讨论：《钥匙》

讨论分享：看完这个故事你有什么感受？

（2）信任大跌倒

游戏规则：6 个人为一组，1 人向后倒，5 人在后面接住，保证安全。

分享讨论：①倒下的那一刻你害怕吗？你相信其他同学会稳稳接住你吗？倒下的时候你的身体是笔直的还是弯曲的？②你现在的感觉是什么？

（3）情景分析

讨论：你赞同哪一种做法？为什么？

3. 结束活动：总结沟通的原则。

【教学形式】游戏体验法、故事讨论法、讲授法。

二、心理健康教育干预活动课的实施

心理健康教育干预活动课的实施在初一年级进行，选取了初一年级两个班分别作为对照班和实验班，两班同学基本同质。对实验班的学生实施“亲子沟通与冲突解决”的心理健康教育干预活动课程，而对对照班的学生则实施传统的心理健康教育课程。在实施前和实施结束后采用《青少年亲子沟通量表》（PACS）和《中国中学生心理健康自评量表》（MMHI－60）分别对实验班和对照班的学生进行定量结果的评估和分析，并在实验班学生中收集对干预活动课程的定性反馈结果，采用定量与定性相结合的方式，以检验心理健康教育干预活动课程的有效性。

（一）心理健康教育干预活动实施一：了解沟通的重要性，认识与父母沟通的必要性

【教学时间、地点】 ××××年××月××日，××时；实验班教室

【教学准备】 PPT课件、视频、便笺纸若干。

【操作要点】

1. 注重学生的情感体验，保护学生的隐私；
2. 课堂中重视对学生的引导和支持；
3. 以倾听为主，注重学生的情感体验。

【教学进行】

1. 热身活动：各“纸”精彩

干预者：各位同学大家好，欢迎大家来到今天的心理课堂，在课堂开始时，让我们一起来做一个有趣的游戏。下面请大家拿出一张正方形的纸，然后闭上眼睛，听老师的指令。

游戏规则：①把手中正方形的纸对折；②再对折，再一次对折；③把右上角撕下来；④旋转90度；⑤把左下角撕下来。

干预者：好的，现在请大家睁开眼睛，打开你的纸，看一看你的纸跟旁边同学的纸是否一样，如果不一样，那就仔细想一想，为什么会不一样呢？在思考为什么不一样的同时，请大家再拿出一张纸，我们再做一次。这一次大家可以向我提问，比如说向哪个方向旋转等，然后达成一致了再撕纸。你们准备好了吗？那我们开始第二次撕纸游戏吧。

（第二次撕纸游戏规则与上同）

学生讨论：大家仔细思考一下两次撕纸的过程和得到的结果，想一想两次得到的结果为什么会不一样呢？

干预者：大家的思考都非常正确，这个活动说明无论做什么事，我们都需要相互沟通和交流，才能达成一致。接下来就正式进入我们今天学习的主题：打开沟通世界的大门。

2. 主题活动一：什么是沟通

干预者：大家看一看屏幕，打开沟通世界的大门，老师问一问同学们，在你看来，你觉得你所认为的沟通是什么？

干预者：同学们的思考和回答都非常好。其实沟通就是一个人与人或者是人与群体之间交流的过程，通过这个沟通和交流的过程，达到相互之间思

想、情感和态度的一致。现在大家都知道沟通是什么了，那你们觉得与父母之间的沟通重要吗？为什么？

3. 主题活动二：透过数据，发现问题

干预者：刚才同学们讨论之后都觉得在平常生活中，与父母的沟通是重要且必不可少的，那在平常的生活中，你们的心事、秘密或者经历最先会说给谁听呢？老师听到了许许多多的答案，有的同学说会跟自己说、跟朋友说、跟自己的宠物或者玩偶说。看来大家有许许多多的渠道去发泄自己的情感和讲述自己的经历。但是，老师也发现一个问题，只有很少的同学愿意和自己的爸爸或者妈妈说，这又是为什么呢？老师这里有一份数据，它是城市初中生与父母的沟通情况。这份数据是对388名初中生调查的结果，我们大家一起来看一看。

表3-1　城市初中生与父母沟通情况调查表

内容	所占比例（%）	
	男生	女生
不太喜欢与父母沟通	64	42.3
与父母沟通有障碍	48.7	37.2
主动与父母沟通	45.2	49
不会把自己的秘密告诉父母	81.8	83.3

从同学们刚才的回答和这个调查结果来看，可以发现大部分同学还是不愿意主动和家长沟通，认为与父母的沟通有障碍。那么，这就是一个我们平时与父母沟通所存在的矛盾点了，我们一起来讨论讨论。

学生讨论：为什么大家都觉得自己的爸爸妈妈不可缺少，而且与爸爸妈妈的沟通也很重要，但我们有的时候却不愿意和父母分享和沟通呢？

干预者：从同学们的分享和回答里，老师发现了同学们不愿意与父母沟通的原因，有的是因为觉得父母不理解我们的烦恼；有的是因为父母总是以命令的口吻来说话，让我们感到不舒服。无论是什么原因，都会导致我们不能把自己内心真实的想法和观点准确传达给父母，最后导致与父母沟通的不畅通，产生了矛盾和冲突。

4. 主题活动三：观看视频，分享感悟

干预者：每个同学都会因为与父母之间的关系和矛盾产生烦恼，下面我们来看一段小视频《少年说》。视频中的同学，她把平时不敢跟父母说的话通过了一个节目勇敢地表达了出来。我们来看看她说了一些什么。看完视频后，老师想请大家分享一下自己的感受。

学生讨论：看过这个视频，大家有什么感受？在你们平常与父母沟通的过程中会有类似的情况发生吗？如果现在有一个机会让你向你的爸爸或妈妈表达你内心的真实想法，你会说什么呢？

干预者：其实我们每个人心里都藏着许许多多的想跟父母说的话或者是秘密，但我们却往往难以开口向父母表达出自己内心的真实想法，长此以往，就会使我们跟父母之间的关系渐渐疏远，然后产生间隙和矛盾。

5. 主题活动四：情景讨论

干预者：刚刚大家都说了自己的烦恼。最近，老师接到一些家长的咨询，反映他们做父母的烦恼，我们一起看看他们有哪些烦恼。

学生讨论：面对家长们的提问，同学们有什么样的感受？如果你是这些家长，你会怎么办？

干预者：通过家长的这些烦恼，我们也能了解到父母内心很焦虑，他们也特别想和我们沟通，他们也有如何才能与我们拉近距离的苦恼，尝试与我们沟通。

6. 结束活动

干预者：通过今天的学习，我们了解了什么是沟通，而且沟通在我们的日常生活中是不可缺少也不可避免的，如何才能与父母进行和谐的沟通呢？不但需要我们主动与父母进行沟通交流，说出自己的内心想法和体验，还需要我们学会站在父母的角度思考问题。希望大家可以在今天的课程结束后，主动地与父母进行沟通。

【教学总结】

本节课的教学重难点是通过活动使学生认识到主动沟通的重要性，并在课后主动尝试与父母进行一次沟通。本节课基本达到了教学目标，但学生的接受程度和掌握程度还有待进一步观察。

本节课的成功之处："撕纸游戏"和播放视频《少年说》片段是本节课的重点部分。在"撕纸游戏"中，通过前后两次不同的撕纸结果，让学生亲身体会沟通的重要性和双向一致性沟通带来的积极效果。而播放视频《少年说》片段，让学生更加投入视频的观看和思考中，引起学生的共鸣。在观看完视频后，学生更有兴趣参与课堂的讨论，愿意分享更多的想法和观点。

教学过程中的"情景讨论"是根据学生经常与父母发生矛盾和冲突的原因而创设的情景，符合学生学习和生活的实际，也容易引起学生的兴趣。将这样的情景放在课堂中讨论，可以让学生之间集思广益、相互学习，学会换位思考。主动站在父母的角度思考问题，激发学生想要主动与父母沟通，解决问题，可以进一步让学生产生主动与父母进行和平沟通的想法。

本节课存在的问题：本节课设计的环节较多和紧凑，导致每个环节和活动的时间不太好掌控。在播放完视频后的讨论环节，由于时间的原因还有很多同学没有机会发言。在以后的教学中，可以将活动更加精简深入，引发学生更加深刻的思考。

（二）心理健康教育干预活动实施二：了解父母的内心感受，学会换位思考

【教学时间、地点】 ××××年××月××日，××时；实验班教室

【教学准备】 PPT课件、背景音乐。

【操作要点】

1. 注重学生的内心情感体验，引导学生分享自己的故事；
2. 激发学生的共情能力，以学生为主体；
3. 给予学生支持和保护。

【教学进行】

1. 热身活动：故事《我的爸爸》

干预者：同学们，今天的心理课堂开始了。按照我们的惯例，我们先一起来看一个故事：《我的爸爸》。同学们要仔细听故事都讲了些什么内容。故事结束后，有一个问题需要同学们和我一起来讨论讨论。

学生讨论：听完这个故事后，你有什么感受？

干预者：看来从这个故事中同学们都受益匪浅，其实随着年龄的变化，我们对父母的想法也会发生改变，以前会觉得父母很唠叨，想要远离他们，但随着慢慢长大，会发现他们的唠叨有时候对我们来说却又十分珍贵。

2. 主题活动一：你了解你的爸爸妈妈吗

干预者：接下来，老师有几个问题要问一问大家，快问快答，你们准备好了吗？你的生日是哪天？爱吃的东西是什么？口头禅是什么？穿多大的鞋？最喜欢什么颜色？

干预者：看来你们对自己都非常了解。那么，老师想知道你们对自己的爸爸妈妈了不了解呢？为了解答老师的疑惑，老师这里有一个表格，大家来填一填，看一看你们对爸爸妈妈到底了解多少。

	父亲	母亲
最大的爱好		
最喜欢吃的东西		
最好的朋友是谁		
最喜欢的电视节目		
最喜欢的运动		
口头禅		
生日		
鞋码		
手机号码		

学生讨论：一共9个题目你们完成了多少呢？对父亲的了解和对母亲的了解哪个更多一些呢？在填写时，有怎样的感受？

干预者：对于一些我们对自己能够脱口而出的问题，当把对象变成我们最亲近的爸爸妈妈时，这些问题有时候却会难以回答，这到底是为什么呢？那现在请同学们想一想，上面的9个问题如果让我们的爸爸妈妈来回答，他们的答案会是什么呢？

3. 主题活动二："时间易逝"

干预者：老师相信上面的故事和问题已经让同学们有了一些感受，也引发了你们的一些思考，那我们来仔细地想一想，在我们平时的生活中，除了我们在学校学习的时间外，父母都在什么时候陪伴着我们？每一天会陪伴多长的时间？然后计算一下，接下来的初中3年，父母能够陪伴我们的时间一共有多少。

要求：独立思考和计算。

干预者：计算完成后我相信大家心里都有答案了，那在这个有限的时间内，大家可以认真地思考一下，你想要以什么样的状态和爸爸妈妈度过这些时间，是不断争吵还是和谐快乐地度过呢？带着问题和你心中的答案，让我们一起来听一听这个故事。

4. 主题活动三：故事讨论

干预者：这是一个在日常生活中我们都会面对的问题：面对父母的唠叨，我们的心态是怎样随着年龄的增长而变化的？接下来就让我们一起在这个故事中寻找一下。

故事原文如下：

"晚上早点睡，别熬夜。"

“天热也别吃太凉的东西，肚子受不了。”

“在食堂吃饭别挑食，营养要均衡。”

……

我虽已成家，并已为人母，但父母对我的“唠叨”还是每天相伴。很多中国家庭都是如此：在家时，他们在饭桌上、厨房里唠叨；不在家时，他们在电话里、微信上唠叨。加之父母年纪大了，记性也开始不好了，时常明明之前说过的事情，还是每天一遍又一遍重复，有时我们会左耳进右耳出，有时会敷衍，随意地应上一句，“嗯，好，知道了。”有时会不耐烦地回应：“哎呀，行了行了，别叨叨了，烦不烦啊！”

随着年纪的增长，我也不由地思考，我们究竟听懂父母的唠叨了吗？这一句句唠叨的背后在传达怎样的信息？

它传达的是一种爱的惦念。无论我们多少岁，在父母眼中我们永远是孩子，他们对我们的关心与爱护是本能也是习惯。这种习惯并不会因我们成家立业、生儿育女而改变。天冷时，他们依然会惦记我们是不是穿了秋衣秋裤；外出时，他们依然会操心我们有没有吃好、住好；工作时，他们依然会担心我们有没有受委屈……他们所做的一切都是为了我们好，他们在用自己的方式告诉我们怎么处理事情、如何好好生活。其实他们内心想对我们说的话更多，但最后只是将无数的关心和深情化作了只言片语，却还是因为重复的次数太多，而被我们当成了烦人的“唠叨”。

如今我为人母，也就更能理解父母对孩子那浓得不能再浓的爱。我想，等我的孩子长大了，我应该也会忍不住唠叨她，叮嘱她这个不行那个不能做，告诉她什么是对什么是错，也希望那时，她能对我多一点耐心、多一份理解。

唠叨传达的是一种对陪伴的渴盼。时间不会停留一分一秒，随着我们年纪的增长，父母也一天天变老，对他们来说，最期盼的就是儿女的陪伴，但事实却往往不尽如人意。俗话说：3 岁一个代沟。而我们与父母至少相差 20 多岁，近 10 个代沟。从小到大，我们时常感觉和父母之间有着或多或少的思想差异，没有什么共同语言，陷入了因为有代沟所以不愿意和他们沟通，因为不和他们沟通所以代沟越来越深的恶性循环。更何况，如今进入了手机时代，年轻人最好的“朋友”就是手机，甚至吃饭时都得有手机陪着，每天在网络的世界中遨游，父母“爱的讯号”也变成了干扰，被定义成了烦人的“唠叨”。我们不妨放下手机，将心门打开，多花些时间、耐住性子，听听父母的倾诉与唠叨，并让他们减少操心。面对父母的唠叨，希望我们不要嫌弃、不要不耐烦，而是用心去听去感受这份深情，静下心来听听母亲的“唠叨”、父亲的“吹牛”，过后回想时，那会是你最幸福的瞬间。

学生讨论：听完这个故事之后，老师给大家一些时间请大家安静地想一想你有什么样的感受。

5. 结束活动

干预者：在课程的结尾老师想给同学们播放一个音乐MV，大家可以带着刚才的感受来听一听这首音乐。音乐结束后，我们的课程也就结束了。

【教学总结】

本节课的教学重点是通过学习，让学生学会站在父母的角度思考问题，课程以故事讨论和分享为主，通过故事的聆听和感受，本节课的教学目标基本达到，但学生是否真正深刻认识到换位思考的重要性还有待验证。

本节课的成功之处：课堂从讲故事“我的爸爸”入手，让学生从第三视角感受父亲或母亲内心的真实想法，再对应学生与父母的日常生活状态，在最后也以故事结尾，让学生更多地思考、回忆，通过故事和时间的计算来触动学生的心灵，让学生体会到珍惜与父母相处的重要性，同时学会站在父母的角度思考问题。

本节课存在的问题：首先，本次课程主要以故事讨论和学生的分享讨论为主，课程结尾的故事，有的学生没有真正体会到故事的含义。在以后的教学中，要从学生的切身实际出发，选择与学生生活贴近的故事和材料，才能在最大限度上引起学生的情感共鸣。其次，由于课程只有40分钟，此次课程没有设计太多的环节，没有趣味性较高的游戏活动，学生似乎不太感兴趣，而且有的学生也排斥提及与父母相关的话题，因此在课堂上主动分享的欲望并不强烈。以后的教学过程中，可以设计符合课程主题的具有趣味性的活动，来提高学生参与课堂的积极性。最后，在分享和讨论环节，学生不愿意谈论与父母相关的话题。在上课的过程中，涉及学生敏感的话题时，要及时保护学生的隐私，不对学生造成二次伤害。

（三）心理健康教育干预活动实施三：感受倾听的重要性，掌握正确的倾听方法

【教学时间、地点】 ××××年××月××日，××时；实验班教室

【教学准备】 PPT课件

【操作要点】

1. 注意与学生进行口头交流的过程；
2. 必要时通过自我暴露的方式引导学生自我展现；
3. 注意课堂的氛围和学生参与的积极性。

【教学进行】

1. 热身活动：“我说你听”

干预者：我们知道在任何时候，认真地听清楚和理解别人说的话是十分重要的，那接下来老师读一个故事，同学们要仔细听，然后判断下面的题目是否正确。

学生讨论：请判断下面的说法与你刚刚听到的内容是否相符。

这个故事发生在2015年一个闷热的夏日；

一家装饰考究，位于闹市区的珠宝店；

听到击碎玻璃的声音；

有一个高个子男子冲出珠宝店。

2. 主题活动一：荒岛求生

干预者：同学们，欢迎大家来到今天的课堂，今天我们要学习一个新的主题，在进入主题之前，我们按照惯例先来做一个游戏，这个游戏的名字叫“荒岛求生”。同学们需要仔细听并理解活动的规则和内容，然后再按照要求进行游戏活动，准备好了吗？我们一起来看一看这个活动的要求和规则吧。

活动背景：一架私人飞机坠落在荒岛上，只有6个人能够存活下来，但是只有一个可以逃生的工具，而且只能容纳一个人，没有任何的水和食物。

活动要求：①一共6个同学，每个同学抽签决定自己的角色；②6个人针对由谁乘坐气球先行离岛的问题进行讨论，各自陈述理由；③从第二个同学开始，每个人先复述前一个人的理由后再说自己的理由；④在6位同学中根据复述别人逃生理由的完整度和陈述自身理由的充分程度，决定先行离岛的人。

角色设定：①孕妇：怀胎8月；②发明家：正在研究新能源（可再生、无污染）汽车；③医学家：经数年研究艾滋病的治疗方案，已经取得突破性进展；④宇航员：即将远征火星，寻找适合人类居住的环境；⑤生态学家：负责热带雨林抢救工作；⑥流浪汉。

学生讨论：为什么有的同学可以比较完整地复述前一个同学的观点，而有的同学却只能记住其中的一部分？我们要如何才能比较准确和完整地复述前一位同学的观点呢？

干预者：没错，同学们说的都是老师想要传达给你们的，我们如果想要比较完整和准确地复述前一位同学的语言，那就需要我们集中注意力用心地聆听，这就是我们在与人进行沟通交往时非常必要的一个技能。

3. 主题活动二：情景讨论

干预者：那我们来回想一下，你在跟父母说话或者是沟通的时候是什么状态？我们一起来看一看下面的情景在你们与父母沟通时会不会出现？

感到厌烦，不想理也不想说话；

心不在焉，完全没听；

大声理论，指出他们的不对。

学生讨论：看完这三个情景和图片，你们觉得为什么在日常与父母的沟通中会产生这些现象，原因是什么？

干预者：同学们在与父母沟通的过程中会觉得父母唠叨，说的话没有价值；父母也不愿意听我们的意见，喜欢把他们的意愿强加在我们身上；有时父母的话还翻来覆去地说，所以没有必要每次都听。

4. 主题活动三：情景短剧

干预者：下面老师要考一考大家的演技。这里有一个情景短剧需要大家来扮演，一共需要4位同学，大家可以自由组队，组好队之后我们一起来看一看这个情景短剧的要求和规则。

活动要求：①演讲者：认真读演讲稿，不管三位听众做出什么样的行为和动作，他都要坚持讲完。②听众A：一直打断演讲者说话，例如，“知道了，别啰嗦！还用你教我?!”③听众B：捂住耳朵表现出不耐烦。④听众C：可以东张西望、敲打桌子。

演讲者分享：当你在演讲的时候，其他人根本没有听你说话，你是什么感受?

听众分享：演讲者说话的内容。

其他同学分享讨论：其他几位同学扮演的角色是不是合格听众？为什么不是合格的听众？有哪些地方做得不对？如何才能做到正确地倾听呢？如何才能做一个合格的倾听者?

总结正确的倾听方法：①诚信：抱着谦虚的态度专心听；②仔细地听，不要三心二意，捕捉父母话语中的含义或言外之意；③耐心：不要轻易插话，给予父母适当的回应，鼓励对方说下去。

5. 结束活动：“拆文解字”

干预者：刚刚通过同学们的智慧，我们总结出了倾听的方法。其实“听”这个汉字在现在我们书写的过程中加以简化了，现在我们一起来看看它的繁体字形式，大家一起来看看一个“聽”字包含了哪些含义。

干预者：一个“聽”原来包含了这么多的器官，不只有耳朵，而且还包含“目”“心”。“十目一心耳为王”就是让我们多听多看用心记，虚心听取别人的意见和合理的建议。

【教学总结】

本节课的教学重点是通过学习，让学生了解倾听的重要性，学会正确的倾听方法。通过活动和游戏，本节课的教学目标基本达到，但学生是否真正掌握了正确的倾听方法，并将其运用到日常的生活中，还需要不断地尝试和练习。

本节课的成功之处：本节课采用多种活动体验形式，让学生在活动体验中感受倾听的重要性，让学生认识到认真倾听带来的积极结果，以及不认真倾听造成的消极结果，课程开始时的“荒岛求生”活动成功地引起学生的注意，促使学生积极地参与活动，积极主动分享自己的感受和想法。

此次课中的测试让学生注意力高度集中，从活动中让学生明白正确的倾听方法，同时课程中的情景表演活动也是课程成功的一个部分。由于时间有限，只邀请了两组同学进行情景表演，但在表演结束后，两组同学中的演讲者可能因为亲身体验到了不被别人重视和倾听的感受，在接下来的课程中都十分认真听讲和配合老师的上课节奏，这也是课程成功之处。

本节课存在的问题：课程内容和活动设计得比较多，但课程时间有限，又需要顾及课程的完整性，因此有几个问题没有深入地与学生进行探讨，可能会存在学生没有真正认识到课程重点的问题。在以后进行教学设计时，要综合考虑课程时长和学生的切身实际；在情景表演部分，由于学生活泼的天性，很多学生都想参与，但时间有限，没有照顾到大部分学生；同时情景表演时学生较为激动，要叮嘱学生控制音量，以免影响到其他班级的同学。

（四）心理健康教育干预活动实施四：掌握表达的技巧，感受正确有效表达的重要性

【教学时间、地点】 ××××年××月××日，××时；实验班教室

【教学准备】 PPT 课件

【操作要点】

1. 注重引导学生表达的具体化；
2. 注重情景的体验和课堂情景的生成；
3. 以倾听为主，注重保护学生的隐私。

【教学进行】

1. 热身活动

干预者：各位同学，大家好！我们前面学习了3次心理课程，了解了沟通的重要性，也学会了站在父母的角度思考问题，同时也明白了倾听在沟通中的重要性。从我们开始第一次上课以来，同学们在与父母或朋友、同学沟通交流的过程中，有没有遇到问题呢？这些问题你都是怎么面对和解决的呢？老师想请同学来分享一下。

干预者：在我们用心聆听父母感受的同时，也需要向父母诉说我们自己内心的感受，想让他们也听听我们内心的声音。我们这节课就来一起探索一下怎么正确地向父母表达我们的想法和内心感受。

2. 主题活动一："说与察"

干预者：同学们在日常生活中一定少不了说话和观察，接下来老师给大家一点时间，让大家来好好地观察一下你的同桌。

活动要求：请同学们根据规则用5个完整的句子形容你身边的同桌。形容的内容可以随意，可以是对TA的描述，也可以是你想对TA说的话，或是写下你们曾经的一些回忆（具体内容十分随意，但必须围绕你的同桌）。

3. 主题活动二：区分观察与评价

干预者：我们一起来看一看接下来的一些句子，看一看大家能不能区分出哪些是观察性的句子，哪些是评价性的句子。

简·爱穿了一件格子外套	简·爱穿得真不好看
李逵昨天不肯将《论语》借给我	李逵是个生性小气的人
李宗伟是个优秀的羽毛球运动员	李宗伟去年和林丹打了十场只赢了一场
阿柒请我喝了冻奶茶	阿柒对朋友都很友好

学生讨论：你更喜欢观察性的语言还是评价性的语言，为什么？

4. 主题活动三："听与说"

活动要求：请与你的好朋友面对面坐着，由左边的同学先开始说话，说话内容必须是一个完整的句子，或者也可以说一些自己想表达的事情与烦恼，说完后由另外一位同学用自己的语言进行复述，复述的格式为："你的意思是……吗？"之后由说话者反馈，倾听者是否理解说话者的意思，如若没有则继续复述，直至说话者认为倾听者理解了为止。之后互换身份，继续进行说话、倾听、反馈这一流程。

学生讨论：如何较为准确地复述别人的话？此轮活动带给你哪些感受？

5. 结束活动

干预者：今天我们认识了正确表达的重要性，还有之前学习的正确的倾听方法，希望同学们可以在日常的生活中尝试使用我们学习的方法与父母或朋友、老师进行沟通交流。

【教学总结】

本节课的教学目标是通过学习和活动体验，让学生学会有效地沟通和表达，并让学生在日常生活中运用这些沟通和表达的技巧，通过本节课的学习，这一教学目标基本达到，但学生是否能够真正将这些方法运用到日常生活和与父母的沟通中还需要进一步的练习和检验。

本节课的成功之处：首先，课程环节设计紧凑，层层递进，从“观与察”到后面的区分观察与评价，让学生从自己熟悉的环境出发，参与课堂活动，可以更大程度地激发学生参与课堂的积极性；其次，活动中让学生描述自己的同桌或朋友，由于是学生熟悉的人群，学生更加了解能发挥活动的最大作用；再次，课堂中的“听与说”环节，是课程中花费时间最长的活动，把更多的时间留给学生练习表达和倾听比写在纸上会更加有效，有更真实的体验感；最后，在课程的结尾，通过讨论分享的方式结束课程，不仅可以对整节课的内容进行总结，还可以留给学生思考的空间和时间。

本节课存在的问题：在“观与察”环节让学生用5句话描述自己的同桌，但有的同学并不想把自己的同桌作为描述对象，这需要干预者进行引导；同时，由于学生的个性各不相同，有的同学会描述缺点，在活动开始前老师要提醒同学们，不能描述同学的缺点或缺陷，而应该描述同学积极的方面；在后面的“听与说”环节由于全班学生人数很多，老师不能顾及每一组同学，会导致有的同学在讲与课程无关的话，老师在活动时要巡视，尽量保证每个同学都能有效地参与活动。

（五）心理健康教育干预活动实施五：了解冲突、换位思考

【教学时间、地点】 ××××年××月××日，××时；实验班教室

【教学准备】 PPT课件

【操作要点】

1. 注意课堂纪律的和谐有序；
2. 尊重学生的主体性，以学生为主体；
3. 注意给学生积极及时的反馈。

【教学进行】

1. 热身活动：“手牵手”

干预者：同学们，我们开始今天的课程吧，在进入我们学习的主题之前，让我们一起先来做一个小游戏。

游戏规则：与同桌面对面坐下，手牵着手；老师叫出植物的名字时，全

部人将双手举过头顶，叫出动物的名字时，把手放下。

例：芹菜（双手举过头顶）、兔子（放下）。

2. 主题活动一：小组辩论赛

干预者：我们常常会与父母发生冲突，觉得他们唠叨，认为他们管得太多，没有自由，也有同学说，父母管得宽是应该的，因为是为了我们好。既然大家有不一样的看法，接下来，老师想组织一场辩论赛，我们一起来辩一辩。

辩题：父母管我们究竟多一点好还是少一点好。

正方观点：多管一些好。

反方观点：少管一些好。

分组：从中间组分界，分为正反两方；给大家 2 分钟时间讨论各自的观点；2 分钟后进行辩论。

学生讨论：通过辩论，我们发现，同样一件事情，我们和父母的角度却是不一样的。那么，造成我们和父母观点不一样的原因是什么呢？

干预者：我们和父母因为有这么多的不同，导致我们的观点也会有碰撞。

3. 主题活动二：求同存异

干预者：我们与父母有很多观点的碰撞是因为很多方面造成的。如果我们想改善与父母的关系，改善和父母的沟通模式，我们可以找到一些方法来同时兼顾自己的想法和父母的想法，下面我们就来进行一个活动——“求同存异”。

活动规则：

①列出父母对自己的期望，再列出自己对自己的期望。

父母对我的期望	我对自己的期望

②对比“父母对我的期望”和“我对自己的期望”，把符合下列三种条件的期望挑选出来：相一致的共同期望；不一致但不矛盾的期望；相冲突的期望。

学生讨论：你跟父母的矛盾都是因为期望有冲突吗？为什么？通过期望对比，你觉得和父母在多大程度上可以“和平相处”？

4. 结束活动

干预者：我们生活中与父母的矛盾可能来自期望不同，也可能来自父母的唠叨，还可能来自父母给你定的种种规则。与此同时，父母可能也在因为你的不听话而不知所措，为如何教育你绞尽脑汁。而在这个时候你可以拿出笔，和父母进行一次开诚布公的“谈判”，通过谈判达到与父母的期望和目的。

【教学总结】

本节课的教学重难点是通过学习和活动让学生认识到与父母产生冲突的原因，同时让学生学会如何正确化解与父母的矛盾和冲突。通过课程的学习和分析，从不同的角度出发，学生认识到与父母产生冲突的原因，并尝试主动与父母沟通和理解父母，本节课的教学目标已基本达到。

本节课的成功之处：课程开始的热身活动，不但检查了学生前几次课的学习成果，是否掌握了正确的倾听方法，同时集中了学生的注意力，使学生对课堂更加专注，更积极地参与课堂活动；采用辩论赛的方式，让学生思考自己与父母产生冲突的原因，并在辩论赛中通过言语的形式表达出来，然后又从不同的角度分析了学生与父母想法的不同之处，让学生从不同的角度认识自己与父母产生冲突的原因，从而可以更加理解父母，也能更好地处理与父母的冲突。

本节课存在的问题：课程中的辩论赛活动，由于班级学生人数过多，没有严格按照辩论赛的设置进行，而且学生急于表达自己的观点，造成了一阵课堂混乱。在活动开始前，老师应该强调规则，这样才能让活动顺利进行。同时在“求同存异”活动中，有的学生列出的期望不符合实际，在学生进行分享时，老师应该进行正确的引导。

（六）心理健康教育干预活动实施六：真诚交往、和谐沟通

【教学时间、地点】 ××××年××月××日，××时；实验班教室

【教学准备】 PPT 课件

【操作要点】

1. 在活动中尊重学生隐私；
2. 积极给予学生及时的保护和支持；
3. 注重学生的情景体验和内心感受。

【教学进行】

1. 热身活动：“小小传声筒”

干预者：同学们，今天是这个系列课程的最后一次课，我们一起来回顾一下我们在这个系列课程中都学到了些什么，来检验一下同学们的学习成果。同样的我们先来玩一个游戏，这个游戏的名字叫“小小传声筒”。请同学们认真听游戏规则，在接下来的活动中严格按照活动的规则进行。

学生讨论：为什么一句话传来传去会变得不一样了呢？你从这个活动中感悟到了什么呢？

干预者：其实在我们的生活中，如果没有认真听别人说话可能会造成双方误解。因此，沟通在我们的日常交往中扮演着很重要的角色。

2. 主题活动一：故事讨论《钥匙》

干预者：刚才的游戏说明人交往中沟通非常的重要，接下来我们一起来看一个故事，看一看从这个故事中又能学到些什么方法。

故事原文：一把结实的大锁挂在大门上，一根铁杆费了九牛二虎之力，还是无法将他撬开。钥匙来了，它瘦小的身子钻进锁孔，只轻轻一转，大锁就“啪”的一声打开了。铁杆奇怪地问：“为什么我费了那么大力气也打不开，而你却轻而易举就把它打开了呢？”钥匙说：“因为我最了解它的心。”

学生讨论：看完这个故事你有什么感受？

干预者：每个人的心就像上了锁的大门，只有关怀，才能把自己变成一把细腻的钥匙，进入别人的心中，了解别人，所以沟通时，一定要为别人着想，以心换心，以情动人。因此在沟通中我们要掌握互相理解、真诚交往的原则。

3. 主题活动二：信任大跌倒

游戏规则：6个人为一组，1人向后倒，5人在后面接住，保证安全。

学生讨论：倒下的那一刻你害怕吗？你相信其他同学会稳稳接住你吗？倒下的时候你的身体是笔直的还是弯曲的？你现在的感觉是什么？

干预者：人与人之间要相互信任。能放心倒下去的人是信任同伴的人，而稳稳接住别人的人是值得被信任的人。要想被别人信任，首先要信任别人。在与人沟通交流的过程中，也要始终保持主动、信任和真诚的态度。把握相互信任、主动交流的沟通原则。

4. 主题活动三：情景分析

老师要你到隔壁班去借一本英语课本，你会怎么说怎么做？

A：闯进隔壁班，大声嚷嚷：“谁有英语课本，英语老师要用……赶紧的！借来用一下！”

B：敲门后经过老师允许后进入教室：“老师您好，我们老师需要借一本英语课本，老师您这边可不可以帮忙借一本英语课本？”

学生讨论：你赞同哪一种做法？为什么？总结沟通原则：要求恰当，礼貌待人。

5. 结束活动

总结沟通中需要遵循的原则，学会倾听，尊重对方；尊重差异，求同存异；真诚交往，相互理解；相互信任，主动交流；要求恰当，礼貌待人。

【教学总结】

本节课是亲子沟通系列干预课程的最后一次课程，因此教学的目标是要总结和回顾前 5 次课程中所学习到的沟通方式和方法，通过一些活动体验，让学生感受和谐沟通的重要性，同时也进一步加深学生对和谐沟通的认识，巩固所学习的沟通方法，通过课程的学习和活动体验，本节课的课程目标基本达到。

本节课的成功之处：本节课的课程设计较有逻辑性，每个活动结束后都与学生进行了讨论分享，在分享结束后，进行总结，不但让学生以一种新的方式体验沟通的重要性，又一次加深了学生对正确的沟通方法的印象。在开始的“小小传声筒”活动中，因为学生学习了倾听的重要性，在这一活动中表现良好，活动也有序进行；同时故事讨论部分，学生也积极参与，在活动结束后也能体会到活动的目的和意义所在，达到了课程的目的和意义。

本节课存在的问题：首先，这是一次总结回顾的课程，要全面帮助学生巩固系列课程的内容，在设计上内容较多，需要在有限时间内完成，导致有的内容讨论不够深入；其次，在进行“信任大跌倒”的活动时，存在安全隐患问题，在活动开始前需要重点强调，在今后的教学中还可以寻找安全系数更高的活动代替；最后，在时间允许的情况下，可以将情景分析替换为情景表演，学生参与活动的积极性会更高。

三、心理健康教育干预活动课的效果评价及分析

（一）统计学研究效果评估

本研究将巴恩斯（Barnes）和奥尔森（Olson）编制、安伯欣翻译的《青少年亲子沟通量表》作为研究亲子沟通水平的测量工具。采用《中国中学生心理健康量表》（MMHI－60）作为心理健康测量工具，对初中生的心理健康状况进行测量和评估。

1. 亲子沟通干预前后均值变化

为检验以亲子沟通为主题的心理健康教育干预活动和传统的心理健康教育课程是否会对初中生的亲子沟通和心理健康状况产生影响，对对照组和实验组的前测和后测的数据进行差异分析，结果见图 3－1。

结果显示，以亲子沟通为主题的心理健康教育干预课程结束后，实验组在亲子沟通总体和母子沟通维度上的前测和后测的差异存在显著性（$P < 0.05$），而对照组的亲子沟通总体水平及各维度前测与后测基本保持一致，无

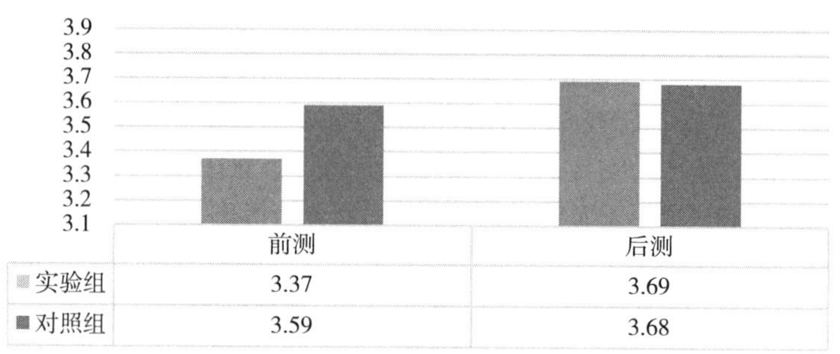

图 3－1　亲子沟通干预前后均值变化（分）

显著变化。

2. 心理健康水平前测和后测均值变化

为检验以亲子沟通为主题的心理健康教育干预活动和传统的心理健康教育课程是否会对初中生心理健康状况产生影响，对对照组前测和后测的数据进行差异分析，结果见图 3－2。

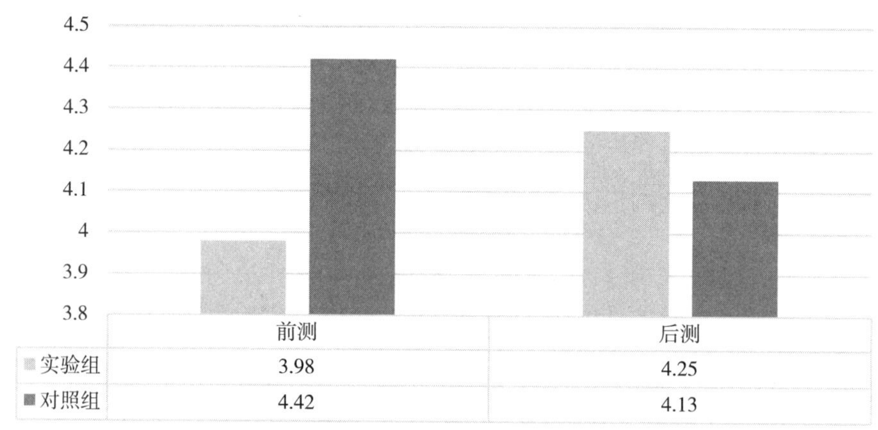

图 3－2　心理健康干预前后均值变化（分）

统计学研究结果显示，经过干预后，实验组的心理健康水平得分有所提升（得分越高代表心理健康水平越好），而对照组的心理健康水平得分下降。

3. 定量评估小结

综合以上量化研究结果可知：其一，实验组前测和后测差异分析结果显示，实验组成员在亲子沟通总体及心理健康中的敌对、焦虑和人际敏感性 3 个维度上前测和后测存在差异，表明以亲子沟通为主题的心理健康教育干预课程能有效提高初中生的亲子沟通水平和人际交往的能力。其二，实验组和对照组后测差异分析结果显示，对照组在心理健康中的人际敏感性维度两组存在差异，验证了干预课程在人际交往方面取得积极的效果。其三，对照组前测和后测差异分析结果显示，在心理健康及其强迫、偏执、学习压力感、适应性不良、情绪波动性、心理不平衡 6 个维度上的得分较前测显著下降，表明干预课程对提高初中生心理健康水平的有效性。

（二）定性效果评估

由于量化的研究方法只能对研究对象或事物的表层可量化的部分进行研究，得到的研究结果往往是一个时间节点上的结果，而不是发展中的结果，而且量化研究是面对群体的评估，无法顾及个体的差异；而定性研究的方法可以从当事人的角度出发，从微观层面出发，描述和分析研究过程中当事人心理现象的变化。因此，在验证以亲子沟通为主题的心理健康干预课程是否能有效改善初中生的亲子沟通和心理健康状况时，除了量化结果的分析，还采用了活动反馈单的形式，检验实验组成员对课堂效果的反馈和在干预课程进行中及结束后亲子沟通和心理健康状况的变化。在干预课程结束后，在实验组中收集了学生对于亲子沟通系列课程的看法，以及课程结束后自身的转变和父母的关系变化等定性内容。

研究中以实验组成员作为定性评估的对象，采用活动反馈单的形式，在以亲子沟通为主题的心理健康教育干预活动结束后，实验组成员在课堂上完成活动反馈单，反馈对此次心理健康教育干预活动的效果及建议。

1. 实验组成员的自我评价

（1）亲子关系有所改善

实验组成员反馈通过学习意识到了主动与父母沟通的重要性，在课程进行中和结束后都与父母就学习和生活方面的问题进行了沟通交流，将课程中学习到的沟通原则和技巧与父母分享，通过双方的有效沟通，亲子关系得到了积极有效的改善。团体成员的具体文字内容如下：

成员 1：以前跟爸爸妈妈说什么态度都会很不好，产生矛盾，上完课后我能更好地敞开心扉与父母交流，把我学到的东西分享给他们，他们也在慢慢学习，现在能够与父母友好地交流。

成员 2：和父母的关系变好了，可以很好地交流，相比之前，我与父母吵架的频率降低了。

成员 3：在平时我写作业的时候，妈妈在我旁边看着我，还不时打断我讲话，而现在她不会一直在旁边看着我，也不会打断我的讲话。

成员 4：我现在会将一天中有趣的事与父母分享，会将自己心中的想法告诉父母，也会和父母坐下来，心平气和地交谈。

成员 5：现在吃饭的时候我能与他们融洽地交谈，聊一聊我在学校的生活，分享我的想法与感受，还会告诉他们一些我的小秘密，与他们的关系越来越好、越来越亲密了。

成员6：和父母的关系改善了许多，我们的冲突矛盾减少了，他们进我的房间会先敲门，很少用激烈的语言对话，我们都学会了倾听和换位思考。

成员7：和父母沟通的次数变多了，遇到矛盾时也没有一味顶嘴，可以好好地沟通，会更多地理解父母的良苦用心，会耐心地听他们的表扬或批评，父母也会耐心地听我的想法和意见。

（2）将课程中学习到的沟通方法运用到生活中

团体成员反馈在课程中学习到的沟通方法，不仅可以在与父母沟通交流时使用，还可以在与同学、朋友和老师交流的过程中使用，通过使用所学到的沟通方法和原则，团体成员的人际关系和与父母的关系都在一定程度上得到了改善。下面为团体成员反馈的具体文字内容：

成员1：我很早就用了，先用在朋友身上，后用在父母身上，与朋友沟通时我会耐心倾听，现在与父母沟通时我也可以耐心地倾听。

成员2：在与他人的沟通中，我会认真倾听别人所说的话，也会认真对待每一次交谈，真诚地与他人相处，与父母相处时，也会比以前更加平静，更容易构建起我们之间良好的关系。

成员3：现在会通过与父母合理的约定，父母也改进了对我承诺上的不足，我也从中感受到了父母的良苦用心，改正了一些坏习惯。

成员4：在与他人交流时会顾及别人的感受，在他人说话的时候也会认真倾听，不插嘴。

成员5：我现在对父母和熟人说话时会比以前态度好很多，不会像以前一样容易生气。

成员6：我又一次与妈妈意见不合，我觉得她的要求顽固守旧，她觉得我的要求幼稚无聊，我尝试不反驳，耐心听她的理由和担忧，采取了一个折中的办法，说服母亲同意，最后达成一致也没有安全隐患。

成员7：课程上说到的观察和评价的区别、倾听的方法、考虑别人的内心想法，这些对我的人际交往有很大的帮助，有助于情商的提高，我采用这些沟通和倾听的方法，让别人更加信任我了。

（3）情绪更加稳定

通过对团体成员活动反馈的整理分析，发现大多数团体成员反映在掌握沟通的方法和原则以后，再遇到与父母意见分歧时，不会突然情绪爆发，而是先尝试站在父母的角度思考问题，当学习成绩不如预期时也会主动自我调节，尽快从消极情绪中走出来。团体成员反馈的具体文字内容如下：

成员1：之前对于成绩方面有点过于看重了，现在能很平和地接受自己的成绩（因为努力过）。

成员5：现在有了更好的自控能力，心智也更加成熟，能做到从容面对困难和挫折。

成员10：学习完课程之后，我的情绪更加稳定了。因为我以前压力大，会比较暴躁，但是我最近跟父母沟通，得到他们的理解后，我的情绪也更稳定了。

成员12：以前受委屈就会哭，现在通过多方面的分析，可以客观对待，不会情绪爆发了。

成员15：因为有些事情是很不起眼的，我弟弟还小，还不懂事，他弄坏我的东西是很正常的，更何况我们还有手足之情呢。

成员24：被老师批评后我不会轻易哭泣或放弃，能够理智地对待，也不会时常感到孤独或悲伤。

（4）人际关系改善

实验组成员反馈从课程中所学习到的沟通方法不但可以在与父母沟通时使用，在交朋友时也可以使用，团体成员之间的关系更加紧密了，同时团体成员自身的人际关系也得到了改善，能更好地处理人际关系中遇到的问题。下面为实验组成员的具体文字内容：

成员6：我将老师教的方法在我朋友身上尝试，有了很好的收获。

成员9：我现在可以更好地与他人沟通交流，我懂得要认真倾听他人说话，明白了如何与他人和平共处，也知道在新的环境中要主动调整自己的状态，学会适应新环境。

成员10：之前不会这些方法的时候朋友不多，环境也不好，但我学会了沟通以后，人际关系变好了，朋友多了，朋友圈也扩大了。

成员12：我参加了美术社团，通过与同学友好的沟通与相处，我逐渐与其他同学熟悉了。

成员16：之前对我反感的同学，我会和他们交谈，询问为什么对我反感，减少了我们之间的误会，我的朋友也慢慢多了起来。

（5）主动向父母倾诉学习压力

干预者在课程实施过程中发现大多数团体成员容易在学习成绩和学习压力方面与父母产生分歧和矛盾，在团体成员活动反馈中也发现成员能主动与父母谈论学习压力和学习成绩，也得到了父母的积极反馈。下面为成员反馈的具体内容：

成员1：有时学习压力太大，我会跟爸爸说一些我近期的学习压力，然后一起分析原因，妈妈会带我去看风景。

成员10：因为在父母的那个时代压力不是很大，所以父母觉得我们的学习压力不大。我用所学习的沟通方法和父母交流，他们才懂得我的压力所在，也会更加理解我。

成员12：我学会和父母主动沟通学习方法，让他们提出意见，然后一起分析，寻找更适合我的学习方法。

成员17：如果我感到学习压力很大，我会向父母倾诉，与父母沟通，认真讲述，调节自己的心态。

成员25：我会通过沟通的方法来与父母倾诉一部分自己的烦恼与压力，父母也会向我倾诉一部分他们的烦恼。

成员27：当考试失利时，父母一开始并不能了解我的学习压力，而只是一味地责备我不好好学习，只知道玩手机，但现在我会与父母好好地沟通交流，让他们知道我的学习压力，我自己也会放松许多。

成员29：面对学习压力，我会烦恼，当考试成绩不理想的时候，父母会责备我学习不够努力，但我会在双方都冷静的时候，和父母好好沟通，好好谈心，会让父母理解我的压力，给予我精神上的支持。

2. 干预者评价

干预者将从心理健康教育干预课程的量化结果、心理健康教育干预课程的设计和实施三个方面对此次干预活动进行评价。首先，从量化研究结果来看，实验组成员的亲子沟通和心理健康得分都明显上升，表明此次以亲子沟通为主题的心理健康教育干预课程在改善初中生的亲子沟通和心理健康状况方面取得了积极的效果。其次，从心理健康教育干预课程的设计来看，课程的设计从不了解亲子沟通到逐步教会学生沟通的方法和技巧，循序渐进，符合初中生心理发展的特点。同时课程中的活动设计具有趣味性，激发了学生参与课堂活动和课堂讨论的积极性，这在一定程度上为干预课程的有效性提供了前提基础。但由于课堂时间的有限性，课程设计中的一些活动讨论没有得到深入的讨论和开展，在未来的课程设计中不但要考虑与主题的切合性、学生的心理发展特点，还要综合考虑在实施过程中现实条件的限制。最后，在心理健康教育干预课程实施的过程中，干预者通过对课堂上团体成员的观察和课后与成员的交流，发现团体成员对此次心理健康教育干预课程比较满意，在课堂上，学生参与积极性高，积极参与课堂活动和课堂讨论。干预者通过对从第一次课程到第六次课程中学生课堂的表现观察发现，通过对以亲子沟通为主题的心理健康教育干预课程的学习，实验组成员不仅能够将学习到的沟通方法和技巧运用到实际场景的沟通中，也会将这些方法和技巧运用到课堂中来，从第一次课堂纪律的吵闹到第六次课堂纪律的有序，实验组成员在干预者实施课程时，认真聆听、积极配合。同时，从对与父母的矛盾和冲突闭口不谈，到后来主动寻求帮助和分享，表明实验组成员在课程学习后不仅主动用所学习到的沟通技巧与父母进行沟通，还会将这些沟通方法和技巧在学习和生活中融会贯通地运用。

3. 定性评估小结

结合学生的自我评价和干预者的评价，实验组成员反馈在此次以亲子沟通为主题的心理健康教育干预课程中收获较多。首先，实验组成员在干预课程结束后反馈，能够将课程中所学习到的沟通方法运用到日常生活中，同时能够与父母和谐沟通，亲子关系得到改善，与量化研究结果中亲子沟通变化显著一致。其次，实验组成员还反馈，在掌握正确的沟通方法后，情绪比以前更加稳定，交到了更多的朋友，人际关系得到了改善。最后，实验组成员面对学习压力，会主动与父母进行倾诉和沟通，找到更好的解决办法和达成一致的学习目标。综上所述，此次以亲子沟通为主题的心理健康教育干预课程在改善初中生的亲子沟通和人际关系方面取得了积极的效果。

四、心理健康教育干预活动课的总结

（一）心理健康教育干预活动能有效改善初中生的亲子沟通状况

以亲子沟通为主题的心理健康教育干预活动课程的设计以亲子沟通的作用机制理论、人际关系分析理论和团体动力学理论为基础，围绕亲子沟通的方法和产生亲子冲突的原因进行设计，根据量化研究结果和定性效果评估，结合干预者的观察，发现本次活动中的课程设计较为合理科学。心理健康教育干预课程以改善初中生的亲子沟通状况和提高初中生的心理健康水平为总目的，课程以“认识沟通—学会倾听—换位思考—正确面对冲突—如何有效表达—和谐沟通的原则和方法”为主线，循序渐进地进行课程内容设计，并在干预课程正式实施前做好教学准备和详细的教学计划。在课程实施过程中，采用游戏体验法、故事讨论法、情景表演法等多种教学方法进行课程教学。在以亲子沟通为主题的心理健康教育干预课程实施结束后，实验组成员的亲子沟通和心理健康状况均得到积极改善，具体表现在实验组成员在亲子沟通和其内在维度母子沟通上得分显著上升，表明实验组母子沟通和亲子沟通水平显著提高，即以亲子沟通为主题的心理健康教育干预活动能有效改善初中生的亲子沟通状况。

（二）心理健康教育干预活动有利于初中生心理健康水平的提高

以亲子沟通为主题的心理健康教育干预活动实施后，初中生的心理健康状况得到了有效的改善，具体表现为实验组成员在心理健康中的敌对、焦虑和人际敏感性三个维度的得分明显上升，表明在干预课程结束后，实验组成员焦虑水平显著下降，在人际关系方面改善显著。而对照组成员的亲子沟通变化不显著，但对照组的心理健康水平下降显著，强迫、偏执、学习压力感、适应性不良、情绪波动性、心理不平衡6个维度的下降也具有显著性，表明没有经过以亲子沟通为主题的心理健康教育课干预的对照组，心理健康水平显著下降。此外，通过对实验组和对照组干预结束后的结果对比分析发现，实验组和对照组在亲子沟通和心理健康上的差异均不显著，但实验组和对照组在心理健康中的人际敏感性这一维度上的差异具有显著性。除此之外，从实验组成员对课程及干预效果的定性评价来看，实验组成员掌握了一定的沟通方法和技巧且能较为灵活地运用，同时实验组的亲子关系和人际关系等都得到了积极的改善，表明以亲子沟通为主题的心理健康教育干预课程对初中生的人际关系的改善显著。因此，应该根据本校学生心理健康的现实状况来进行，可以深入学校初中生群体中了解学生真正的需求和存在的问题，从初中生的切身实际出发，根据学生的现实需要，设计和实施初中生心理健康教育课程。

（三）创建良好的家校成长模式，促进初中生心理健康发展

对不同群体心理健康标准的探讨一直都是热点话题，对心理健康问题的判定有时也难以达成统一的标准，而且处于青春期的初中生正在经历个体心理发展的动荡时期，心理健康的发展是动态和变化的。同时心理问题有时具有隐蔽性，因此对初中生心理健康的监测也要动态化。采取多种形式定期对初中生心理健康状况进行筛查，分析初中生普遍存在的心理问题，采用团体心理辅导、心理健康课或讲座等多种形式预防初中生的心理问题的产生，在此基础上提高初中生的心理健康水平。同时，在促进初中生身心和谐健康发展这一目标前，学生、家长和教育者都需要形成合力，为学生的成长创建良好的环境。首先，当学生出现心理问题时，家长和教育者要学会互相换位思考，加强联系和沟通，共同解决问题；其次，要建立家校合作的平台，家长和教育者要定期交换建议和意见，及时了解学生培养和成长的过程，但学生的心理健康重在预防，可以利用微信等平台分享教育理念、发布初中生心理健康的相关信息等；最后，家长和学校双方要建立健全的合作机制，在家校合作中明晰各自的角色和定位。

（四）良好的家庭环境有利于改善初中生的亲子沟通状况

亲子沟通对个体的心理发展有着重要影响。良好的家庭环境和家庭教育会对个体的成长产生重要影响，在家庭中父母和子女双方积极的沟通与回应，不仅可以形成良好的家庭教育环境和良好的亲子沟通氛围，在此基础上，还可以提升个体的心理健康水平。当个体遇到不能排解的烦恼和无法解决的问

题时，在良好的家庭沟通环境中，家长能够给予孩子及时的倾听、帮助、支持和积极的回应，这种积极良好的有效沟通和互动都会对个体的心理健康产生积极影响。因此，家长在营造良好的家庭环境的同时，也要与孩子形成积极有效的双向沟通，打造高质量的亲子沟通环境，促进个体心理的良好发展。同时，沟通技巧的学习和使用，对改善学生的人际关系也有积极效果。亲子沟通不畅和亲子冲突是学生心理健康问题产生的重要原因之一，因此可以在初中的心理健康教育课程中加入以亲子沟通为主题的相关课程内容，通过课程的学习，教会学生正确的沟通方法和原则，不但对改善初中生的亲子关系和提高亲子沟通水平有显著效果，还能改善初中生的人际交往状况，对提高初中生的心理健康状况也有积极作用。

（五）增强心理健康的学科渗透，建立完善的学校心理健康服务体系

初中生以学习知识为主，良好的心理健康状况是学生进行正常学习、生活的重要前提，学生的心理健康不应该只是学校专职心理健康教师的责任和义务，而应该让学校系统中的教师都参与学生心理健康发展的任务。在学校心理健康教师缺乏的情况下，班主任和各个科目的教师都有责任为有需要的学生提供心理上的帮助和支持。在这一前提下，学校和教育相关部门可以定期为学校的教师进行心理健康方面的专业培训，让每个教师都有能力参与学生心理健康的建设；除此之外，学校要完善相关的心理健康服务体系，明确学生寻求心理帮助和心理支持的渠道，能够给予学生及时、专业的帮助和支持。

第四章　初中生“情绪管理与学校适应”的心理健康教育干预活动辅导

一、心理健康教育干预活动课的设计

情绪弹性对学校适应的心理健康教育干预课程以团体动力学为最基本的理论依据，采用团体辅导的形式进行“情绪弹性对学校适应”的心理健康教育干预课程的设计，促使学生在交往中通过观察、学习、体验，认识自我、探讨自我、接纳自我，调整和改善与他人的关系，学习新的态度与行为方式，是发展良好的情绪弹性的过程。课程的理论依据还有情绪社会建构理论和积极心理学理论，旨在帮助学生在社会文化背景下，理解消极情绪，赶走消极情绪；也帮助学生获得积极的情绪体验，发现积极的力量。基于此，干预者按照心理健康教育课程设计与实施的要求，遵循学生主体原则、循序渐进原则、理论联系实际原则和发展性原则，以“提高初中生情绪弹性和学校适应水平”为总目标，设计了“情绪弹性对学校适应”的 5 节心理健康教育课，课程名称分别是“认识情绪、知觉情绪”、“发现消极情绪的不良影响”、“培养应对消极情绪的能力”、“挖掘积极情绪的力量”和“培养积极情绪的能力”。心理健康教育课程设计包括：理论依据、教学目的、教学目标、教学内容、教学重难点和教学形式。按照干预课程目标，根据心理健康教育课程设计要求，设计的 5 个具体方案如下。

（一）心理健康教育干预活动方案一：认识情绪、知觉情绪

【教学对象】初一年级的实施对象

【教学计划学时】1 课时

【设计理念】

针对初中生存在的情绪认识不合理的问题，心理健康教育课程设计以情绪的评定学说为设计理念。该理论认为，特定的刺激并不能直接决定个体对情绪的认识，而是间接地通过个体对情绪的评价来决定个体对特定情景中特定情绪的认识。相同的情景下，个体对情绪的评价不同，对情绪的认识也会不同。个体对情绪的评价偏向于积极方面，产生的情绪就是积极情绪，相应

地产生积极的情绪体验。相反，则是消极情绪，会产生消极的情绪体验。初中生的思维发展尚未成熟，对特定情绪的认识也不够全面，学习认识情绪和知觉情绪就显得尤为重要。

【教学目的】

1. 帮助学生正确评价各种情绪，正确认识情绪；
2. 帮助学生认识各种情绪，敏锐地捕捉情绪；
3. 帮助学生发现各种情绪的优点和缺点，从而辩证地看待各种情绪。

【教学目标】

1. 学生能认识各种情绪；
2. 学生能发现他人以及自己的各种情绪；
3. 学生能清楚情绪的分类，正确看待情绪。

【教学重难点】

1. 重点：（1）学生能认识各种情绪；（2）学生能清楚情绪的分类。
2. 难点：学生能发现他人以及自己的各种情绪，正确看待各种情绪。

【教学内容】

1. 热身活动：情绪小分队（5 分钟）

观看头脑特工队相关视频片段，通过视频认识乐乐、怒怒、忧忧、怕怕和厌厌这 5 个情绪小分队成员，知道各位情绪小分队成员分别代表的情绪，引出本节课的主题——情绪。

2. 主题活动一：角色扮演（15 分钟）

情绪小分队的 5 个成员将一一用文字的形式介绍自己。大家认真看，看完之后，邀请学生自愿扮演情绪小分队的 5 个成员，扮演时需要抓住人物特征，展现他们的处事特点，锻炼学生认识、表达和知觉情绪的能力，为后面几次课打下坚实的基础。

3. 主题活动二：情景再现（15 分钟）

同学们扮演了乐乐、怒怒、忧忧、怕怕和厌厌，相信同学们都对他们有了更深的了解和认识。那么，面对以下 3 种情景，情绪小分队成员们分别会怎样说、怎么做呢?

情景一：时间一分一秒地过去，作业却还没写完。

情景二：前段时间数学成绩不理想，今天又考砸了，老师要求回家请家长签字。

情景三：和朋友闹矛盾，被误会时。

4. 结束活动（5 分钟）

乐乐、怒怒、忧忧、怕怕和厌厌分别代表了喜、怒、哀、惧、厌这 5 种情绪。接下来，小组讨论一下，请同学们给这 5 种情绪分类别，看谁答得又快又好。

【教学形式】游戏教学、小组讨论、角色扮演。

（二）心理健康教育干预活动方案二：发现消极情绪的不良影响

【教学对象】初一年级的实施对象

【教学计划学时】1 课时

【设计理念】

“踢猫效应”指在一个特定的场景下，场景中处于较高等级的个体向等级较低的个体发泄不满情绪。这种不满的情绪不会立马停止，而是按照等级高低依次传递不满情绪，直到最弱小的个体成为受害者。在这一过程中产生的连锁反应，本质上是消极情绪的无限传播。在一个家庭中，家长的消极情绪无法排解时，会将不满情绪发泄在孩子身上。孩子受到家长消极情绪的影响，且无法将家长作为发泄对象时，就会转而向弱小的玩具、宠物等发泄自己的不满情绪。由此可见，消极情绪的不良影响，不是单一的，而是会无限扩散的。学习“踢猫效应”，认识到消极情绪的无限传播，可以提醒个体不要随意发泄自己的不良情绪，要尽量控制自己的情绪，以免对他人造成伤害。

【教学目的】

1. 帮助学生意识到消极情绪带来的各种不良影响；
2. 帮助学生发现个人消极情绪带来的连锁不良反应；
3. 引导学生自觉主动地寻找应对消极情绪的办法。

【教学目标】

1. 学生能知道消极情绪有哪些；
2. 学生能察觉自己的消极情绪；
3. 学生能理解消极情绪的不良影响。

【教学重难点】

1. 重点：（1）学生能知道消极情绪有哪些；（2）学生能察觉自己的消极情绪。

2. 难点：学生能理解消极情绪的不良影响。

【教学内容】

1. 热身活动：消极情绪有哪些（5 分钟）

第一节课，我们学习了 5 种情绪，并将这 5 种情绪分为两类：积极情绪和消极情绪。这节课，我们将就消极情绪展开教学。接下来，利用 2 分钟时间小组讨论一下消极情绪有哪些，看看哪个组说得又多又好。

2. 主题活动一：消极情绪清单（15 分钟）

前面，我们复习了消极情绪，知道了消极情绪有哪些。接下来，我们一起写写消极情绪清单吧。消极情绪清单里，应包括 3 ~ 10 个有关消极情绪的事件，利用 3 分钟的时间去完成消极情绪清单。完成消极情绪清单后，将消极情绪清单放入消极情绪收纳箱，随机抽取 5 ~ 10 位同学的消极情绪清单，在不说出姓名的前提下，挑选 2 个有关消极情绪的事件分享给全班同学。

3. 主题活动二：影响论（15 分钟）

播放一段视频，视频结束后，大家先说说什么是“踢猫效应”，讨论自己的消极情绪会产生什么影响。

4. 结束活动（5 分钟）

分享“农夫与驴”的故事，谈谈感悟。希望通过这个小故事，同学们能够有所感悟，能够认识到困难与成功往往是并存的。

【教学形式】游戏教学、小组讨论、行为强化法。

（三）心理健康教育干预活动方案三：培养应对消极情绪的能力

【教学对象】初一年级的实施对象

【教学计划学时】1 课时

【设计理念】

情绪社会建构理论认为，个体表现出来的情绪与个体所处的社会文化背景有关，依赖于个体在特定社会文化背景下的认知评价。面对某种刺激，个体的认知评价不同，表现出的情绪也会有很大差别。因此，改变个体表现出的情绪反应，要从改变个体的认知评价入手。

在帮助学生认识到消极情绪的不良影响后，帮助学生认识到自己对消极情绪的评价，并根据合理的评价，作出正确的情绪反应，合理应对消极情绪，促进学生身心健康发展。

【教学目的】

1. 引导学生认识自己对消极情绪的评价；
2. 引导学生作出正确的认知评价；
3. 帮助学生合理应对消极情绪。

【教学目标】

1. 学生能记得赶走消极情绪的 7 个小妙招；
2. 学生能运用小妙招赶走各种消极情绪；
3. 学生能学以致用，赶走消极情绪，拥抱积极情绪。

【教学重难点】

1. 重点：（1）学生能记得赶走消极情绪的 7 个小妙招；（2）学生能运用小妙招赶走各种消极情绪。

2. 难点：学生能学以致用，赶走消极情绪，拥抱积极情绪。

【教学内容】

1. 热身活动：颠三倒四（5 分钟）

上节课，我们知道了消极情绪有哪些，也明白了消极情绪的不良影响。这节课，我们将学习如何赶走消极情绪。在开始前，我们先玩个游戏，叫“颠三倒四”。游戏中出错的同学，写一篇心情日记，内容不限，200 字左右，并上交。

2. 主题活动一：赶走消极情绪小妙招（15 分钟）

这节课，我们一起来探索如何赶走消极情绪吧。首先，小组讨论一下，如何赶走消极情绪。然后，归纳总结得出：赶走消极情绪有 7 个小妙招，分别是转移注意力、佛系一点、理智应对、适度宣泄、积极暗示、自我安慰和寻求心理援助。

3. 主题活动二：消极情绪，快走开（15 分钟）

创设 4 个情景。面对这 4 个情景，引导学生运用赶走消极情绪的妙招赶走消极情绪，并说明：面对前面 3 种情景，大家都会采用一般的小妙招，但面对第四种情景，则需要大家高度重视，尽早告知父母，并与心理老师或心理医生交谈。

4. 结束活动（5 分钟）

本节课的主要内容到此结束，为了更好地开展后续课程，请同学们认真填写反馈表，根据大家的意见和建议，老师将相应地调整一下教学内容和教学方式。

【教学形式】游戏教学、小组讨论。

（四）心理健康教育干预活动方案四：挖掘积极情绪的力量

【教学对象】初一年级的实施对象

【教学计划学时】1 课时

【设计理念】

弗雷德里克森（Fredrickson）认为，积极情绪和消极情绪是相对的，两者没有好坏之分。个体生活不仅需要积极情绪来保证生活质量，也需要消极情绪的加持。完美的积极情绪和消极情绪的比例是 3∶1。他强调，消极情绪不需要被完全消除，只要不对生活产生重大影响即可；积极情绪也不是越多越好，而是要维持其与消极情绪的比例。

分立情绪理论认为，积极情绪包括快乐、感激、自豪和爱等，这些积极情绪的特点和作用各不相同。这些积极情绪，不仅可以保证个体拥有较高的生活质量和愉快的心情，还有助于个体保持身心健康发展。

根据以上两个理论设计了心理健康教育课，希望学生发现积极情绪力量的同时，也能够接纳部分消极情绪，维持积极情绪和消极情绪的平衡，促进心理健康发展。

【教学目的】

1. 帮助学生认识各种积极情绪；
2. 引导学生挖掘积极情绪的力量；
3. 引导学生运用积极情绪的力量促进自身发展。

【教学目标】

1. 学生能识别他人的积极情绪；
2. 学生能觉察自己的积极情绪；
3. 学生能学以致用，积极向上。

【教学重难点】

1. 重点：学生能识别他人的积极情绪并觉察自己的积极情绪。
2. 难点：学生能学以致用，积极向上。

【教学内容】

1. 热身活动：积极情绪有哪些（5 分钟）

第一节课，我们学习了 5 种情绪，并将这 5 种情绪分为两类：积极情绪和消极情绪。第二、三节课，我们认识了消极情绪，并学会了如何应对消极情绪。这节课，我们将就积极情绪展开教学。接下来，说说积极情绪有哪些，利用 2 分钟时间小组讨论一下，并抢答。

2. 主题活动一：情绪猜猜猜（15 分钟）

刚刚同学们说了一些关于积极情绪的词语，这里也准备了写有积极情绪的纸条。纸条上的内容，我不能直接告诉你们，需要你们在“情绪猜猜猜”这个游戏中自己猜出来。接下来，请 3 ~ 5 位同学上台表演纸条上的积极情绪。

3. 主题活动二：积极情绪清单（15 分钟）

通过前面的活动，我们知道了什么是积极情绪，也能在表演中识别他人的积极情绪。接下来，我们一起写写积极情绪清单吧。积极情绪清单里，应当包括 3 ~ 10 个有关积极情绪的事件。

4. 结束活动（5 分钟）

积极情绪对你们的生活和学习有什么作用呢？各位同学小组讨论一下，待会儿请同学分享。

【教学形式】游戏教学、小组讨论。

（五）心理健康教育干预活动方案五：培养积极情绪的能力

【教学对象】初一年级的实施对象

【教学计划学时】1 课时

【设计理念】

积极心理学的研究重点之一是研究积极的情绪体验，其目的在于挖掘个体的积极力量，促进个体的幸福快乐。积极情绪可以增强积极的情绪体验；积极情绪的力量可以增强个体的积极力量，帮助个体利用自身的积极力量促进社会的繁荣稳定。由此可见，培养学生的积极情绪，增强学生的积极情绪能力具有非常重要的意义。

基于此，干预者以培养积极情绪能力为目标，设计了一节心理健康教育课，旨在培养学生的积极情绪能力，增强学生的积极情绪体验感，从而拥抱美好生活，保持心理健康发展。

【教学目的】

1. 培养学生保持积极情绪的能力；
2. 增强学生积极情绪的体验感；
3. 提高学生的情绪弹性水平。

【教学目标】

1. 学生能清楚自己保持积极情绪的秘密武器；
2. 学生之间能相互学习、相互帮助；
3. 学生能学以致用，拥抱积极情绪。

【教学重难点】

1. 重点：（1）学生能清楚自己保持积极情绪的秘密武器；（2）学生之间能相互学习、相互帮助。

2. 难点：学生能学以致用，拥抱积极情绪。

【教学内容】

1. 热身活动：幸福拍拍手（5 分钟）

播放歌曲《幸福拍手歌》，学生边听边唱，并一起来分享一下你至今仍感到幸福快乐的事。

2. 主题活动一：保持积极情绪的秘密武器（15 分钟）

人的积极情绪也是有保质期的，那如何保持积极情绪不消失呢？你有秘密武器吗？利用 3 分钟的时间，与小组成员一起讨论一下吧！

3. 主题活动二：积极情绪，你快来（15 分钟）

既然大家都知道了保持积极情绪的秘密武器，那么我来考考你们吧！接下来，我会列出三种情景，请你们思考：面对下列情景，你会采取什么办法？

4. 结束活动（5 分钟）

挑战课堂游戏。

【教学形式】游戏教学、小组讨论、故事讨论法。

情景一：生活平淡无奇，像一潭死水一样。

情景二：面对父母的期望，你感受到了前所未有的压力。

情景三：你偶尔会因为一些事导致心情不好。

二、心理健康教育干预活动课的实施

心理健康教育课程设计完成后，根据心理健康教育课程实施要求，对被试学生实施了这一系列心理健康教育课。心理健康教育课程实施的内容包括：教学准备、操作要点、教学进行等；心理健康教育课程实施运用实验研究法，将被试学生分为实验班和对照班，两个班基本同质。实验班进行了 3 个月的心理健康教育干预课程，对照班不进行心理健康教育干预课程。

（一）心理健康教育干预活动实施一：认识情绪、知觉情绪

【教学时间、地点】 ××××年××月××日，××时；实验班教室

【教学准备】 制作希沃课件、备份相关视频、创设三种情景。

【操作要点】

1. 通过角色扮演，将情绪小分队 5 位成员具体化；
2. 倾听学生的想法，引导学生认识 5 种基本情绪。

【教学进行】

1. 热身活动：情绪小分队（5 分钟）

你们看过《头脑特工队》吗？有的人看过，有的人没看过。看过的，我们再来看一下其中的一个片段；没看过的，大家认真看呀。待会儿，看完过后，请说说视频中的主要人物是哪几个？他们叫什么名字？

乐乐、怒怒、忧忧、怕怕和厌厌分别代表着喜、怒、哀、惧、厌这 5 种情绪，他们 5 个情绪小将组成了一个小分队，叫情绪小分队。接下来，我们一起来认识一下他们吧。

2. 主题活动一：角色扮演（15 分钟）

情绪小分队的 5 个成员将一一用文字的形式介绍自己。大家认真看，看完之后，请说说你印象最深的是谁？为什么？

那你能扮演一下他/她吗？扮演时，请务必抓住他们的人物特征，展现他们的处事特点。好，大家说，他表演得好吗？（一起鼓掌）还有人想要挑战一下吗？

3. 主题活动二：情景再现（15 分钟）

刚刚，同学们扮演了乐乐、怒怒、忧忧、怕怕和厌厌，相信同学们都对他们有了更深的了解和认识。那么，面对以下各种情景时，情绪小分队成员们分别会怎样说呢？

情景一：时间一分一秒地过去，作业却还没做完。乐乐、怒怒、忧忧、怕怕和厌厌分别会怎样说呢？有同学想要试着表达一下他们各自的情绪吗？如果是你们，你们又会表露出什么样的情绪呢？情景二：前段时间数学成绩不理想，今天又考砸了，老师要求回家请家长签字。他们分别会怎样说呢？有同学想要试一下吗？如果是你们，你们又会表露出什么样的情绪呢？情景三：和朋友闹矛盾，被误会时。他们分别会怎样说呢？有同学想要试一下吗？如果是你们，你们又会表露出什么样的情绪？

面对上述三种情景，情绪小分队成员和你们都有自己的不同情绪。那我们一起说说乐乐、怒怒、忧忧、怕怕和厌厌都有哪些优点和缺点吧。刚刚同学们都说得很好，我们一起来总结一下：太“怕怕”，就是胆小鬼；太“厌厌”，就是高冷过头；太“怒怒”，就是傻大胆；太“忧忧”，就是玻璃心；太“乐乐”，就会乐极生悲。所以，请同学们正确看待乐乐、怒怒、忧忧、怕怕和厌厌。

4. 结束活动（5 分钟）

前面，我们说乐乐、怒怒、忧忧、怕怕和厌厌分别代表了喜、怒、哀、惧、厌这 5 种情绪。那么，这 5 种情绪是哪一类情绪呢？接下来，小组讨论一下，请同学们给这 5 种情绪分类别。

同学们说得很好。这 5 种情绪可以分为两类：积极情绪（或称为正面情绪）和消极情绪（或称为负面情绪）。后面几节课，我们将对这两种情绪展开教学。

【教学总结】

本次心理健康课的课堂气氛活跃，尤其是在角色扮演这一环节中，学生大胆地扮演情绪小分队的成员，充分展现了情绪小分队成员的性格特点。在情景再现这一活动中，干预者选择了几个日常生活中比较常见，且能充分吸引学生注意力的情景，学生也十分专注，纷纷发表自己独特的看法。课堂结束后，学生们纷纷表示非常喜欢这样的心理健康课，不仅十分有趣，还能认识各种情绪，加深对各种情绪的理解。干预者认为，课程达到了帮助学生认识各种情绪，敏锐地捕捉情绪，正确看待情绪的目的，完成了学生能认识各种情绪、发现他人以及自己的各种情绪、清楚情绪的分类的目标。在这一节课上，干预者深深地感受到了学生参与的重要性，若不是学生的极力参与，本节课很有可能因为冷场而完成不了本节课的教学目的和教学目标。

（二）心理健康教育干预活动实施二：发现消极情绪的不良影响

【教学时间、地点】 ××××年××月××日，××时；实验班教室

【教学准备】 制作希沃课件、备份音频。

【操作要点】

1. 重视学生的真实情绪；

2. 引导学生积极地诉说自己的情绪。

【教学进行】

1. 热身活动：消极情绪有哪些（5 分钟）

第一节课，我们学习了 5 种情绪，并将这 5 种情绪分为两类：积极情绪和消极情绪。先考考你们，在乐乐、怒怒、忧忧、怕怕和厌厌这 5 个人中，谁是消极情绪的代表呢？对，是怒怒、忧忧、怕怕和厌厌。他们将是我们本节课的主角。那除了他们 4 个之外，还有哪些算是消极情绪呢？你们有 2 分钟时间小组讨论一下，看看哪个组说得又多又好。刚刚同学们都说了很多，我们一起来回忆一下吧。消极情绪有：嫉妒、憎恨、忧愁、恐惧、焦虑、紧张、自怨自艾……

2. 主题活动一：消极情绪清单（15 分钟）

前面，我们复习了消极情绪，知道了消极情绪有哪些。接下来，我们一起写写消极情绪清单吧。消极情绪清单里，应包括 3 ~5 个有关消极情绪的事件，你们有 3 分钟的时间去完成消极情绪清单。完成消极情绪清单后，将消极情绪清单放入消极情绪收纳箱，老师将随机抽取 5 ~10 位同学的消极情绪清单，在不说出姓名的前提下，挑选 2 个有关消极情绪的事件分享给全班同学。还有什么疑问吗？没有的话，我们就开始完成消极情绪清单了。

大家都写好了吗？有同学想要分享吗？好，这位同学。这位同学在分享时，其他同学请保持安静，认真听，并补充自己的消极情绪清单。

3. 主题活动二：影响论（15 分钟）

刚刚了解了同学们的消极情绪，我想问大家：这些消极情绪，对你们的生活和学习有什么影响呢？先不要急着回答我的问题，我们先看一段视频，再说说消极情绪产生的影响。（播放视频）

视频结束了，大家先说说什么是“踢猫效应”。大家刚刚说得都很对。“踢猫效应”：简单来说，就是个体的情绪可以影响到他人的行为、思想和情绪。并且，这一影响可以在多人之间相互影响，交互产生，并不断增强。现在，请同学们回答之前的那个问题：你们的消极情绪，产生了什么影响呢？有同学想要分享吗？好，这位同学。这位同学在分享时，其他同学请保持安静，认真听，并思考自己的消极情绪产生了哪些影响。前面的 5 位同学说得都很有意思。概括来讲，消极情绪有 3 点影响：一是将不良情绪传染给他人，二是影响人的身体健康，三是影响人的心理健康。

4. 结束活动（5 分钟）

这节课最后，我想给大家讲一个小故事：一天，农夫的驴不小心掉进了一口枯井。农夫没办法将驴救出，只得找了几个人帮忙铲土把驴埋掉。一开始，驴悲哀地叫着，但很快就没有了声音。现在，你们可以大胆猜测一下结局。

大家的猜测都很有趣。其实呢，这个故事的结局是：每一铲土下去，驴都迅速地把土抖掉，并且都垫到了脚下。很快，驴就出了枯井。大家思考一下：从这个故事中，你学到了什么呢？

结合刚才同学们的回答，我们发现：挫折带来的后果常常取决于我们面对挫折的态度。

【教学总结】

本次心理健康课的课堂气氛依旧很活跃，尤其是在消极情绪清单中，许多学生都分享了自己的消极情绪。这些消极情绪虽然带来了一定的后果，但学生有趣的发言吸引了学生的注意力，将课堂氛围推向第一个高潮。学生在观看视频的过程中找到了共鸣，不仅学习到了一个有趣的心理学理论，还意识到了消极情绪会带来的连锁后果，将课堂氛围推向第二个高潮。课堂结束后，学生们仍然在交流自己的消极情绪以及自己的消极情绪带来的连锁的不良影响。干预者认为，本节课达到了帮助学生意识到消极情绪带来的各种不良影响的目的，完成了学生能知道消极情绪有哪些、能察觉自己的消极情绪、能理解消极情绪的不良影响的目标。在这一节课上，干预者深深地感受到了课堂纪律的重要性。课堂气氛活跃是好事，但过于活跃则会影响课堂纪律，今后的课堂中要极力管控课堂纪律，帮助学生营造一个良好的学习氛围。

（三）心理健康教育干预活动实施三：培养应对消极情绪的能力

【教学时间、地点】 ××××年××月××日，××时；实验班教室

【教学准备】 制作希沃课件、阅读并记录学生的消极情绪清单。

【操作要点】

1. 多与学生互动，引导学生积极应对情绪；
2. 创设情景，重视学生的情景体验。

【教学进行】

1. 热身活动：颠三倒四（5 分钟）

上一节课，我们知道了消极情绪有哪些，也明白了消极情绪的不良影响。这节课，我们将学习如何赶走消极情绪。在开始前，我们先玩个游戏，叫“颠三倒四”。活动的口诀是：颠三倒四七上八下十五月亮十六圆。由第一个学生开始报数，依次往下顺序为：1，2，4，3，（颠三倒四），5，6，拍头（七上），跺脚（八下），9，10，11，12，14，13（颠三倒四），月亮（十五月亮），圆（十六圆）。游戏中出错的同学，写一篇心情日记，内容不限，200

字左右，并上交。你们准备好了吗？游戏开始！出错的同学，你们要记得写心情日记呀。

2. 主题活动一：赶走消极情绪小妙招（15 分钟）

游戏中出错，又要写心情日记，你们的心情怎么样？心情很不好？没关系，这节课，我们一起来探索如何赶走消极情绪吧。首先，小组讨论一下，如何赶走这几位同学的消极情绪。

结合刚刚同学们的发言，归纳总结得出：赶走消极情绪有 7 个小妙招，分别是转移注意力、佛系一点、理智应对、适度宣泄、积极暗示、自我安慰和寻求心理援助。刚才那三位同学，你们的消极情绪被赶走了吗？你们主要采用了哪种方法呢？很好，很开心你们的消极情绪被赶走了。

3. 主题活动二：消极情绪快走开（15 分钟）

虽然刚才那几位同学的消极情绪被赶走了，但班里还有一些共同的消极情绪没有被赶走，我们一起来看看这些消极情绪有哪些吧。

情景一：打游戏，你又输了。面对这个情景，你们会采取什么办法赶走消极情绪？请举手回答。可以的，还有没有人采用其他的办法呢？很好。我们一起来看看下一个情景吧。

情景二：成绩不好，你很苦恼、很伤心。面对这个情景，你们会采取什么办法赶走消极情绪呢？请举手回答。还有没有人采用其他的办法呢？很好。我们一起来看看下一个情景吧。

情景三：你最好的朋友说，你就是个垃圾。面对这个情景，你们会采取什么办法赶走消极情绪？请举手回答。还有没有人采用其他的办法呢？很好。我们一起来看看最后一个情景吧。

情景四：近 3 个月，你情绪低落，闷闷不乐。面对这个情景，你们会采取什么办法赶走消极情绪？请举手回答。还有没有人采用其他的办法呢？很好，大家说得很对呀。面对前面三种情景，大家都会采用一般的小妙招，但面对第四种情景，则需要大家高度重视，尽早找心理老师或心理医生聊聊。

4. 结束活动（5 分钟）

本节课的主要内容到此结束，请同学们认真填写反馈表，根据大家的反馈，老师将相应地调整一下教学内容和教学方式。

【教学总结】

本次心理健康课，学生踊跃参与，积极思考，课堂学习氛围浓厚。在学习赶走情绪的小妙招这一活动中，学生们纷纷点头，表示赞同，还做了课堂笔记。在消极情绪快走开这一活动中，学生都争着抢着运用所学知识应对生活中的消极情绪，帮助自己或他人解决一些情绪不良问题。课堂结束后，学生们表示，喜欢这种实用的心理课，希望以后还有机会能够学习到更多的小技巧。干预者认为，本节课达到了培养学生应对消极情绪的能力，从而提高情绪弹性水平，适应学校生活的目的，完成了学以致用，运用小妙招赶走消极情绪，拥抱积极情绪的目标。在这一节课上，一开始，干预者很害怕学生不喜欢这类较为实用的课程。事实上，学生们并不排斥这类实用的课，甚至有很大一部分学生非常喜欢这类课。

（四）心理健康教育干预活动实施四：挖掘积极情绪的力量

【教学时间、地点】 ××××年××月××日，××时；实验班教室

【教学准备】 制作希沃课件、制作积极情绪词语字条。

【操作要点】

1. 重视学生的真实情绪；
2. 引导学生表达自己的情绪。

【教学进行】

1. 热身活动：积极情绪有哪些（5分钟）

第一节课，我们学习了5种情绪，并将这5种情绪分为两类：积极情绪和消极情绪。第二、三节课，我们认识了消极情绪，并学会了如何应对消极情绪。这节课，我们将就积极情绪展开教学。

你们还记得谁是积极情绪的代表吗？对，是乐乐，代表情绪——喜。它将是我们本节课的主角。那除了乐乐——情绪喜之外，还有哪些算是积极情绪呢？你们有2分钟时间小组讨论一下，看看哪个组说得又多又好。刚刚同学们都说了很多，我们一起来回忆一下吧。积极情绪有：幸福、自信、感恩、热情、兴趣、自豪、安心、活跃、专注、爱心、力量……

2. 主题活动一：情绪猜猜猜（15分钟）

刚刚同学们说了一些关于积极情绪的词语，老师这里也准备了写有积极情绪的纸条。纸条上的内容，我不能直接告诉你们，需要你们在“情绪猜猜猜”这个游戏中自己猜出来。接下来，请3~5位同学上台表演纸条上的积极情绪，请注意：表演的同学只能用肢体语言和面部表情表演，不能说话；其他同学根据表演内容猜词即可，看看谁猜得又快又准。刚才的那位同学表演得很好，所以其他同学也能很快就猜对纸条上的内容。下面，再请4~6位同学上来表演一下，规则同上。大家加油哟。

3. 主题活动二：积极情绪清单（15分钟）

通过前面的活动，我们知道了什么是积极情绪，也能在表演中识别他人的积极情绪。接下来，我们一起写写积极情绪清单吧。在积极情绪清单里，应包括3~10个有关积极情绪的事件。3分钟后，请5~10位同学自愿分享自己

的积极情绪清单给全班同学。还有什么疑问吗？没有的话，我们就开始完成积极情绪清单。

大家都写好了吗？有同学想要分享吗？好，这位同学。这位同学在分享时，其他同学请保持安静，认真听，并补充自己的积极情绪清单。

4. 结束活动（5 分钟）

听了大家分享的积极情绪，我很快乐。那么，积极情绪对你们的生活和学习有什么作用呢？各位同学小组讨论一下，待会儿请同学分享。

同学们刚刚都说得很好，我们一起来总结一下，积极情绪有 4 个作用：一是可以充实体力和精力，二是建立良好的人际关系，三是有助于缓解各种压力，四是促进健康长寿。希望同学们以后可以保持写积极情绪清单的习惯，这样，就都是开心了。

【教学总结】

本次心理健康课以一个希沃游戏开始，唤醒了学生关于情绪的记忆，吸引了学生的注意力。在“情绪猜猜猜”这一活动中，几位学生使出浑身解数向其他学生传递情绪信息，巩固了学生对积极情绪的认识。在积极情绪清单这一活动中，学生都争抢分享自己的积极情绪，引得其他学生哄堂大笑。课堂结束后，学生们依旧沉浸在积极情绪的体验之中。干预者认为，本节课达到了帮助学生挖掘积极情绪的力量，学会运用积极情绪的力量促进自身发展的目的，完成了识别他人的积极情绪、觉察自己的积极情绪、学生能学以致用、积极向上的目标。在这一节课上，干预者感受到了学生的积极情绪，也感受到了学生的学习热情，希望学生能够继续保持。

（五）心理健康教育干预活动实施五：培养积极情绪的能力

【教学时间、地点】 ××××年××月××日，××时；实验班教室

【教学准备】 制作希沃课件、备份音频。

【操作要点】

1. 多与学生互动，引导学生积极应对各种情绪；
2. 创设情景，重视学生的情景体验。

【教学进行】

1. 热身活动：幸福拍拍手（5 分钟）

最近一周，你幸福快乐吗？如果感到幸福快乐，你就拍拍手（播放歌曲：《幸福拍手歌》），一起唱。刚才唱歌的时候，你们在想什么？哪一件事让你至今仍感到幸福快乐？一起来分享一下吧。

大家刚才的分享都很有意义，那么，我们该如何拥抱积极情绪呢？本节

课我们一起来学习——积极情绪，你快来吧！

2. 主题活动一：保持积极情绪的秘密武器（15 分钟）

人的积极情绪也是有保质期的，那如何保持积极情绪不消失呢？你有秘密武器吗？你们有3分钟的时间与小组成员讨论一下，看哪个小组说得又多又好。

刚刚第一组说得又快又好，我们为他们鼓掌。结合同学们所说，我们来总结一下吧。简单来说，保持积极情绪的秘密武器有4个：一是分享快乐，二是知足常乐，三是经常微笑，四是充实自己。

3. 主题活动二：积极情绪，你快来（15 分钟）

既然大家都知道保持积极情绪的秘密武器，那么我来考考你们吧！接下来，我会列出三种情景，请你们思考：面对下列情景，你会采取什么办法？

情景一：生活平淡无奇，情绪波澜不惊。你会采取什么办法来拥抱积极情绪呢？同学们说得都很好，后面的两个情景，大家继续加油呀！

情景二：面对父母的期望，你有压力。你会采取什么办法来拥抱积极情绪呢？同学们运用的方法都很合适，接下来，最后一个情景来了。

情景三：你偶尔会因为一些事导致心情不好。你会采取什么办法来拥抱积极情绪呢？

面对这三种情景，从刚才的回答来看，大家都能够很好地处理。那么，面对其他情景呢？希望大家在以后的生活中，能够多运用本节课总结的保持积极情绪的秘密武器，尽早拥抱积极情绪。

4. 结束活动（5 分钟）

本节课的主要内容到此结束，根据本节课所学内容，老师出了几个判断题，并以游戏的形式制作了与课堂内容有关的课堂活动。有谁想要挑战一下？同学们都不错呀，做得很好。最后，我想问问大家：通过这5次课，你学到了多少呢？你用到了多少呢？希望同学们能够大胆运用课堂所学知识，尽早赶走消极情绪，拥抱积极情绪。

【教学总结】

本次心理健康课是“情绪弹性对学校适应”干预课程的最后一课，干预者以积极的情绪开始本次课程，学生受到干预者的影响也充满了学习激情。在保持积极情绪的秘密武器中，许多学生分享了自己的独家秘方，或许不那么科学，或许未为人所知，但学生确确实实从中获得了积极的情绪体验。在唱《幸福拍手歌》这一活动中，学生深刻地认识到班集体的力量是无穷的，渴望在班集体中共同成长。干预者认为，本节课达到了培养学生保持积极情绪的能力、提高情绪弹性水平，从而较好地适应学校的目的，完成了学生之间能相互学习、相互帮助、学以致用、拥抱积极情绪的目标。这一节课上，干预者感受到了实验班的班级凝聚力，发现了学生的成长，这对学生适应学校具有重要意义。

三、心理健康教育干预活动课的效果评价及分析

干预者以初一年级学生为研究对象，运用《青少年情绪弹性量表》和《中国中小学生学校适应成套量表（初中版）》，调查了该校初一年级实验班学生和对照班学生情绪弹性和学校适应的前后变化。通过比较实验班学生和对照班学生情绪弹性和学校适应的前后变化，干预者从统计学研究结果与定性研究结果两方面出发，综合评估本次心理健康课程的效果。统计学研究结果侧重于获得较为精确化和客观化的结果；定性研究结果侧重于直接观察到的结果。两者具体评估如下。

（一）统计学研究效果评估

在统计学研究结果的效果评估中，干预者将实验班学生和对照班学生作为研究对象，采用统计学方法，收集干预前后实验班的统计数据，以及对照班的前后测统计数据。通过分析实验班前后测情绪弹性和学校适应的差异和对照班前后测情绪弹性和学校适应的差异，客观地评价心理健康干预课程的效果。具体的统计结果对比如下：

1. 实验班前测、后测情绪弹性均值变化

图 4－1 为实验班情绪弹性和学校适应的均值比较，由图可知，与实验班前测相比，实验班后测情绪弹性和学校适应的均值都有所增长。

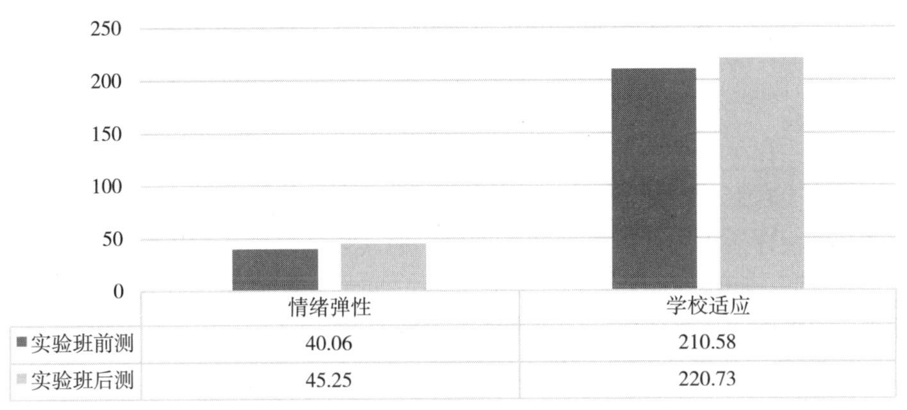

	情绪弹性	学校适应
■实验班前测	40.06	210.58
■实验班后测	45.25	220.73

图 4－1　实验班情绪弹性和学校适应的均值比较（分）

2. 对照班情绪弹性前测、后测均值变化

图 4－2 为对照班情绪弹性和学校适应的均值比较，由图可知，对照班前

测与后测的情绪弹性和学校适应之间没有明显变化。

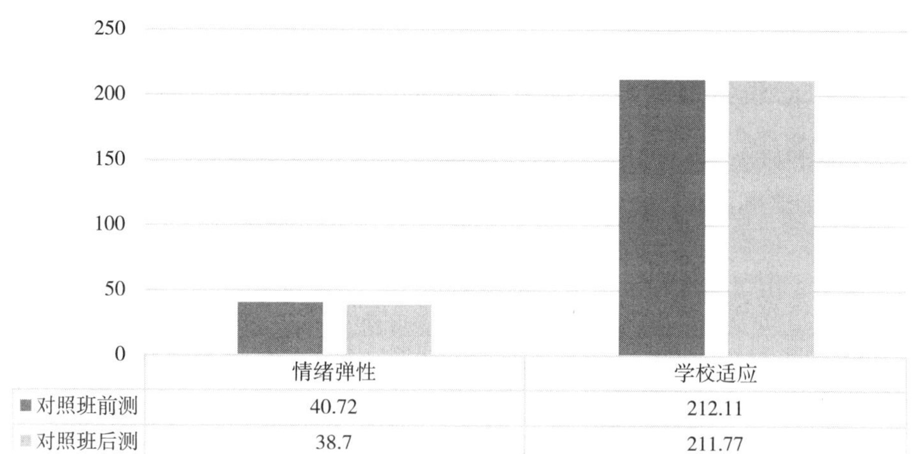

图 4－2　对照班情绪弹性和学校适应的均值比较（分）

3. 定量评估小结

综上所述，实验班前测、后测的情绪弹性和学校适应存在差异；对照班前测、后测的情绪弹性和学校适应之间不存在差异。这表明，在实验班进行的情绪弹性和学校适应的心理健康教育干预课程能有效提高学生的情绪弹性和学校适应水平，效果良好。

（二）定性效果评估

在定性研究的效果评估中，干预者主要采用非统计的方法，以开放式访谈问卷调查的形式，收集调查对象对课程效果的看法。按调查对象分类，有以下三类：一是将实验班学生作为调查对象，共发放 48 份访谈问卷，回收 42 份访谈问卷。二是将实验班班主任作为调查对象，通过开放式访谈问卷，向实验班班主任收集实验班学生课程干预后情绪弹性和学校适应的变化。三是将实验班干预者作为调查对象，通过干预者总结和干预者对干预课程的效果评估，再次评估心理健康干预课程效果。访谈后，采用内容分析的形式，通过观察词频、归纳总结，从收集到的证据之间的相互联系中发现学生对干预课程效果的看法。具体的定性研究效果评估如下：

1. 实验班学生的自我评价

通过这 5 次心理健康教育干预课程，实验班学生普遍认为课程效果良好，对其有很大帮助，主要体现在他们自己的情绪问题和适应问题得以解决，具体表现在：大多数学生的积极情绪逐渐变多，人也更乐观了；消极情绪逐渐变少，学会了自我调节不良情绪。除此之外，学生们也逐渐适应了学校，适应了学校的环境、制度、学习任务，以及学校里的老师和同学。这些适应，使得学生们非常喜欢目前的校园生活和学习生活，不仅情绪弹性水平有所提高，学校适应水平也有所提高。重点展示以下两个题目的访谈问卷结果：

问题1：通过这5次课，你能调适情绪吗？体现在哪？

从访谈问卷结果来看，实验班学生的积极情绪普遍增多、消极情绪普遍减少，学生能够调适自己的情绪。主要表现在良好心态的转变、积极情绪体验感增强和消极情绪应对能力提升，实验班学生的回答如下。

良好心态的转变：

学生1：遇到困难时，我能多往好的方面想。

学生2：面对挫折时，我也能有良好的心态。

学生3：我很少为一些事苦恼，我变得比以前更乐观了。

学生4：对于生活、学习和家庭中的挫折和压力，更能想得开了。

学生5：我能以好的心态去面对老师的批评和爸妈的批评。

学生6：我会往好的方面想，尽量不让消极情绪影响我的生活。

积极情绪体验感增强：

学生1：很多时候，我都能保持微笑。

学生2：平时脾气变小了，我能每天都很快乐。

学生3：我天天开心，我每天能和同学有说有笑。

学生4：哪怕很小的事，也能让自己开心一整天。

学生5：当同学与我开玩笑时，我总能保持好心情。

消极情绪应对能力提升：

学生1：即使受到打击，我也能自我安慰。

学生2：哪怕考试考不好，我也能认真上课。

学生3：考试考砸了，我也能积极地去面对现实。

学生4：早上与同学冷战，下午主动与同学和好。

学生5：遇到挫折，我会冷静、乐观地对待。

学生6：我几乎每天都能乐观地面对一切，乐观地生活。

学生7：在遇到烦恼时，我会先想些开心的事，再去解决。

学生8：我能合理控制情绪，不会因为小事而难过，也不会遇到事就哭。

问题2：通过这5次课，你能适应学校了吗？体现在哪儿？

从访谈问卷结果来看，实验班学生在学习和人际关系等方面发生了变化，能够适应校园生活了，且其适应性有所增强。主要表现在校园生活顺利、学习状态良好和人际关系和谐三方面。实验班学生的回答如下。

校园生活顺利：

学生1：我在学校就像在自己家一样自然。

学生2：我能按时到校，不旷课、不早退。

学生3：我能遵守校纪校规，基本不会逾矩。

学生4：学校环境很好，我很喜欢现在的校园生活。

学习状态良好：

学生1：我能以积极的心态去面对每天的学习。

学生2：我在学习的过程中可以很快乐，也可以很充实。

学生3：我能很快接受老师的教学方式，并能融入课堂。

学生4：每次完成功课，我还有时间可以做自己喜欢的事。

学生5：我能跟上老师的教学进度，也能保质保量、自主完成作业。

学生6：我能认真完成各科功课，作业不会不合格，每天也有时间复习。

学生7：我能在规定时间内完成各科的学习任务，且我每天都有良好的睡眠。

学生8：我会积极地与老师探讨解题方法，并与同学一起讨论学习上的问题。

人际关系和谐：

学生1：与同学、老师和睦相处、互帮互助。

学生2：我可以与老师同学友好相处，并且相处得很快乐。

学生3：现有的老师有不同的个性和风格，但我依然可以适应。

学生4：和老师、同学交谈中，我慢慢地敞开心扉，与同学交流。

学生5：我能与新同学做朋友，关系融洽；与新老师好好交流，关系和谐。

2. 他人评价

（1）同学评价

5次心理健康干预课程结束后，实验班学生不仅发现同学的积极情绪增多了，消极情绪减少了，且同学们能适应学校的作息时间、学校环境、规章制度和老师同学了；还发现他们的同学更加开朗了，更加勇敢了，更能协调学习任务和社团活动了；还有的同学人际交往范围有所扩展；等等。重点展示以下几份访谈问卷的结果：

问题：你的同学在情绪和适应方面又有哪些变化呢？体现在哪？

从访谈问卷结果来看，实验班学生不仅在情绪调适、学习和人际关系等方面发生了变化，学生的韧性、性格也有所不同。主要表现在韧性有所增强和性格有所转变两方面，实验班学生的回答如下。

韧性有所增强：

学生1：被老师批评了，他们能尽快缓过来。

学生2：那些消极事件，增强了他们生命的韧性。

学生3：他们都能很好地对待老师和家长的批评，并积极改正。

学生4：上一秒被老师批评，下一秒就开始思考自己的不足，但不会气馁。

性格有所转变：

学生1：他们变得开朗了。

学生2：同学们平常都比较开朗了。

学生3：一些性格内向的同学变得开朗了。

学生4：经过这几次心理课，同学们变得活泼了。

学生5：从与同学的相处中，我发现他们开朗了许多。

（2）班主任评价

5次心理健康课结束后，针对课程的目标对实验班班主任进行了一个简单的访谈。在访谈过程中，实验班班主任也意识到了一部分同学的变化，不仅情绪问题和适应问题得以解决，性格和学习态度也有所改变。总的来说，实验班班主任认为这一系列的心理健康课是比较系统和全面的，且十分有价值，对学生起到了很大作用。

问题：徐老师您好，您认为这5次心理健康课有价值吗？通过这5次心理健康课，您班级里的学生在情绪和适应方面有哪些变化呢？

从访谈问卷结果来看，实验班学生不仅在情绪调适、适应性等方面发生了变化，学生的性格也发生了很大的变化。实验班班主任的回答如下：

实验班班主任：我认为这5次课都十分有价值，很有实用性，取得了较好的效果。这段时间以来，我明显感到了班里学生的变化，主要表现在两个方面：一是学生学会了调控自己的情绪，积极情绪变多了，消极情绪变少了；二是学生由最初的不适应学校到现在的适应新学校、喜欢学校，发生了很大的变化。由此看来，心理课程确确实实起到了很大作用。除此之外，我还发现，心理健康课不仅释放了学生的天性，还改变了一些学生的性格。以前忧郁的学生现在变得阳光了；以前游手好闲的学生，现在变得积极向上了。

3. 干预者的总结与评价

（1）干预者的总结

针对这5次心理健康课，干预者的总结如下：一是课堂内容贴近学生实际、通俗易懂，课堂活动极大地调动了学生的学习积极性，课堂氛围也十分融洽且活跃；二是课程目标基本达到，大部分学生的情绪问题、人际关系问题和学习态度问题等得到了解决，心理健康水平也得以提高；三是学生对5次课程十分满意，认为课程在多个方面都对他们有帮助，比如积极情绪增多，他们更加快乐了；遇到消极情绪，学会了如何应对，等等；四是课程严格以积极心理学理论为指导，不仅解决了学生的问题，带动了班级里的积极氛围，还引导学生积极向上、乐观开朗。这几点表明，课程干预取得了良好的效果。

（2）干预者的评价

开展心理健康干预课程前，学生渴望能在课堂上学会如何提高情绪调适能力，如何提高学校适应水平。开展心理健康干预课程时，学生跃跃欲试，希望立即参加这样的课堂活动。知晓活动规则后，便都立刻高举双手，迫切想要抓住机会，挑战自己，参与课堂活动。一旦有机会展示自己，学生们会十分放松，大胆地表现真实的自我，也敢于表达自己的真实想法，这是其他课上看不到的。投入活动中后，学生们不仅激发了自己的潜能，收获了快乐，还解决了生活中情绪的问题，学会了将所学知识运用到实际生活中。心理健康干预课程结束时，学生们仍然充满了学习的激情，想要继续课堂上的活动。由于时间原因结束活动时，学生们十分不舍，常常利用课间时间继续谈论课堂上的内容，且热度不减。

4．定性评估小结

综合以上定性研究的效果评估，总结如下：以“提高初中生学校适应水平”为总目标设计和实施的“情绪弹性对学校适应”的5节心理健康教育课程收到了良好的干预效果，具体表现在：经过“情绪弹性对学校适应”的心理健康课程干预，学生不仅意识到了自己、同学在情绪弹性和学校适应这两个方面有所进步，班主任也意识到了学生更积极乐观、热爱学校，干预者还发现学生能学以致用，其控制情绪和调适情绪的能力都有提高；其人际关系、学习态度、学习成绩上的大部分问题得以解决，学校适应能力也有所提升。除此之外，实验班学生和实验班班主任还发现学生们都在进步，不仅心态更好、积极情绪体验感更强、消极情绪应对能力有所提升，而且更活泼开朗、积极向上了，抗挫折能力也有所提升。

四、心理健康教育干预活动课的总结

（一）心理健康教育干预课程设计的有效性

1．严格按照理论依据设计心理健康干预课程，具有较强的科学性

针对初中生学校适应普遍存在的问题，结合学校适应的影响因素，干预者通过干预情绪弹性来提高学生的学校适应能力。基于团体动力学观点，干预者以班级为单位开展心理健康干预课程。心理健康干预课程首先以认识情绪、知觉情绪为目标，设计了干预活动方案一；根据情绪弹性的两个维度，确定了心理健康干预课程的两个目标为培养应对消极情绪的能力和培养积极情绪的能力，设计了干预活动方案三和方案五；基于情绪社会建构理论的本质，为帮助学生对消极情绪作出认知评价，帮助学生在社会文化背景下理解

消极情绪，干预者设计了以发现消极情绪的不良影响为目标的干预活动方案二；基于积极心理学的观点，干预者设计了以挖掘积极情绪的力量为目标的干预活动方案四。

2. 设计的课程目标具体、明确、清晰、操作性强

干预者以情绪弹性为自变量，以学校适应为因变量，利用情绪弹性来干预学校适应。基于情绪社会建构理论、积极心理学和团体动力学理论，干预者设计了“认识情绪、知觉情绪”、“发现消极情绪的不良影响”、“培养应对消极情绪的能力”、“挖掘积极情绪的力量”和“培养积极情绪的能力”这5个目标。根据这5个目标，又设计了相应的分目标。无论是这5个目标，还是对应的分目标，都具有具体、明确、清晰、操作性强的特点。对干预者而言，这样的教学目标便于干预者设计详细的课堂内容，便于干预者有目的地实施心理健康干预课程，也便于实施后有效地评估教学设计与实施。对学生而言，这样的教学目标就是指向标，指引着学生继续向前。

3. 课堂活动的设计充满趣味性和参与性

受外界各种因素的诱惑，初中生难以集中注意力。为了使学生专注于课堂，教学内容的设计首先考虑了课堂活动的趣味性。通过希沃白板，制作多种多样的课堂游戏，让学生在游戏中学习，极大地提高了学生的学习热情和学习兴趣。既可以让学生玩游戏，放松身心，又可以吸引学生的注意力。其次，选择了适合多人参与的课堂活动，让绝大多数学生都能参与课堂活动，避免未参与课堂活动的学生抱着看戏的态度上课，将自己置身于课堂之外。除此之外，设计的课堂活动还符合学生的年龄特点，以免学生认为课堂活动过于幼稚，或者难度过高；顺应学生的兴趣特点，以免学生认为活动枯燥，不愿意参与；贴近学生生活，避免脱离生活实际，使得学生觉得陌生。

（二）心理健康教育干预课程实施的有效性

1. 营造轻松的课堂氛围，灵活组织教学活动

心理健康课作为唯一不用考试的科目，深得学生青睐。首先，在教学活动组织上，干预者没有按照传统的课堂模式进行，以免学生将心理健康课带入其他学科教学中，失去了学习兴趣。因此，干预者为学生创造了一个比较轻松的氛围。一个轻松的氛围，不仅帮助学生放下戒心，敞开心扉，还拉近了学生与老师之间的关系，保证了学生参与活动的积极性。其次，干预者尽量保证学生在玩中学。刻板地组织教学活动，极有可能会受到学生的抵触。因此，干预者灵活组织课堂活动，不以教学为教学目的，而是让学生在玩中学习，在快乐中学习。最后，干预者注重让学生学以致用，帮助学生将领悟到的内容运用到生活当中，帮助学生缓解学习和生活中的压力，以促进学生

身心健康发展。

2. 注重学生感受，教学以表扬鼓励为主

不同的学生，其课堂表现也会有所不同。有的学生综合能力强，表现突出，有的学生稍稍逊色一些，有待提高。面对表现突出的学生，干预者注重学生感受，以表扬为主，以此鼓励其他同学再接再厉，争取更加出色，但不会以此打压其他学生。面对有待提高的学生，干预者仍注重感受，以鼓励为主，多给其机会，训练其能力，而不是一味地鼓励而忘记督促。事实证明，这种注重学生感受，教学以表扬、鼓励为主的教学方式，得到了学生认可。学生普遍表示：干预者与其他老师不同，注重每一位学生的感受。学生感受到了干预者的温暖，更喜欢心理健康课了，也更愿意积极地参与课堂活动了。

3. 树立良好的教师形象，保证良性互动

教学活动的开展离不开干预者，且很大程度上会受到干预者形象的影响；干预者的形象，会影响课堂的互动情况。首先，干预者树立了干预者的教师威信，避免大多数学生过于放松，无视课堂纪律，导致互动时课堂一片混乱，保证了课堂的顺利开展。其次，干预者树立了平易近人的形象，拉近了与学生的距离，使得互动时学生能畅所欲言。最后，干预者树立了乐观向上的形象，对学生有潜移默化的影响。受干预者这一形象的影响，开展课堂活动时，学生始终以积极向上、活泼开朗的面貌参与课堂活动。

（三）心理健康教育干预课程效果评估的有效性

为期 3 个月的实验班干预课程结束后，本研究根据实验班前测和后测问卷调查的统计学数据、对照班前测和后测问卷调查的统计学数据、实验班后测和对照班后测问卷调查的统计学数据进行定量效果评估，并根据学生自我评价、学生互评、干预者观察和归纳总结进行定性效果评估。研究结果表明：5 次“情绪弹性对学校适应”的心理健康教育干预课程可以有效提高学生的情绪弹性水平和学校适应水平，为青少年普遍存在的问题提供了快速有效的解决办法，对培养学生积极情绪体验有重要影响，对培养学生良好的学校适应具有借鉴作用，可推广应用到实践教学中。这种多角度的心理健康教育课程效果评估方式，具有科学、客观的特点，可以科学、客观地评估心理健康教育干预课程效果，有效性较强。具体表现在以下两点：

在定量研究的效果评估中，干预者采用统计学方法，收集干预前后实验班的统计数据，以及对照班的前后测统计数据。通过分析实验班前后测情绪弹性和学校适应的差异、分析对照班前后测情绪弹性和学校适应的差异，以及分析实验班后测、对照班后测情绪弹性和学校适应的差异，可以得出较为精确且客观的结果，并且能够精确且客观地评价心理健康干预课程的效果。

这种具有精确性和客观性的心理健康课程效果评估的结果，对干预者评估课程效果，具有非常重要的参考价值。

教育实验研究的结果不仅具有客观性，还具有一定的社会性。教育实验研究的社会性结果，需要通过定性研究的效果评估得出，不是客观性结果能代替的。在定性研究的效果评估中，干预者主要采用非统计学的方法，收集调查对象对课程效果的看法，以获得第一手资料。首先，以开放式访谈问卷调查的形式调查了实验班学生的自我评价，并对其进行了归纳总结。其次，邀请实验班班主任对心理健康干预课程进行了客观的评价。最后，干预者参与式的调查结果具有一定的研究价值，可以直观地观察到实验班学生干预前后的变化。这种从多角度探讨心理健康干预课程效果的定性研究，具有一定的有效性。

第五章　初中生“人际交往与自我探索”的心理健康教育干预活动辅导

一、心理健康教育干预活动课的设计

同伴信任对自尊影响的心理健康教育课程干预设计以团体动力学理论作为主要理论基础，通过团体内的人际交互作用，促使个体在交往中通过观察、学习、体验认识自我、探讨自我、接纳自我，调整和改善与他人的关系，建立积极态度和自信，以达到学生身心健康发展的效果。

根据人际关系理论、认知发展理论、社会学习理论，以学生积极的同伴互动体验为主要目标，按照心理健康教育课程设计的要求，设计了“建立同伴间的信任、把握信任基本原则”“增强信任体验、巩固同伴间的信任”“换位思考、接纳不同、理解同伴”“培养团队合作能力、增强归属感”“建立理性、合理的同伴信任系统”5 个干预方案，心理健康教育课程干预的设计包含设计的理论依据、教学目的及目标的设计，教学内容、教学重难点、教学形式的设计。

（一）心理健康教育干预活动方案一：建立同伴间的信任、把握信任基本原则

【教学对象】初一、初二年级的实施对象

【教学计划学时】1 课时

【设计理念】

人际信任是个体在人际交互中针对交往同伴所作出的可靠的概括化期望，这对于青少年时期的个体发展来说是非常重要的。良好同伴信任的建立可以促进初中生同伴关系的发展，学会人际交往，进而促进初中生健全人格的形成与发展，对其一生都有重要的影响。

同时，处在青春期的初中生，同伴在他们的日常生活学习中占据重要地位，影响初中生社会化的发展，同时还影响其社会支持感、亲密感的发展以及自我的发展，这些都是家长与教师不能替代的。

【教学目的】

1. 导入：引起学生的关注与思考，对“信任”一词有一个初步的理解与认识，为后面的课程环节推进做铺垫。

2. 主题活动：引导学生说出自己最信任的人，并分析原因，若不愿分享的同学，再在信任量尺上选择，并作出解释，从而引导过渡到与他们日常交往最多的同伴身上，讨论对同伴是否信任。

通过与同伴之间相互引导走迷宫，引导学生增加对同伴的信赖与依靠，培养互助友爱、和谐信任的氛围。

3. 结束：巩固学生对信任的把握，有意识地引导他们在同伴交往中建立、巩固同伴信任。

【教学目标】

1. 通过主题的教学，深化初中生对信任的理解和了解同伴信任的重要性；

2. 初步引导、建立同伴间的信任，把握信任的基本原则；

3. 建立互动关系，培养和谐、信任的气氛，拉近彼此的距离。

【教学重难点】

1. 重点：初步引导学生建立同伴间的信任，把握信任的基本原则，培养和谐信任的气氛。

2. 难点：深化初中生对信任的理解和了解同伴信任的重要性。

【教学内容】

1. 热身活动：猜谜语——信任（2 分钟）

各位同学早上好，今天在正式上课之前老师准备了一个谜语，大家一起来猜一猜是什么？

“人言组合行为则，人壬相约目的歌”。（打一个常用词语）

在猜出谜语之后教师提问：

（1）信任是什么？你对信任的理解是什么？

（2）同学们觉得信任重要吗？举例说明信任的重要性。

2. 主题活动一：信任大考验（15 分钟）

请同学们在草稿纸上写出以下 4 件事中的一件事，完成后请同学分享；若不能分享，看看是否可以告诉某人。可接着请其他同学发表意见，说说各自的看法，认为这件事可以告诉谁，在量尺上找一个点，看看有无区别，并说明为什么。

（1）最怕发生的事情；

（2）最不想做的事情；

（3）最不容易忘记的事；

（4）从未告诉过别人的事。

3. 主题活动二：带你走迷宫游戏（20 分钟）

2～3 人一组，走迷宫者蒙住双眼，由旁边同伴指导、提醒，拿着笔在迷宫图纸上走出迷宫，完成后，相互交换。

4. 结束活动：结合讨论，总结信任的基本原则（3 分钟）

【教学形式】游戏体验法、小组合作探究法、讲授法。

（二）心理健康教育干预活动方案二：增强信任体验、巩固同伴间的信任

【教学对象】初一、初二年级的实施对象

【教学计划学时】1 课时

【设计理念】

心理学家马斯洛在需要理论中提到：爱与被爱、接纳与被接纳是每个人都需要的，随着个体的身心发展，这种需要还会增加。且在个体社会化发展过程中，与同伴的交往是主要途径之一。同伴既可以带给个体归属感，又可以满足个体的心理需要，完善个体的认知发展，促进个体健全人格的形成。

【教学目的】

1. 导入：心理健康教育热身不宜太复杂，时间不宜太长。热身不仅要活跃气氛，最好还要与主题活动贴近，一举两得。本环节的“原地萝卜蹲”游戏简单易操作，不仅能激发全体学生参与的热情，帮助学生放松心情，还为接下来的教学做好了铺垫。

2. 主题活动：通过与同伴小组合作形式完成任务，培养其良好的默契度与信任度，并在游戏活动中发现自己与同伴的配合中好与不足的地方，进行感受交流，巩固友谊的发展。

3. 结束：承接上一个活动环节，根据交流感受给自己的同伴写一封信。此环节是为了巩固自己与同伴间的情感，加深友谊，更加信任同伴，避免良好情感建立的流失。

【教学目标】

1. 营造和谐、团结、信任的小组氛围，使学生乐在其中；

2. 通过游戏环节，巩固对同伴的信任。

【教学重难点】

1. 重点：（1）“你比我猜”的内容是形容亲密友情的四字词语；（2）写好的信课后可交换给收信人。

2. 难点：如何将学生对部分同学的信任扩大到对班级全体同学的信任，并加强团队凝聚力。

【教学内容】

1. 热身活动：原地萝卜蹲（5 分钟）

以小组为单位，一竖列为一个组，为小组取名，喊到小组名称时，该小组成员就要蹲下，蹲完后喊别的小组名。出错的小组要为集体表演节目。（小组名称由小组成员商讨决定，要求是富有小组特征的。）

2. 主题活动：你比我猜（25 分钟）

每个小组选取比画的同学与猜的同学，猜的同学背对黑板，比画的同学根据黑板上出现的词语来比画，让猜的同学猜。每组时间 2 分钟，看哪组答对最多，最多组与最少组有相对应的奖励与惩罚。

3. 结束活动：给 Ta 写封信（10 分钟）

现在请同学们结合今天的游戏感受，给自己信任的小伙伴写封信，说说自己是从什么时候开始信任对方的，以及为什么信任对方。或者也可以给不太信任的同伴写一封信，谈谈为什么。

【教学形式】游戏体验法、小组合作探究法。

（三）心理健康教育干预活动方案三：换位思考、接纳不同、理解同伴

【教学对象】初一、初二年级的实施对象

【教学计划学时】1 课时

【设计理念】

针对初中生自我意识尚未完善，渴望交流和友谊，同时又容易陷入“自我中心”等特点，启发学生认识到别人看到的东西与自己看到的也许不同，尝试与人换位思考，更好地调节情绪、与人相处，避免不必要的误解和冲突。巩固与同伴的交往与信任。

【教学目的】

1. 导入：通过看图谈感受，让学生明白，站在不同的角度看同一个事物，得到的结果是不同的，学会换角度思考问题、对待事物；

2. 主题活动：让学生感受到在日常学习生活中，人与人之间打交道，总会发生一些矛盾，每个人都有自己的小矛盾，不用感到苦恼，而是要学会说出来，和同伴一起交流，表达自己想法的同时也听听别人的看法，共同寻求解决办法；

3. 结束：让学生了解冲突的五大模式以及学会处理冲突，在遇到矛盾冲突的时候，学会倾听同伴，做同伴信赖和依靠的人，与同伴友好相处，相信自己的伙伴，促进同伴关系的发展。

【教学目标】

1. 学会换位思考，接纳不同，更加深刻地认识自我与同伴；
2. 理解同伴，巩固对同伴的信任。

【教学重难点】

1. 重点：学会换位思考，接纳不同，更加深刻地认识自我与同伴。
2. 难点：理解同伴，巩固对同伴的信任。

【教学内容】

1. 热身活动：观看双歧图，讨论看法（3 分钟）

请观看双歧图，说说自己看到了什么，大家看到的都一样吗？为什么不一样？

2. 主题活动：木桶里的小故事（30 分钟）

让同学们写出自己最近与小伙伴发生的不愉快的事儿，让大家一起劝劝！如果没有就写写自己最怕和同伴发生的误会是什么。（游戏采用不记名的方式，写完后放入小桶中，请同学随机抽取一张纸条上的内容进行分享，并一起讨论遇到这种情况如何解决，作为旁观者如何劝说。）

3. 结束活动：处理冲突的小方法（7 分钟）

通过一起探讨木桶里的小故事，带领学生总结处理冲突的小方法，学会在同伴交往中倾听同伴，保持同伴间的友好相处。

【教学形式】讲授法、讨论法。

（四）心理健康教育干预活动方案四：培养团队合作能力、增强归属感

【教学对象】初一、初二年级的实施对象

【教学计划学时】1 课时

【设计理念】

初中生自我意识发展较快，以自我为中心，很少顾及他人的感受。这不利于初中生良好人际关系的建立，从而影响他们的学习和生活。且他们更愿意和对自己忠诚的朋友或者是志趣相同的朋友亲近，所以学会理解、包容有利于促进他们与同伴的关系。

【教学目的】

1. 导入：通过抓手指，激起学生的热情与投入，拉近同伴之间的距离，为后面的活动做铺垫；
2. 主题活动：通过传声游戏，培养学生与同伴之间的默契度，增强学生对同伴的信任与依靠，同时也加强了学生的团队合作意识与能力；

3. 结束：此环节让学生分享自己与同伴之间的默契与经历，有利于同伴关系的发展，让学生感受到自己在同伴眼里的重要性，增强自我认同感，也有利于同伴间的相互学习。

【教学目标】

1. 培养学生团队合作能力，增强学生的自信心与归属感；
2. 体验与同伴友好合作的快乐情感，增强合作意识；
3. 增强学生对同伴的信任与依靠，巩固友谊。

【教学重难点】

1. 重点：培养学生团队合作能力，增强学生的自信心与归属感。
2. 难点：体验与同伴友好合作的快乐情感，增强合作意识。增强学生对同伴的信任与依靠，巩固友谊。

【教学内容】

1. 热身活动：抓手指游戏（5 分钟）

播放欢快音乐，玩暖身游戏，活跃班级气氛。根据教师的口令完成动作。

游戏规则：以小组为单位，右手抓别人的左手，根据指令抓住对方的大拇指、食指、中指、无名指、小指。

2. 主题活动：传声筒（20 分钟）

6～8 人一组，每组从第一位同学开始往后传递一段话，看哪组传得又快又准。

3. 结束活动：我的伙伴我最懂（15 分钟）

由老师发放“我的同伴我知道”纸条，同学们根据实际情况填写，填完后可以上台与同学们分享为什么自己能猜到同伴的选择，说说一起经历过的那些很靠谱的事儿。纸条内容：

你能预测到好朋友会点什么奶茶吗？

你能预测到好朋友会看什么电视吗？

你能预测到好朋友会买什么颜色的衣服吗？

你能放心地把事情委托给你的好朋友吗？

你放心你的好朋友知道你的秘密吗？

你会把你重要的东西给好朋友保管一阵子吗？

你的好朋友值得信赖吗？

你的好朋友非常可靠，你会感到骄傲吗？

【教学形式】游戏体验法、小组合作探究法。

（五）心理健康教育干预活动方案五：建立理性、合理的同伴信任系统

【教学对象】初一、初二年级的实施对象

【教学计划学时】1 课时

【设计理念】

基于人在社会中的角色，学会信任他人，并通过信任达成合作共赢是当代学生需要必备和掌握的技能。个体是在社会集体里成长生存的，个体的发展离不开人际交往，所以要让学生建立对同伴良好的信任度，促进个体社会化的发展和自我的发展。

【教学目的】

1. 导入：课堂气氛的烘托是由导入环节开始的，此环节通过与同伴间的互夸，建立愉悦、快乐的气氛，加深同伴之间的友谊，增强学生的自我认识，自我肯定。

2. 主题活动：此环节是让学生增强对同伴的认识与了解，加强同伴之间的沟通与交流，发展良好的同伴信任，同时也接受别人眼中的自己，发扬优点，改善不足，成为更好的自己。

3. 结束：在欢快的音乐中与同伴欢声笑语，烘托气氛，加深友谊情感，牵手、拥抱更让学生亲近，进一步巩固同伴关系，增强学生的同伴满足感。推进良好同伴关系的发展。

【教学目标】

1. 感受并回报幸福与爱，发展同伴间的信任；
2. 让学生正视他人的评价与祝福，接受自我；
3. 建立理性、合理的信任系统。

【教学重难点】

1. 重点：让学生正视他人的评价与祝福，接受自我。
2. 难点：建立理性、合理的信任系统。感受并回报幸福与爱，发展同伴间的信任。

【教学内容】

1. 热身活动：我们来“商业互夸”（10 分钟）

本环节让学生夸一夸自己的伙伴，详细描述伙伴是怎样的人，再由伙伴反过来夸一夸。

2. 主题活动：我笔下的 Ta（25 分钟）

在互夸环节结束后，请同学们拿出一张纸以绘画的形式画一画自己的同伴，并且在旁边附上一些你对同伴的认识，一些简单的介绍。每组请一位同

学上台绘画，绘画结束后，分享自己笔下的同伴。

3. 结束活动：一起唱《青春修炼手册》（5 分钟）

分享结束后，播放歌曲《青春修炼手册》，全班同学一起唱歌，可拥抱祝福。

经过这几次课程，老师能感受到同学们的团结友爱，能看到你们对同伴的热情与帮助，能从细节里感到你们都是很了解伙伴的。默默支持、默默对同伴好的小可爱，老师现在也祝福你们一直相亲相爱，相信你们的友谊，祝愿你们的友谊天长地久，希望你们以后都像向日葵一样，向阳而生。

【教学形式】游戏体验法、讲授法。

二、心理健康教育干预活动课的实施

在心理健康教育课程设计结束后，本研究将实施同伴信任对自尊影响的心理健康教育课程干预实验。首先在初一、初二年级分别选出同伴信任与自尊在统计学数据调查结果差异不大的两个班作为实验组（初一 49 人/初二 43 人）和控制组（初一 46 人/初二 42 人），实验组接受为期 3 个月共 5 次的同伴信任对自尊影响的心理健康教育课程干预，在 3 个月期间控制组不进行任何同伴信任与自尊的心理健康教育课程。

（一）心理健康教育干预活动实施一：建立同伴间的信任、把握信任基本原则

【教学时间、地点】初一：××××年××月××日，××时；初二：××××年××月××日，××时；实验班教室

【教学准备】PPT 课件、打印迷宫图纸、蒙眼布。

【操作要点】

1. 信任量尺的人物选择；

2. 迷宫图纸要统一，难度适中；

3. 针对“布置作业：写一写信任日记，记录自己与同伴之间的信任小故事”，做课后回馈。

【教学进行】

1. 热身活动

在猜出谜语之后干预者提问：信任是什么，你对信任的理解；同学们觉得信任重要吗？举例说明信任的重要性。

干预者：忽然有一天，你会突然觉得自己是不是长大了。你不想被看作是一个孩子，不想被束缚，你想得到信任，你想要独立、自由。于是你可能不再那么黏着父母了，你更喜欢和同伴在一起。在同伴那儿，你有美好的友

情、有成人感的满足。慢慢地，与同学交往、维持友谊成为你日常生活的重要内容。友情成为你生活中不可或缺的一部分。那么在这个时候，同学们有没有觉得和同伴建立信任是一件非常重要的事情呢？接下来，我们来做一个信任默契的游戏。

在下面的信任量尺上你会选择谁来分享秘密呢？

2. 主题活动一：信任大考验

请同学们在草稿纸上写出以下四件事中的一件事，完成后请同学分享；若不能分享，看是否可以告诉某人。可接着请其他同学发表意见，说说各自的看法，认为这件事可以告诉谁，在量尺上找一个点，看看有无区别，并说清为什么。同时，还应重点引向对亲朋好友的信任有什么发现。

最怕发生的事情；

最不想做的事情；

最不容易忘记的事；

从未告诉过别人的事儿。

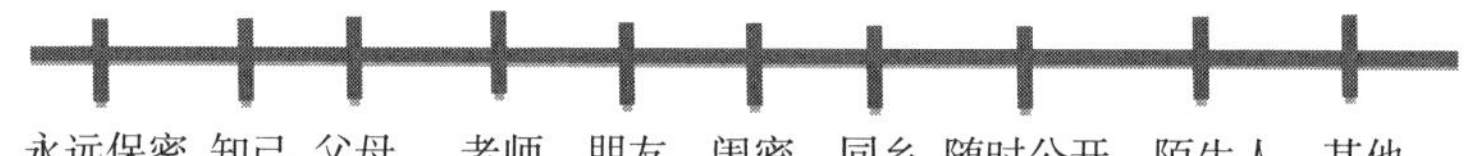

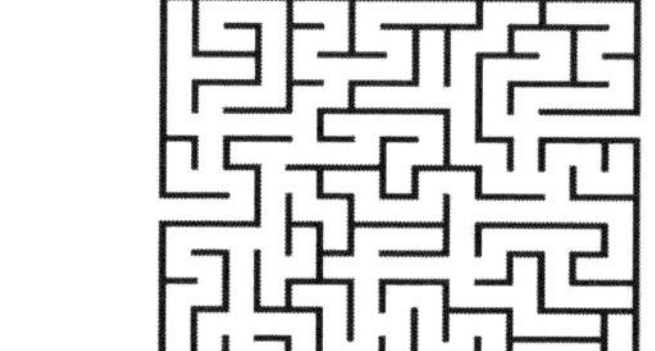

图5－1　信任量尺与迷宫图

3. 主题活动二：带你走迷宫

游戏规则：2～3人一组。走迷宫者蒙住双眼，由旁边同伴指导、提醒，拿着笔在迷宫图纸上走出迷宫，完成后，相互交换位置。

在刚刚的迷宫游戏里，老师观察到有的小组完成得很快，迷宫走得很顺利，有的小组较慢一些，频繁走错路，老师想问问同学们自己组的情况是怎么样的呢？有没有同学愿意分享一下在游戏里的得与失呢？

在同学们分享完以后，干预者引导学生小组讨论：

有哪些行为会阻碍彼此间的信任呢？

为获得别人的信任有什么好办法呢？

怎样增加自己对他人的信任呢？

4. 结束活动

通过今天的游戏和同学们热情的探讨，老师总结了6个与同伴相处时的信任原则，给同学们参考一下，同学们也可以把自己想到的补充上去。时刻提醒自己哟！

真诚；

尊重他人；

承担责任；

接受批评；

重信守诺；

始终如一。

【教学总结】

在第一次心理健康教育干预课上，实验班成员热情活跃，积极参与课堂活动。在主题活动环节，同学们都积极举手分享自己在信任量尺上的选择，把自己选择的原因娓娓道来。在走迷宫环节，与同伴配合默契，相信自己同伴对自己的路线指引；游戏后学生也能凭着自己的感受和老师一起总结、分享与同伴交往时需要遵守的信任原则。

第一次心理健康教育课程干预的实施受到了学生的一致好评，教学任务圆满完成，基本达到了本次课程干预的教学目标，让学生了解了信任的重要性，把握了信任的基本原则。

（二）心理健康教育干预活动实施二：增强信任体验、巩固同伴间的信任

【教学时间、地点】初一：××××年××月××日，××时；初二：××××年××月××日、××时；实验班教室

【教学准备】PPT课件、与友情相关的词句卡片。

【操作要点】

1. “你比我猜”的内容是形容亲密友情的四字词语；

2. 写好的信课后可交换给收信人。

【教学进行】

1. 热身活动：原地萝卜蹲

以小组为单位，一竖列为一个组，为小组取名，喊到小组名称时，该小组成员就要蹲下，蹲完后喊别的小组名称，出错的小组要为集体表演节目（小组名称由小组成员商讨决定，要求是富有小组特征的）。

干预者：好的，“萝卜蹲游戏”告一段落啦。同学们都配合得很好，同学们取的小组名称也是极具各自的特色。那现在请刚刚出错的同学学小猪叫三声，作为表演惩罚。

2. 主题活动：你比我猜

每个小组选取比画的同学与猜的同学，猜的同学背对黑板，比画的同学根据黑板上出现的词语来比画，让猜的同学猜。每组时间 2 分钟。

干预者：好了，感谢各位同学的积极参与，老师看到有些同学配合很默契，一下就能猜出词语，有的组员就要缓慢一些。现在老师请同学们谈一谈做完这个游戏的感受，谈谈在游戏活动过程中的得与失。

3. 结束活动：给 Ta 写封信

现在请同学们结合今天的游戏感受，给自己信任的小伙伴写封信，说说自己是从什么时候开始信任对方的，以及为什么信任对方。或者，也可以给不太信任的同伴写一封信，谈谈为什么。

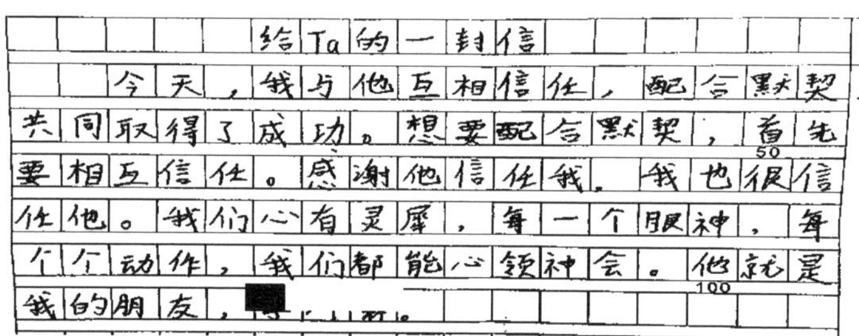

给Ta的一封信

今天，我与他互相信任，配合默契，共同取得了成功。想要配合默契，首先要相互信任。感谢他信任我，我也很信任他。我们心有灵犀，每一个眼神，每个个动作，我们都能心领神会。他就是我的朋友，

图 5－2　学生根据游戏体验写的信

【教学总结】

本节课的导入活动与主题活动参与性强，充分调动了学生的积极性，课堂活动的设计也让学生乐在其中，虽然课堂纪律有些不好维持，但让学生与同伴积极互动，在互动中体验感、归属感增强，为结束环节的写信奠定了浓厚的感情基调，同学们都积极抒发自己对同伴的情感，达到了本课巩固同伴间信任与友谊的教学目标。

干预者在本节课“你比我猜”环节，因维持课堂纪律，在计时上险些发生失误，在后续的课堂中还需要加强课堂管控能力。

（三）心理健康教育干预活动实施三：换位思考、接纳不同、理解同伴

【教学时间、地点】初一：××××年××月××日，××时；初二：××××年××月××日，××时；实验班教室

【教学准备】PPT 课件、小木桶、爱心便笺纸。

【操作要点】

1. 准备两张双歧图；
2. “木桶里的小故事”环节注重情感引导，有适当的自我暴露。

【教学进行】

1. 热身活动：观看双歧图，讨论看法

请观看双歧图，说说自己看到了什么，大家看到的都一样吗？为什么不一样？

图 5－3　双歧图

你看到的是老妇还是少女？你看到的是正面半张脸还是侧面半张脸？

干预者：同学们看完图以后有什么感受呢？大家是不是发现明明是同一张图，却看到了不同的结果呢？那联系我们的实际生活来看，会不会有很多时候，对待同一件事情，尤其是在产生矛盾的时候，从不同的角度就会有不同的理解呢？那现在我们就一起来讨论讨论。

2. 主题活动：木桶里的小故事

请同学们写出自己最近与小伙伴发生的不愉快的事儿，让大家一起劝劝！如果没有就写写自己最怕和同伴发生的误会是什么。（游戏采用不记名的方式，写完后放入小桶中，请同学们随机抽取一张纸条上的内容进行分享，并一起讨论遇到这种情况如何解决、作为旁观者如何劝说）。

3. 结束活动：处理冲突的小方法

干预者：同学们一起集思广益，针对不同的问题提出了不少的建议和方法，同学们表示自己也遇到过这样的情况，那么今天大家都参与了，好多同学也提出了看法，那接下来老师跟大家一起分享一下老师处理冲突的小办法。

倾听表现：眼神、表情及动作、身体的姿势、声音。

干预者：“聽”的含义，听的繁体字就是“耳为王十目一心”，也就是说要多听多看用心记，虚心听取别人的意见和合理的建议。

人际冲突的五大模式：迁就、回避、合作、妥协、强迫。

干预者：老师教给大家倾听和让大家知道人际冲突的五大模式，是想让同学们知道，在与同伴发生矛盾的时候，焦急与愤怒并不能帮助我们解决问题，反而会加剧问题的严重性，而这时候选择听听同伴的看法，再表达自己的看法才能更好地解决问题，多一些沟通，少一些争执。了解五大冲突也能更好地帮助我们去规避、减少问题的发生。

【教学总结】

本节课注重情感引导。在木桶里的故事环节，一开始，同学们都犹豫、沉默，不太愿意主动分享自己与同伴不愉快的事儿。这时候作为实施者，及时地自我暴露，引导学生学会面对同伴问题，尝试想办法解决问题是十分重要和有意义的。本节课实施者作了及时的自我暴露，激发了学生的表达欲望，推动了教学进程，实现学会换位思考、接纳不同、理解同伴的教学目标，巩固了同伴之间信任与友谊的发展。

当然，本节课也发生了一些小插曲，在故事分享时，当事人双方对矛盾点有一些争执，这非常考验干预者的教学机智。虽然在课上及时作了调节，但是干预者应该在课后再继续跟进，看看学生是否把握住了本课要点、是否学以致用。在接下来的课程中，实施者需进一步观察注意。

（四）心理健康教育干预活动实施四：培养团队合作能力、增强归属感

【教学时间、地点】初一：××××年××月××日，××时；初二：××××年××月××日，××时；实验班教室

【教学准备】PPT课件、传声纸筒、问题纸条。

【操作要点】

1. 传声筒内容是促进友情发展的简短话语；
2. 问话清单内容主要以预测同班行为为主，考验学生对同伴的了解程度。

【教学进行】

1. 热身活动：抓手指游戏

播放欢快音乐，玩暖身游戏，活跃班级气氛，根据干预者的口令完成动作。

游戏规则：以小组为单位，右手抓别人的左手，根据指令抓住对方的大拇指、食指、中指、无名指、小指。

2. 主题活动：传声筒

6～8人一组，每组从第一位同学开始往后传递一段话，看哪组传得又快又准。传声内容：

我的同伴是一个善良、真诚，值得我信任的人。

我的同伴非常可爱，他经常为我考虑，很了解我。

我的同伴很理解我，是我经常依靠的对象。

通过刚刚的传声游戏，老师发现同学们都能抓住关键词，完成内容的传递，从动作、神情来看也发现小组成员之间默契度极高，团结友爱，还相互监督别的小组有没有作弊。那看到纸条上的内容，同学们脑海里第一个浮现的小伙伴是谁呢？第一时间想到的这个人，在你心里是不是很重要呢？

3. 结束活动：我的伙伴我最懂

接下来老师发一个问话清单给大家，大家一起来填一填，看看你了不了解你脑海里的第一人。

分发问题清单：

你能预测到好朋友会点什么奶茶吗？

你能预测到好朋友会看什么电视吗？

你能预测到好朋友会买什么颜色的衣服吗？

你能放心地把事情委托给你的好朋友吗？

你放心你的好朋友知道你的秘密吗？

你会把你重要的东西给好朋友保管一阵子吗？

你的好朋友值得信赖吗？

你的好朋友非常可靠，你会感到骄傲吗？

1. 你能预测到好朋友会点什么奶茶吗？ 答：热的珍珠奶茶.
2. 你能预测到好朋友会看什么电视吗？ 答：《王牌对王牌》.
3. 你能预测到好朋友会买什么颜色的衣服吗？ 答：黑色和白色.
4. 你能放心的把事情委托给你的好朋友吗？ 答：能，因为她很有责任感.
5. 你放心你的好朋友知道你的秘密吗？ 答：知道我的所有秘密.
6. 你会把你重要的东西给好朋友保管一阵子吗？ 答：会．因为她很细心.
7. 你的好朋友值得信赖吗？ 答：值得．我的秘密她从来没有说出去过.
8. 你的好朋友非常可靠，你会感到骄傲吗？ 答：会．因为我认为有一个可靠的朋友会很自信．我也会很喜欢她的性格.

图 5－4　学生问题清单回答情况

干预者：通过问话清单的内容，老师看出大多数同学都能准确描述出同学的喜好，证明你们都是靠得住的好伙伴，老师希望大家在日常学习生活中要继续保持。

【教学总结】

本节课意在通过小组活动互动，增强学生的团队合作意识，体验与同伴合作的快乐情感，从而增强同伴间的信任。在传声筒环节小组配合默契，积极想办法传声，但也不乏作弊的小组，干预者的批评制止并未得到改变，这使得游戏的公平性受到了质疑，这警醒干预者要加强游戏规则的制定与严格执行。

在“我的伙伴我最懂”环节，同学们积极热情，在填完问题清单以后，积极分享自己对同伴的了解，感到自豪、开心，此环节既让分享者开心、骄傲，又让被分享者受到重视与被爱，增强了归属感与自信心。

（五）心理健康教育干预活动实施五：建立理性、合理的同伴信任系统

【教学时间、地点】初一：××××年××月××日，××时；初二：××××年××月××日，××时；实验班教室

【教学准备】爱心形便利贴纸、PPT课件、准备歌曲《青春修炼手册》。

【操作要点】

1. 本节课的导入、主题活动、结束3个部分都需要注重情感引导，在最后一次课中达到情感升华的效果；

2. 干预者提前学习手势舞蹈。

【教学进行】

1. 热身活动：我们来“商业互夸”

本环节让学生夸一夸自己的伙伴，详细描述伙伴是什么样的人，再由伙伴反过来夸一夸对方。

干预者：同学们，前面几次课程已经悄然离去，不知道大家是否记得我们学习了哪些内容，掌握了哪些小技能，明白了哪些道理，有没有帮助到大家呢？老师的课程有没有让你们和同伴的关系更加紧密了呢？你们有没有更加感谢自己拥有这么好的伙伴呢？请同学们来和老师分享一下，夸一夸你的小伙伴吧！（总结过去的几次课程，引导同学们感谢同伴，发展同伴之间的信任。）

2. 主题活动：我笔下的Ta

在互夸环节结束后，请同学们拿出一张纸以绘画的形式画一画自己的同伴，并且在旁边附上一些我对同伴的认识，一些简单的介绍。每组请一位同学上台绘画，绘画结束后，分享自己笔下的同伴。

3. 结束活动：一起唱《青春修炼手册》

分享结束后，播放歌曲《青春修炼手册》，全班同学一起唱歌，跳手势

图 5-5 实验班成员笔下的同伴

舞，可拥抱祝福。

干预者：经过这几次课程，老师能感受到同学们的团结友爱，能看到你们对同伴的热情与帮助，能从细节里感到你们都是很了解伙伴的，默默支持、默默对同伴好的小可爱。老师现在也祝愿你们：一直相亲相爱，相信你们的友谊。祝愿你们的友谊天长地久，希望你们以后都像向日葵一样，向阳而生。

【教学总结】

本节课依然是利用小游戏导入，通过同伴互夸，营造集体氛围，唤醒学生积极性。此外本节课的目的是帮助学生深化自我认识，帮助学生总结过去、体会现在、展望未来。使学生以一个积极的态度憧憬未来，在经过 5 周的主题活动课后，学生能够说出自己的心得体会，感受自己的变化、他人的变化。再者，帮助学生整理心态变化，检验自己的同伴信任是否发生改变，是否建立了不错的同伴信任系统，从而更好地适应社会。

不足是由于实习时间有限，对学生进行持续性的积极情绪培育的时间较短，学生还会存在一些难以调节自己情绪的情况发生，但是通过老师的引导和指点都能够有所体会。并且游戏环节由于时间、场地有限，无法请所有同学参与。

三、心理健康教育干预活动课的效果评价及分析

3 个月 5 次的同伴信任对自尊影响的心理健康教育课程干预实施之后，为了解和检验同伴信任对自尊影响的心理健康教育课程干预的效果，干预者对初一、初二年级的实验组与控制组进行了后测问卷的调查与访谈，从问卷调查的统计学数据对比的定量效果评估与分析、访谈的定性效果评估与分析两个方面进行效果评估。问卷调查采用了由伦佩尔（Rempel）和霍姆斯（Holmes）在 1986 年编制的《信任量表》以及由罗森伯格（Rosenberg）在

1965 年编制的《自尊量表》。

（一）统计学研究效果评估

干预者对初一、初二年级的实验组与控制组进行了前测、后测问卷统计结果的效果评估，具体如下：

1. 初一年级实验组与控制组前测、后测的均值变化

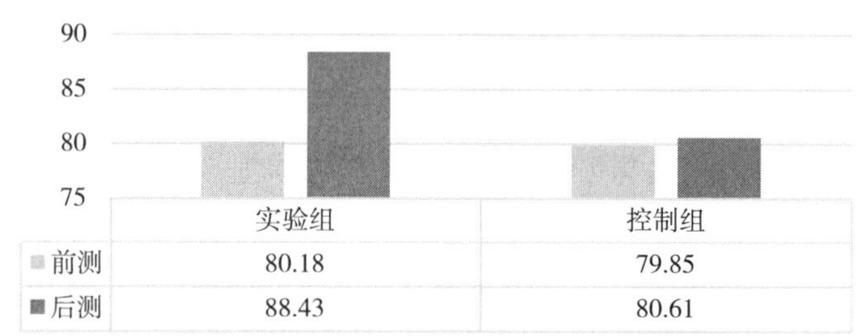

	实验组	控制组
前测	80.18	79.85
后测	88.43	80.61

图 5－6　初一同伴信任前后测均值比较（分）

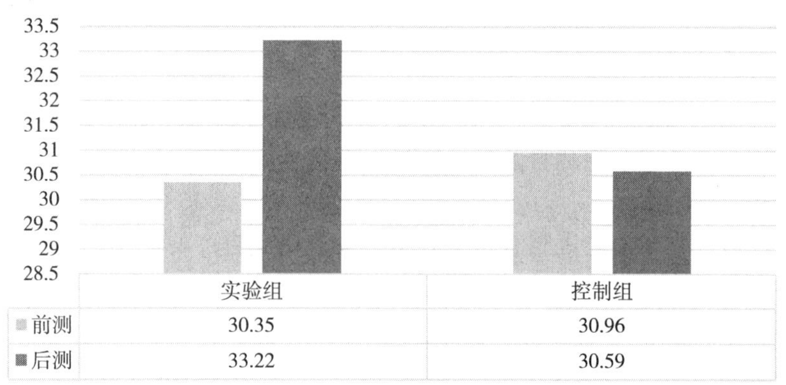

	实验组	控制组
前测	30.35	30.96
后测	33.22	30.59

图 5－7　初一自尊前后测均值变化（分）

从图 5－6 与图 5－7 中可以看出，初一实验组同伴信任均值与自尊均值后测明显高于前测，同伴信任均值后测比前测高 8. 25 分，自尊均值后测比前测高 2. 87 分。同伴信任心理健康教育干预课程实施后，实验组同伴信任与自尊的均值均得到了提升。这说明同伴信任对自尊影响的心理健康教育课程干预可有效提高初中生自尊水平与同伴信任水平。

初一控制组同伴信任均值与自尊均值的前测与后测得分无明显差异，同伴信任均值后测比前测高 0. 76 分，自尊均值后测比前测低 0. 37 分，控制组同伴信任与自尊均值无明显变化。

2. 初二年级实验组与控制组前测、后测问卷统计结果的效果评估

从图 5－8 与图 5－9 中可见，初二年级实验组同伴信任均值与自尊均值

后测明显高于前测，同伴信任均值后测比前测高 7.3 分，自尊均值后测比前测高 2.88 分，在同伴信任心理健康教育干预课程实施后，实验组同伴信任与自尊均值均得到了提升，验证了同伴信任对自尊影响的心理健康教育课程干预的有效性。

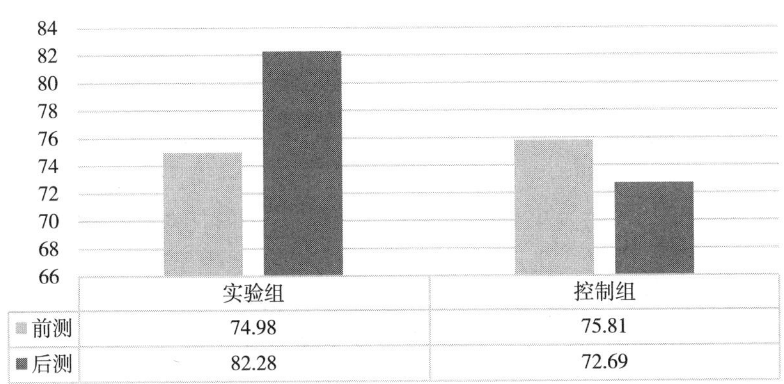

图 5－8　初二同伴信任前后测均值变化（分）

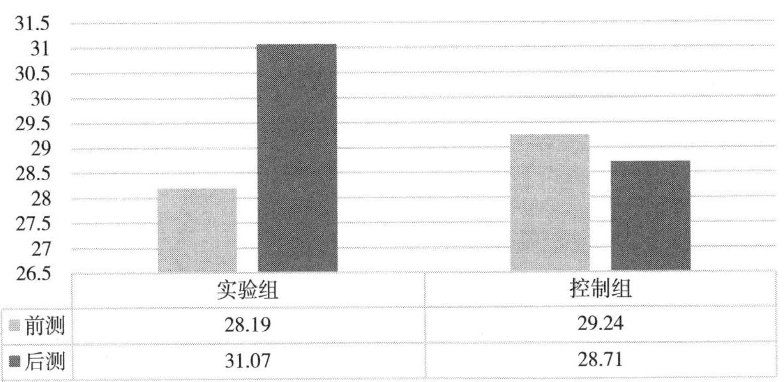

图 5－9　初二自尊前后测均值比较（分）

如 5－8 与图 5－9 所示，初二年级控制组同伴信任均值与自尊均值前测与后测有略微的降低，同伴信任均值后测比前测低 3.12 分，自尊均值后测比前测低 0.53 分。

3. 定量评估小结

（1）实验组前测、后测统计结果效果评估表明：初一、初二年级同伴信任水平与自尊水平得到了显著提升，验证了同伴信任对自尊影响的心理健康教育课程干预对于提升同伴信任水平与自尊水平的有效性。

（2）实验组与控制组后测统计结果效果评估表明：初一、初二年级实验组后测同伴信任水平与自尊水平显著高于控制组同伴信任水平与自尊水平，验证了干预者对实验组开展同伴信任对自尊影响的心理健康教育课程干预的有效性。

（3）控制组前后测统计结果效果评估表明：初一、初二年级控制组后测同伴信任水平与自尊水平无显著差异变化，验证了实验组受到干预后有显著变化。

（二）定性效果评估

从定量的角度进行统计结果的效果评估后，立足定量研究的基础上，干预者将通过深入访谈的方式，从学生、学生之间、教师及干预者本人 4 个角度出发进行定性研究的效果评估。多角度了解同伴信任对自尊影响的心理健康教育课程干预的效果，进而得出对心理健康教育课程干预的效果评估结论。

干预者针对初一、初二年级的实验组成员共 92 人发放 92 份访谈问卷，收回有效问卷 84 份；收集了 2 位实验组班主任教师的建议与评价以及干预者的总结与评价。

干预者对其进行了整理与总结。重点展示以下访谈内容，具体如下：

1. 实验组成员对课程的评价

在针对“在这几次心理健康课中，最吸引你的课堂活动是什么”的提问中，了解到初一、初二年级实验组成员对干预课程具体活动的喜爱情况，参见图 5－10：

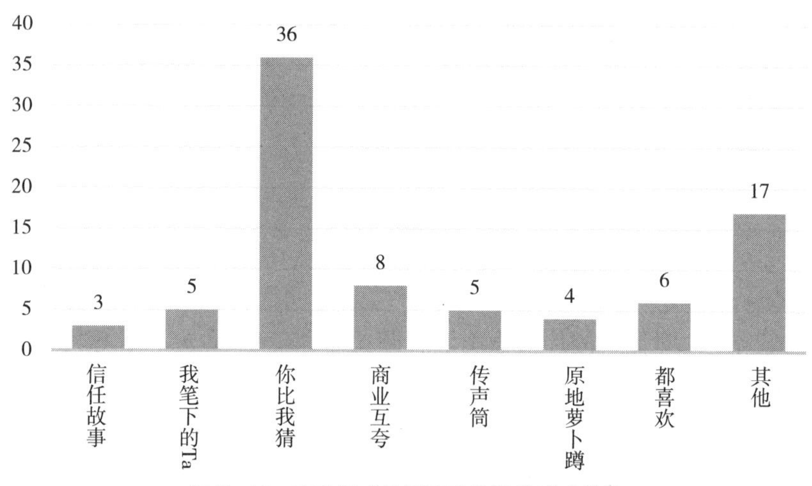

图 5－10　实验组成员最喜欢的课堂活动统计

从统计结果来看，填写“你比我猜”、“商业互夸”及“传声筒”等课堂主题活动的学生较多，他们更倾向于互动性较强的课堂主题活动。以“你比我猜”和“传声筒”为例，活动是分组完成，每个人都参与其中，对于学生来说参与感很强，同时也增强了学生与同伴的团队协作能力，在整个过程中还会有较强的归属感；在完成“比划”、“猜词”和“传声”后，也会获得相应的成就感。

（1）初一、初二实验组成员普遍反映课堂主题活动增进了他们与同伴的友谊

同学们反馈对“你比我猜”、“商业互夸”、“画画我的小伙伴”以及“传声筒”等课堂主题活动的喜爱与认同，同学们表示：

课堂的主题活动增强了他们与同伴间的信任，与同伴的默契值增加了，同学们也在良好的课堂活动氛围与有趣生动的主题活动中获得了良好的参与感且感受到自己的自信心有提升。心理健康教育课程有利于促进他们与同伴的交往。

（2）初一、初二实验组成员对心理健康教育干预课程的评分

从统计结果来看，提问：“满分 10 分，你给这几次心理健康课打几分？为什么？”64 人打 10 分，14 人打 9 分，对课程评价的满分率达到 76%，评分在 9 分及以上的达到 93%。这部分同学普遍表示喜欢这几次心理健康课程，认为课堂主题活动有趣、参与性强，也获得了许多心理健康的知识，认为和同伴的默契也增加了，也更肯定自己了，同时表示这几次心理健康课程让他们轻松愉快。而评分较低的学生表示了对课堂主题活动难度和课堂活动秩序的不满意。评分统计如图 5－11 所示。

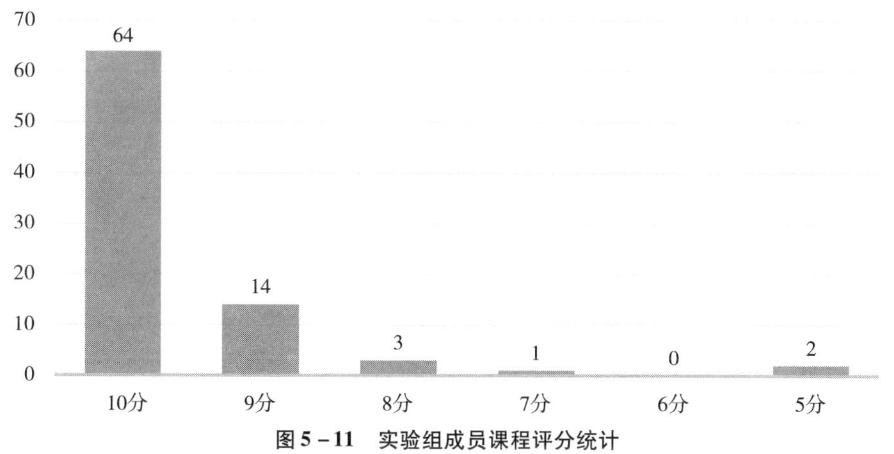

图 5－11　实验组成员课程评分统计

2. 实验组成员的自我评价

干预者对访谈问卷进行了整理与归纳，发现初一、初二年级实验组成员普遍反映在干预课程中收获颇多，且对自己的评价是积极和持肯定态度的。普遍反映自己与同伴的关系更好了，能够和睦相处，自己也变得更自信、更

乐观了，能够很好地与同伴沟通交流。他们在整体氛围中感受到温暖与关爱，在课堂上收获了丰富的心理健康知识。

从现场记录和文字感言来看，同学们在课堂上的神情、语言、动作都展现了他们对干预课程的喜爱。成员们都积极投入课堂活动中，真情参与，课程活动也激发了同学们的潜能，使他们抒发、表达了自己的感情，收获友情的同时也更肯定自己，丰富的课堂体验也使学生体验到生活的美好，鼓励自己做最好的自己。

对问题与回答情况整理总结如下：

问题1：通过这几次心理健康课程，你更信任自己的朋友了吗？体现在哪儿？

针对实验组成员对自己是否更信任自己的朋友的自我评价，干预者对其作了整理与归纳，发现实验组成员普遍表示自己更信任自己的朋友了，愿意把秘密分享给自己的朋友、愿意把重要的事放心交给朋友去做。要点总结及成员的文字表述具体如下。

愿意与自己的朋友共享信息：

学生1：有。和她的交流更深入了，分享的事情更多了。

学生2：有。我会把一些心中的烦心事向朋友倾诉，有时候会把一些秘密告诉朋友。

学生3：有。体现在我和朋友之间的小秘密变得更多了。

学生4：有的。我会把心里部分秘密和他说。

学生5：有。愿意将更多的心事向朋友倾诉。

学生6：我更信任自己的朋友了，体现在我会将一些事情告诉他。他也会将他的一些事情告诉我。

学生7：有！朋友每天和我交换小秘密，且不告诉他人。

学生8：有。现在可以把一些心里话告诉他。

学生9：是的。I can share everything with my friends. 我更喜欢交朋友了，我与班上同学相互帮助，互相成就。

愿意与自己的朋友共同行动、共同承担责任：

学生1：有。我会将重要的东西让她保管。

学生2：有。我会放心地借给他们书、笔记，完全不用担心会弄坏。

学生3：我更信任自己的朋友，体现在对待朋友的承诺。对他的承诺持有信任态度。

学生4：有。我遇到困难时她总会不顾一切地帮我。

学生5：有。体现在他无时无刻不提及我，在课上相互配合默契。

学生6：有。让她帮我带跳绳，她都会带。

学生7：更信任了。有一些事情乐意和她分享并一起解决。

学生8：有。我在忙时，可以把一些重要的事交给他做。

学生9：有。更信任了，体现在她会理解我了。当然，我也会理解她了。

学生10：有。体现在每一次外出活动，我们两人都配合得很好。

学生11：有。体现在她愿意将她最宝贵的东西交予我保管。

问题2：通过这几次心理健康课程，你觉得自己变得更好了吗？你更接纳、认同自己了吗？

针对实验组成员对自己是否变得更好了、是否更接纳，认同自己的评价，干预者对其作了整理与归纳，发现成员普遍表示自己变得更自信、更乐观了，认为自己在向更好的方向发展。要点总结及学生的文字表述具体如下。

自我接纳能力的提升：

学生1：我觉得我们都变得更好了。人是一个成长的过程，我们都在逐渐完善自己，变得更好。

学生2：我确实更接纳自己了。

学生3：从我记事开始，我就很自信，一直接纳自己。但经过这几次课程，让我更自信了。

学生4：我现在能接纳自己的不完美且改正了。

学生5：Yes，而且比以前更自信了。

学生6：能。因为没有人是完美的，只有接纳并不完美的自己，才能让自己更加努力、进步。

学生7：我更认同自己的优点，更接纳自己的不足。

学生8：我变得更加接纳和直面自己了。

人际交往能力的提升：

学生1：我觉得自己变得更好了，更加懂得了如何与人交流，更信任别人了。

学生2：有变化，也有变好，在交往中也更加密切了，不随意对朋友发脾气了。

学生3：我觉得自己变得更好了，更加懂得如何与人交流，更信任别人了。

学生4：我觉得自己在做人做事方面，对待挫折的态度有了很大的变化。

学生5：变得更好了，学会正确与他人交往了。

学生6：当然。变得更信任同伴，学会了从多方面看待问题。

学生7：自己变得更好了，自己的为人处世都进步了。

良好性格的转变：

学生1：变化很大，我开始认真关注我的心理健康，学习这方面的知识。

我变得大方、活泼、可爱。

学生2：有的。有变化了，会排解自己的闷闷不乐、难过。

学生3：我觉得自己变得更活泼了。我以前非常内向，是一个不敢和陌生同学说话的女孩，现在好多了。

学生4：本来我性格内向，社恐，现在快社交“牛杂”了。

学生5：emm……变开朗多了，之前经常emo。

学生6：更认同自己了。以前不接纳自己的性格，上了心理健康课后性格也变好了，学会接纳自己的优缺点了。

3. 他人评价

（1）实验组同学之间普遍反映感受到自己的同学变得更好了

同伴信任对自尊影响的心理健康教育课程干预结束后，实验组成员认为干预课程不仅对自己有帮助，对自己的同学也有帮助。经过5次心理健康教育课程的干预，他们能够感受到自己的同学变得更自信了，他们觉得同伴更好相处，更活泼、开朗了，大家也更团结了，给予了同伴积极肯定的评价；实验组班级的班主任也感受到了班上同学更加团结、默契，同学们更加自信、乐观，积极向上。

问题：通过这几次心理健康课程，你觉得你的同学变得更好了吗？他/她对同伴更加信任了吗？

针对实验组成员对同学是否变得更好、人际关系是否更融洽的评价，干预者对其作了整理与归纳，发现成员普遍表示同学们之间都更加相互信任和更加团结友爱了，感受到同学们都更加活泼可爱了。良好转变的总结与学生的文字表述具体如下。

人际关系更融洽了：

学生1：越来越信任身边的同学了，愿意和同学一起学习和相处，他变得更好了。

学生2：他们带的东西越好吃了，他们也和我越加亲密了，他们也越发自信了。

学生3：我觉得我的同学更信任他们的朋友，体现在他们愿为朋友付出。

学生4：有。何某与杨某、厉某下课就泡到一起了。

学生5：有。玩得更好了，同学之间互相帮助。

学生6：有。体现在平时的学校生活，我们之间的接触更多了。

学生7：有。她们每一天都亲密无间，几乎所有的秘密都与对方说。

学生8：当然，大家之间再也不会因为怀疑而起矛盾了。

性格更乐观外向了：

学生1：有。李某从内向变得外向了，何某也变得更自信了。

学生2：我觉得他变得更好了，更阳光了。

学生3：是的，他的性格更开放了。

学生4：有变得更好，她变得大方了，更接纳和认同自己了。

学生5：我觉得我的同学变得更好了，也更接纳自己了，对朋友也更信赖了。

学生6：许多不自信、不爱说话的人变自信了。

学生7：有。她变得更加自信了，更加向上了、乐观了，也更接纳自己了。

学生8：有。学习上更加自信了，行动上更笃定了，思想上更成熟了。

（2）实验组班主任对心理健康教育课程干预及干预者的肯定与支持

在本次心理健康教育干预课程实施的整个过程中，两个实验组班级的班主任也积极参与，因此干预者也将他们的评价与意见纳入了定性效果分析中。

初一年级实验组班主任表示：

2021年10月到12月，来我校实习的心理健康老师在我班实施了关于同伴信任主题类的课程干预，作为班主任是略带一些担忧和期待的，担忧的是干预老师选择我们班来实施干预课程。我担心班上孩子是否存在较大问题，不过还好有干预老师悉心地解释，让我放下心来。期待的是干预老师上完课后，能改善一些不好的情况！

我参与过课堂一次，暗中观察了两三次，发现孩子们在干预老师的课堂上热情好动，积极配合，课堂气氛活跃。我私下也会找班委了解具体情况。

这几个月，我发现班上孩子们越来越活泼了，互相帮助，团队合作精神也明显增强，脸上的笑容也变多了，胆小的同学也开始举手回答问题。越来越多的同学愿意来找我分享事情，找我帮忙解决问题。看着孩子们往好的方向发展，让我倍感欣喜。特别感谢干预老师的帮助，此次干预课程也让我意识到了心理健康对于孩子们发展的重要性，现在他们是初一，压力还没有那么大，到初中后期，学业上、同伴关系、师生关系可能会产生很多问题。我应该多学习心理学知识，和心理健康老师多合作学习，将学生问题防患于未然，如有问题及时发现并解决。

最后，衷心地感谢心理老师对班上学生的关心与帮助，感谢干预老师在课堂上的辛苦付出，教学成果有目共睹，孩子们变得越来越好！

初二年级实验组班主任表示：

我班学生现为初二年级，初二学习又增加了一门物理，学生的学业压力增加了不少，很多学生学业上有点儿吃力，考试不理想后情绪也不大好，同学之间也产生了不少矛盾！

这次心理老师的同伴信任主题课程帮我解决了不少问题。经过几次课程后，明显感觉班上氛围更和谐了，团体活动上，同学们表现得更好了、更团结了，发现他们学习也更有动力了，垂头丧气的面孔也减少了，会积极应对难题，哪怕没做好也继续努力，同学间也相互讲题。作为班主任，实在是欣慰!

非常感谢心理老师的帮助，教学成果显著，深受同学们的喜爱，也让我学习到了如何去关注孩子们的身心健康问题，让我明白抓成绩的同时更要抓学生身心的健康发展!

两位老师向实施者反馈到:

同伴信任对自尊影响的心理健康教育课程能有效减轻学生的心理压力，使学生得到放松，能在日常学习生活中使学生与同学友好相处，同学之间的关系更融洽，班级氛围更好，也能降低学生心理异常情况的发生率。两位老师在课后也积极向心理健康教师学习、沟通心理健康知识，认为心理健康课对学生的身心健康成长有很大帮助。

4. 干预者角度的评价与总结

首先，通过学生反馈以及学生的课堂表现可以看出，学生总体上对本次心理健康教育课程干预是比较满意的，干预者也认为这种团体性的心理健康教育课程辅导对他们人际的交往与互动起到了一定的积极作用，增强了参与者的体验感、归属感，帮助参与者完善自我发展。其次，通过实验组教师的积极反馈、高度的认可可以在一定程度上验证同伴信任对自尊影响的心理教育课程干预的有效性。最后，干预者对干预课程的设计丰富有趣，参与性强，且通俗易懂。让学生们在游戏活动中掌握人际交往的技巧，学习与同伴相处的技能，收获成功与喜悦，增强自信心，从而提升自己的同伴信任水平与自尊水平。

总的来说，初一、初二年级实验组同伴信任与自尊水平得到了良好的转变与发展，这对于干预者设计的课程方案、实施以及对学生的帮助给予了肯定。

干预者在课程实施中和实验组成员们建立了深厚友谊，感受到了他们在同伴交往中、自我评价及自我表现中的明显变化。深切感受到了他们更加勇敢、自信，更爱表达自己了；和同伴的感情更融洽了，配合度、默契度得到了提升。由此也可以看出针对初中生设计的同伴信任对自尊影响的心理健康教育课程取得了明显的有效性，干预者也在实施过程中和成员们一起成长。

5. 定性评估小结

实验组成员普遍反映在心理健康教育课程干预中收获颇多，同时也表达了对心理健康教育课程干预的喜爱。给予自己积极肯定的自我评价，认为自己的同伴关系变得更好，也更自信了。主要表现在：愿意与自己的朋友信息共享，愿意与自己的朋友共同行动、共同承担责任，人际交往能力、自我接纳能力得到提升。

实验组同学之间普遍反映感受到自己同学的明显变化，认为同伴变得更活泼、开朗了；认同心理健康教育课程干预对他们的帮助。主要表现在：人际关系更融洽了、性格更乐观外向了。

实验组班主任给予心理健康教育课程干预及实施者的肯定与支持。

干预者对心理健康教育课程干预实施的认真与负责，为心理健康教育课程干预的有效性做了强有力的保障。

四、心理健康教育干预活动课的总结

（一）心理健康教育课程干预有效性的总结

1. 心理健康教育课程干预对初中生自尊水平提升的有效性

通过实验组与控制组前测、后测数据对比分析可知，实验组与控制组自尊水平差异显著，说明同伴信任对自尊影响的心理健康教育课程干预可以有效提高初中生自尊水平，这对于提升学生自尊水平来说是一种有效的干预形式。自尊对于个体而言的意义是：清楚地认识自己，并且能够肯定、相信自己的价值，接纳自我，提高自我抗挫能力，促进自我完善与发展。心理健康教育课程干预是团体辅导的一种形式，心理健康教育课程也是基于这样的理念基础，通过团体内的人际交互作用，促使学生在这个过程中观察、学习及体验认识自我、探讨自我、接纳自我，建立积极态度和自信，以达到学生身心健康发展的效果。

在心理健康教育课程干预之前，学生多有敏感、多疑、自负、自卑心理等问题，对自己的评价消极、否定，不自信。而在心理健康教育课程干预的过程中，干预者借助团体环境，营造温暖、和谐的氛围，让成员在课堂活动中获得积极的情感体验，感受到同伴的支持与肯定，明确成员自身资源，增强寻求改变的意志，提升自我价值感，能给予自己积极肯定的评价，并能在生活中进一步实践，从而提升学生的自尊水平。

2. 心理健康教育课程对初中生同伴信任水平提升的有效性

通过对实验组与控制组前测、后测数据对比分析可知，实验组与控制组同伴信任水平差异显著，说明同伴信任对自尊影响的心理健康教育课程干预可以有效提高初中生同伴信任水平，有效促进学生同伴关系的发展，减轻学生敏感、多疑的心理，解决学生人际不和谐问题，调整和完善与他人的关系，建立良好的同伴关系。从定性研究的效果评估来看，干预课程也有效增加了实验组成员之间的默契度，使得学生更加团结友爱，促进了学生人际交往的发展。

（二）心理健康教育课程干预作用的总结

1. 干预课程为学生心理健康发展中普遍存在的同伴信任、自尊问题提供了有效的解决方法

从干预效果的分析中可以发现，针对学生进行的同伴信任对自尊影响的心理健康教育课程干预达到了较好的干预效果，通过同伴信任可以有效提高自尊水平。通过团体心理辅导的心理健康主题教育活动能够帮助青少年在人际互动作用下，学会和同伴交往，建立和谐的同伴关系，重建理性认知，在人际交往中学会认识自我、增强自我归属感和认同感、调整和改善与他人的关系、建立积极态度和自信，以达到青少年身心健康发展的效果。

2. 心理健康教育课程干预拓展了心理健康教育活动的途径，对一线教师具有借鉴和启发作用

干预者采用团体心理辅导活动中的心理健康教育课程进行干预，比起个案辅导中针对存在严重心理问题的个体辅导来说，省时省力，高效易操作，发挥团体动力感染力强、参与感强的作用。同时，在人际交往中学会认识自我、增强自我归属感和认同感，帮助个体完善自我发展。

初一、初二年级的同伴信任使自尊影响的心理健康教育干预课程取得了不错的干预效果。这对于一线心理健康教师来说具有一定的借鉴意义，可以直接使用到一线教育课堂中，同时有利于启发一线教师针对当下学生存在的心理问题开发新的干预课程，促进学生心理健康发展，丰富学校心理健康教育课程内容，促进初中生心理健康的发展。同时，值得推广到该校其他班级和年级使用，或者可推广到当地其他中学使用，促进区域化青少年心理健康的发展；心理健康教育课程干预的有效性也具有较高的实践教育价值，针对学生普遍存在的问题，还可推广应用到心理健康教育师资匮乏和偏远山区的学校，提升学生同伴信任水平与自尊水平，促进学生心理健康发展与健全人格的形成。

3. 多角度的心理健康教育课程干预实施后的效果评价方式，对心理健康教育课程的设计及实施具有借鉴作用

干预者对心理健康教育课程进行了统计学数据对比效果评估与分析、访谈的效果评估与分析以及从干预者的角度进行的效果评估与分析，内容丰富而翔实，进行心理健康教育课程设计与实施时，值得借鉴参考。

4. 心理健康教育干预活动具有加强初中生自我强化能力的作用

初中时期的学生存在较大的个体差异，在学校与同伴之间发生一些矛盾

与争执是不可避免的，学生应学会正确地看待问题，相信自己的同伴，以正确的方式去看待和处理不愉快，注重交友质量，学会有效沟通，主动化解矛盾，建立和谐的同伴关系。同时，学会克服自己的自卑或恐惧心理，为自己多争取机会，表现自己，表达自我。不轻易去否定自己的价值，发展自己的兴趣爱好，树立自己的生活学习目标，能在孤独中反思自我、认识自己，丰富自己的精神世界，完善自我。学会用身体和心灵去感受世界的丰富多彩，感受个体与个体之间的差异，增长见识，扩大自己的胸怀，学会包容。树立自己的人生理想更有利于学生寻找自我价值，也能在实现理想的过程中学会肯定自己。

5. 促进学校与心理教师切实开展心理健康教育工作

在设计同伴主题的心理健康课程方案与团体活动辅导方案时，要与学生相匹配，注重男女生身心特点，注重年级差异，同时也要考虑到自身对课程与活动的驾驭能力。在实施上要将资源利用最大化、最优化，要在学生的日常学习生活中贯穿心理辅导。学校政务、班主任及心理健康教师要多方合作，建立平台，使学生能在实际的日常学习生活中学习社交技巧，从而完善自我的发展。

6. 普及任课教师与家长的心理健康知识，有利于完善家校合作机制

初中生在学校面临的两大关系是同伴关系和师生关系，老师经常被学生视为榜样，所以教师应加强自身修养，带给学生正确的人际交往观以及良好的自我认同感，多鼓励、肯定学生。作为教师，尤其是班主任，应该多学习心理健康知识，多观察学生，学生有问题时能第一时间发现，给予帮助。同时，教育合力需要学生家长的帮助与支持。学校要积极引导家长不能只关注学生的学业成绩，还要关注学生身心是否健康成长；多考虑学生的想法，多和学生交流，多鼓励学生去发展自己的爱好，多了解学生在学校的情况，多与老师交流沟通；若有问题要及时了解、发现，合理解决问题。

第六章 初中生“自我成长与社会适应”的心理健康教育干预活动辅导

一、心理健康教育干预活动课的设计

此心理健康教育课程的设计以积极心理学理论、团体动力学理论以及自我成长的干预课程理论为理论基础，以学生为主体，满足学生的整体特点与发展需要，以提升学生的自我成长——就是以使学生变得更加乐观、自信、有韧性、充满希望为总目标，以减少负性生活事件对学生的不利影响为分目标，进行心理健康教育课程干预的设计。

本次课程设计内容涵盖方案理念、教学目的与规划及具体教学内容等。心理健康教育课程设计方案完成之后，对被试人进行心理健康教育课程干预的实施，目的是解决调查后初中生所存在的问题，提升他们的自我成长水平，减少负性生活事件对他们的不利影响，进而提高他们的学校生活满意度。

（一）心理健康教育干预活动方案一：适应初中新生活，对未来充满希望

【教学对象】初一实验组班级

【教学计划学时】1 课时

【设计理念】

当同学们受到“健康与适应”方面的负性生活事件困扰时，将采用自我成长里的“希望”来干预。让他们更好地熟悉学校的生活环境，告别过去的生活，进而适应新的生活，并对新生活充满希望，有新的生活目标与方向。

【教学目的】让学生适应新环境，体验新环境带来的快乐。热爱校园，调整好心态，对新的学习生活充满目标和希望。

【教学目标】

1. 在课程开始时首先通过游戏来引入主题，引起学生的兴趣，使学生积极地参与课堂活动；

2. 通过看图片以及交流讨论可以让同学们更加深入地了解学校的环境，

了解学校的人文，更加喜爱自己的学校，喜欢在学校的生活；

3. 帮助同学们明确自己的目标，教会同学们在制定目标时要知晓区分轻重缓急，并在确定了自己的主要目标后要全身心地去实现自己的目标。

【教学重难点】

1. 重点：让学生更加熟悉学校的各种环境，并让他们掌握适应环境的能力和方法。热爱校园，增强责任感。

2. 难点：让学生更好地适应新生活，对新生活充满希望，有新的生活目标与方向。

【教学内容】

1. 热身活动：当规则改变时（10 分钟）

让学生进行反指令行动。如，老师说：“请把你的手举过你的头。”学生不应该举手。老师说：“你必须举起你的左手。”学生应该举起右手。

2. 主题活动一：爱我校园（10 分钟）

（1）教师提前拍好一些校园图片，并用 PPT 来展示，学生一起来猜猜图片上的地方是哪里。

（2）让学生回答一些关于学校人文方面的问题。如：

我们学校有校训吗？是什么呀？

学校的校徽是什么样子的？

我们学校有校歌吗？有没有同学会唱呀？

（3）请大家以小组为单位，讨论自己最喜欢学校哪个地方。讨论结束后在全班分享。

3. 主题活动二：告别过去（10 分钟）

（1）教师讲授高僧的故事。

（2）书写活动：你可能有过成功或遗憾，但那些都已经过去了。现在请大家在纸上写下你的过去，如你曾经的学校、班级、过去的成就、所获的奖励或遗憾等。

4. 结束活动：目标搜索（10 分钟）

请同学们在纸上写出自己最近要完成的 5 件重要的事情（可以是学习、友情、娱乐等各方面的事情）。

【教学形式】活动法、讨论法、讲授法。

（二）心理健康教育干预活动方案二：乐观面对学习压力

【教学对象】初一实验组班级

【教学计划学时】1 课时

【设计理念】

当同学们有"学习压力"的负性生活事件困扰时，将采用自我成长里的"乐观"来进行干预。培养学生积极乐观的品质，有利于缓解他们的焦虑，减少他们的学习压力，放松他们的身心，让他们可以以更好的情绪和精气神来进行学习。

【教学目的】培养学生积极乐观的品质，用合理的方式消除消极情绪。让学生学会自我调节，以更积极的心态去发现和寻找生活乐趣。

【教学目标】

1. 通过表演和画画的形式，让学生切实体会各种各样的情绪在人脸上是怎样生动地呈现出来的，让学生可以更加直观地感受到各种情绪；

2. 学生明白万事万物都具有双面性，我们不能只看到不好的一面，更要看好的一面，才能让我们更加快乐，能在一切萧条里看到希望。

【教学重难点】

1. 重点：学生了解调节自己情绪的必要性以及在情绪不佳时可以主动地调节自己的情绪。

2. 难点：学生可以发现自己生活中的快乐，培养学生积极乐观的生活态度，让学生拥有健康的心理。

【教学内容】

1. 热身活动：体验音乐，导入新课（5 分钟）

（1）欣赏歌曲《幸福拍手歌》；

（2）分享感受；

（3）合着节拍做动作；

（4）再次询问同学，分享感受。

2. 主题活动一：认识情绪（15 分钟）

（1）情绪表演；

（2）画情绪脸谱。

3. 主题活动二：唱反调游戏（10 分钟）

教师出示问题，同学们来唱反调，要说出和原始问题不同的看法，必须要在结尾加上"太好了"。

4. 结束活动：击鼓传花（10 分钟）

当拍桌子的声音停下来的时候，玩偶在谁那里，谁就起来给大家分享一下最近生活中发生的让你觉得快乐的事。

【教学形式】活动法、讲授法、演示法。

（三）心理健康教育干预活动方案三：自信面对批评和惩罚

【教学对象】初一实验组班级

【教学计划学时】1 课时

【设计理念】

当同学们被“受处罚”的负性生活事件困扰时，将采用自我成长里的“自信”来干预。在心理健康测量标准中一个重要方向就是自信，这也关系到人生成功与否，充满自信的心灵将让受处罚的人更好调适自己，找到自我的闪光点、自我的价值，不沉浸在当时的错误里，陷入深深的自责之中。

【教学目的】同学们可以认识到自信心的重要性，正确理解自信，通过练习逐步提升自信。

【教学目标】

1. 帮助同学们认识自信心的重要性；
2. 帮助同学们正确理解自信心；
3. 帮助同学们通过练习逐步提升信心。

【教学重难点】

1. 重点：同学们可以真正理解什么是自信，认识到自信心的重要性，自信心带给我们的好处有哪些？

2. 难点：同学们掌握提升自信的方法，通过练习逐步提升自信心。可以拥有自信，不会妄自菲薄，不会因为自己受了一些处罚而全面否定自己。

【教学内容】

1. 热身活动：游戏导入“10 秒钟鼓掌次数”（3 分钟）

现在请几位同学到讲台上来，挨个询问同学：你认为你 10 秒钟能鼓掌多少次？现在请你给自己估计个数字。再请几位同学分别来帮他们数数。

2. 主题活动一：故事引入（5 分钟）

讲授故事《父亲与儿子》，引入主题。

3. 主题活动二：认识自信（7 分钟）

教师提问关于自信的问题，学生思考，集体讨论，教师讲授自信的人的特质。

4. 主题活动三：自信心训练（20 分钟）

活动戴高帽子，讲班尼斯特的故事，教师讲授我们如何才能拥有自信。

5. 结束活动：我真的很不错（5 分钟）

一起来跳手语操：《我真的很不错》。

【教学形式】讲授法、活动法、案例分析法。

（四）心理健康教育干预活动方案四：坚韧不拔，面对失去

【教学对象】初一实验组班级

【教学计划学时】1 课时

【设计理念】

当同学们遇到“丧失”的负性生活事件时，选择用自我成长里的“韧性”来对它们进行干预。当我们失去了一些无法挽回的东西时，只有培养自己坚韧的品格才能渡过难关，珍惜自己眼前拥有的东西，才能从伤痛中更好地走出来。

【教学目的】当挫折来临时，当失去已经发生，怨天尤人不如珍惜拥有。帮助学生以积极坚韧的心态去面对挫折，认识挫折和困难的价值，学会正确地面对挫折和失去。

【教学目标】

通过辩论赛让学生深刻地认识到挫折的两面性，辩论赛还可以提高学生的思辨能力、语言表达能力。

【教学重难点】

1. 重点：帮助学生以积极坚韧的心态去面对挫折，认识挫折和困难的价值，学会正确地面对挫折和失去。

2. 难点：让同学们真正体会“珍惜拥有，为所当为”，并内化为自身精神追求，将之作为应对挫折等负面事件的良药，养成乐观心态和坚韧品格，使他们在今后的学习生活中也能渡过难关。

【教学内容】

1. 热身活动：坐在你身边的是谁（5 分钟）

（1）左邻右舍；

（2）前簇后拥；

（3）左邻右舍，前簇后拥。

2. 主题活动一：心灵启迪（5 分钟）

教师讲授肯德基创始人的故事。

3. 主题活动二：艰难困苦，玉汝于成（15 分钟）

辩论赛：正方——挫折对我们弊大于利；反方——挫折对我们利大于弊。

4. 结束活动：生命资产存折（15 分钟）

请大家现在把自己的生命资产存折一一列举出来。

例如生命资产可分为人与物两大类：你的亲人、你的朋友、你的老师同学、你的健康、能力、学识、兴趣爱好、玩具、宠物等。

完成后请学生分享。

【教学形式】讲授法、活动法。

（五）心理健康教育干预活动方案五：怎样更好地进行人际交往

【教学对象】初一实验组班级

【教学计划学时】1 课时

【设计理念】

初中生在遇到“人际交往”方面的负性生活事件时，一般是关于同伴之间的，所以设计了这节课来更好地提高同学们的人际交往能力，提高他们的倾听与沟通能力，减少人际关系间不必要的矛盾甚至冲突，使他们的人际关系更加和谐。

【教学目的】提高学生人际交往的能力，让学生认识倾听的重要性，帮助学生创建良好的人际关系。培养学生善于理解他人、豁达的美德。

【教学目标】通过游戏让学生认识到在和朋友的交往中需要我们积极地伸出双手。

【教学重难点】

1. 重点：认识人际交往的重点，使他们学会良好的倾听和沟通技巧，提高人际交往的能力。

2. 难点：培养同学们善于理解他人、豁达的美德。使他们的人际关系更加的和谐，减少不必要的矛盾甚至冲突。

【教学内容】

1. 热身活动：黑熊和棕熊赛蜜（5 分钟）

听到“蜂蜜”时，男同学起立，女同学坐着。每当听到“蜜蜂”时，女同学起立，男同学坐下。

2. 主题活动一：谁能听我说（13 分钟）

教师讲授小 A 的故事。

同学讨论：大家觉得这些人在好好听小 A 讲话吗？小组讨论刚刚那几位同学的倾听行为在向小 A 传递什么样的信息？

3. 主题活动二：呼唤我的名字（9 分钟）

教师每次随机抽取 6 名同学到讲台上来，让他们一同背对着大家面向黑板。教师发出开始的指令后，全班同学必须保持安静，想要发言的同学举手示意，得到老师的同意后喊出台上一位同学的名字：“某某，快下来！”（喊的时候可以用方言、变换声调等），台上的同学必须猜出来刚刚呼唤他的人是谁，猜出来就可以从讲台上下来，猜错就继续留下。

4. 主题活动三：人际迷思（3 分钟）

教师出示一些同学们常咨询的关于朋友之间人际关系的问题，引发同学们的思考，使同学们都能拥有一个良好的交友心态。

5. 结束活动：心理帮帮忙（10 分钟）

事件背景：许多和陈点是好朋友，因为王朵，他们之间产生了误会，失去了友谊。

教师提问：故事中两个原本亲密无间的好友为什么突然闹掰了？运用这节课上总结出的沟通方法帮帮短剧中的同学解决问题。

【教学形式】游戏法、讲授法、案例分析法、讨论法。

二、心理健康教育干预活动课的实施

在心理健康教育课程设计结束后，本研究将展开心理健康教育课程干预实验研究法的实施。首先在初一年级中选择负性生活事件水平最低的班级（负性生活事件得分为56.63分）作为实验班（52人），然后选出与实验班在人数以及负性生活事件、自我成长的统计学数据调查结果差异不大的班级作为对照班（53人）。实验班接受5次提升自我成长的心理健康教育课程干预，对照班不进行任何关于自我成长的心理健康教育课程干预。

（一）心理健康教育干预活动实施一：适应初中新生活，对未来充满希望

【教学时间、地点】××××年××月××日，××时；实验班教室

【教学准备】收集校园环境图片及人文知识，制作课件，若干纸张，盒子。

【操作要点】

在导入游戏时注重学生的纪律，让他们可以听清楚教师发出的指令。在告别过去目标搜索活动时引导学生积极动手写下自己的思考。

【教学进行】

1. 热身活动：当规则改变时（10分钟）

游戏规则：给所有的学生下达指令，学生做相反的事情。例如，老师说："请把你的手举过你的头。"学生不应该举手。老师说："你必须举起你的左手。"学生应该举起右手。

请学生思考：大家在做这个游戏时，错误多吗？为什么会这样呢？

教师总结：大家错误变多是很正常的。当规则改变之后，我们就会容易犯错。我们进入新的环境后，就必须要去适应新的规则。先让我们一起从适应环境开始，去更好地适应我们的初中新生活吧。

2. 主题活动一：爱我校园（10分钟）

教师引导：大家来到我们的新校园也有将近一个月的时间了，但是大家平时好好观察过我们的学校吗？下面这个活动就让大家一起来更好地认识一下我们的校园。

（1）教师提前拍好一些校园图片，用 PPT 来展示，学生一起来猜猜图片上的地方是哪里。

（2）让学生回答一些关于学校人文文化的问题。如：

我们学校有校训吗？是什么呀？

学校的校徽是什么样子的？

我们学校有校歌吗？有没有同学会唱呀？

（3）请大家以小组为单位，讨论自己最喜欢学校哪个地方。讨论结束后在全班分享。

教师总结：大家刚刚又更深入地了解了我们的学校，现在大家有对校园感到更熟悉、更亲切吗？

3. 主题活动二：告别过去（10 分钟）

教师讲授：高僧的故事。

教师提问：有同学知道这个寓言告诉我们什么道理吗？“该放手时要及时放手。”

书写活动：你可能有过成功或遗憾，但那些都已经过去了。现在请大家在纸上写下你的过去，如你曾经的学校、班级，过去的成就，所获得的奖励或遗憾等。

学生书写。

书写完毕后学生把纸放进告别盒子，教师回收。

教师总结：亲爱的同学们，过去已经过去了，我们还拥有未来。请大家从今天开始好好调整自己，让我们一起寻找新的生活方向。

4. 结束活动：目标搜索（10 分钟）

操作程序：

请同学们在纸上写出自己最近要完成的 5 件重要的事情。

现在突然发生了一些事情阻挡了你的脚步，你必须在刚刚写下的 5 件事情中划去 2 件，你会划掉哪 2 件呢？划掉后你有什么样的感受呢？

接着又发生了一些意外情况，你必须再次划掉其中的 1 件事情，如今你的心里又有着什么样的感觉呢？现在，意外情况再次发生，你还必须抹掉其中的 1 件事情，你会划掉哪件呢？

现在大家请看向自己手中的这张纸，现在那里只剩最后 1 件事情了，这件事情就是对你来说最重要的事情，也是你近期内最想做的，你目前最主要的奋斗目标。

教师总结：同学们，刚刚大家都已经找到了自己的目标。新的学期新的开始，让我们一起努力实现自己的目标，向着新生活迈进吧！

【教学总结】

第一堂课刚刚与同学们见面，同学们都比较新奇与兴奋，发言非常积极活跃，就是在纪律维持上稍稍欠缺了一点。对于学生来说，心理课轻松愉快，无须考试，没有压力。心理课又有着许多的活动与游戏，这就导致了心理健康教育课程的纪律比较难以维持。学生们七嘴八舌，教室里乱成一团的话，课程也就很难顺利地开展下去。而心理教师也不能过于严厉，这样会导致学生不敢畅所欲言，无法表达出他们内心最真实的想法。所以作为一名心理老师，如何管理好课堂纪律，是一件十分重要又并不轻松的事情。心理教师应该在第一节课时就树立好威信，强调纪律与规矩，告诉学生可以知无不言、言无不尽，但必须要在适当的时候。其他时候必须保持安静，认真倾听，这是对自己、对老师和对身边同学的尊重。

在目标搜索活动时，有的同学难以抉择，不会立刻根据提示划掉自己的目标，这是没有关系的。这个活动的目的就是让同学们自己去探索自己内心最真实的想法，教师适当引导就好，要以学生为主体，不要强求学生去写下那些他们本不想完成的目标。

（二）心理健康教育干预活动实施二：乐观面对学习压力

【教学时间、地点】××××年××月××日，××时；实验班教室

【教学准备】《幸福拍手歌》视频、制作课件、情绪卡片、一个玩偶。

【操作要点】

在开展“情绪表演”活动时要多引导鼓励学生不要害羞，大方地去做出表情。最后的击鼓传花活动一定要注意课堂纪律的维持，在进行这个活动时同学们会非常的兴奋，纪律维持不好的话就无法听清被传到的学生的发言。

【教学进行】

1. 热身活动：体验音乐，导入新课（5 分钟）

欣赏歌曲《幸福拍手歌》

在今天的课程开始前老师先和同学们分享一首歌曲《幸福拍手歌》。

分享感受

同学们，在听这首歌的时候你有什么样的感受吗？有没有同学来给大家分享一下？

合着节拍做动作

现在请同学们跟着这首歌的节拍，一起来拍拍手、跺跺脚，再来感受一下这首歌所带来的愉快情绪吧！

再次询问同学，分享感受

教师总结：同学们，感觉如何？是不是非常的快乐幸福？每个人都想一

直这么快乐，但是喜忧参半才是人生啊，我们除了快乐，还会有各种各样的情绪，下面就让我们来一起认识一下这些情绪吧。

2. 主题活动一：认识情绪（15 分钟）

情绪表演：

教师引导：下面老师请几位同学上台，根据老师手中的提示来表演情绪，其他同学猜猜他们表演的分别是什么情绪。

几位学生上台演绎：高兴、恐惧、失望、发怒、兴奋、悲痛、着急、难过、平静、紧张……

教师引导：同学们表演出了我们人类具有的许许多多的情绪，其中最基本的 4 种基本情绪分别是：喜、怒、哀、惧。

画情绪脸谱：每次请 4 名学生分别在黑板上画出喜、怒、哀、惧 4 种情绪脸谱，画完后大家比较脸谱的异同点。

3. 主题活动二：唱反调游戏（10 分钟）

游戏规则：教师出示问题，同学们来唱反调，要说出和原始问题不同的看法，必须要在结尾加上“太好了”。

考试失败是不好的。（比如“考试失败太好了，可以让我体会到失败的感觉，让我知道错误的地方，为以后的进步奠定基础。”）

被老师批评，很沮丧。（比如“被老师批评太好了，老师是在关心我，并且老师可以帮我指出我的不足，让我能更好地进步。”）

我个子矮，很自卑。（比如“个子矮太好了，我看不清黑板就可以坐在前面听讲了。”）

4. 结束活动：击鼓传花（10 分钟）

游戏规则：当拍桌子的声音停下来的时候，玩偶在谁那里，谁就起来给大家分享一下最近生活中发生的让你觉得快乐的事。

教师总结：听同学们分享了这么多的快乐之后，我也感到非常的开心。快乐可以是我们生活中的任何一件小事，比如喝到一杯好喝的奶茶，比如今天的阳光很好，比如今天穿了一件好看的新衣服，等等。快乐不需要我们去取得多么大的成就，快乐就藏在我们的生活之中。最后，请大家一起来赏析一首小诗——《改变自己》。

【教学总结】

这节课是一节比较欢乐的课，同学们都非常的开心，尤其是画情绪脸谱活动和“击鼓传花”活动大家都积极参与。同学们画的情绪脸谱非常的惟妙惟肖，在“击鼓传花”时分享的生活中的快乐小事也各不相同并且都能打动所有人。同学们在互相交流分享中也发现了很多令自己感到幸福的事情，发现了生活中的美好。

在唱反调游戏里同学们的思维也都非常的活跃，想出了很多新鲜的反驳的例子，这个游戏让同学们明白“塞翁失马，焉知非福”。万事万物都具有两面性，乐观地去看待一切事物，就会觉得生活明朗，万物可爱。

（三）心理健康教育干预活动实施三：自信面对批评和惩罚

【教学时间、地点】 ××××年××月××日，××时；实验班教室

【教学准备】 制作课件、秒表、一顶帽子、《我真的很不错》视频。

【操作要点】

在开展戴高帽子活动时注意一定要引导学生真诚地说出台上同学的优点，如果把握不好的话有可能会变成对同学的伤害。

【教学进行】

1. 热身活动：“10 秒钟鼓掌的次数”（3 分钟）

教师引导：现在请几位同学到讲台上来，挨个询问同学：你认为你 10 秒钟能鼓掌多少次？现在请你给自己估计个数字。再请几位同学分别来帮他们数数。

10 秒钟过后，将学生实际鼓掌次数与他们之前预估的鼓掌次数作比较，结束后采访学生，让学生谈谈自己的感受。

教师总结：大家是不是惊奇地发现自己低估了自己的能力？绝大部分人在事情开始前都会低估自己的能力，所以自信很重要，自信很必要！

2. 主题活动一：故事引入（5 分钟）

讲授故事《父亲与儿子》，引入主题。

集体讨论：

为什么之前普普通通的儿子突然间就变得英勇无比了？

为什么勇猛的儿子在战争快要结束的时候牺牲了呢？

教师总结：这里儿子的表现与他的自信程度密切相关，儿子自信的时候就英勇无比，不自信的时候甚至丢失了性命，所以自信对于我们每个人来说都真的很重要，我们这节课就来学习如何拥有自信。

3. 主题活动二：认识自信（7 分钟）

教师提问：

同学们，什么是自信呢？

自信是自己相信自己吗？

大家觉得故事里的儿子具有打胜仗的实力吗？他觉得自己有这个实力吗？他自信吗？

教师提问：

你是自信的人吗？

老师对你说话时，你是否会感到有些紧张？

你对自己的学习成绩满意吗？

犯了错误之后，你会时常去回想，感到十分自责吗？

你觉得自己将来会成为一个什么样的人呢？会过得不错吗？

教师讲授：

自信的人敢于表达自己与众不同的看法和意见，他们不仅能发现自己的优点，也能够真心地去发现和赞美别人的优点，他们也不会永远都乐观积极，他们偶尔也会展露出自己消极脆弱的一面，重要的是他们还能认识到自己的错误，能够谦逊地接受合理的批评。

4. 主题活动三：自信心训练（20 分钟）

活动：戴高帽子

规则：教师随机抽取一名同学到讲台上来给他戴上高帽子，其他同学一起来说一说这位同学的长处。

询问台上的同学：当别人说到你的优点的时候，你有何感想？

教师讲授：“班尼斯特的故事”。

教师提问：请问班尼斯特为什么能打破世界纪录？

教师讲授：我们如何才能拥有自信？

更多地关注自己的优点，不要总想着自己的不足。

练习当众发言。

自我欣赏与自我激励。

挑显眼的位置坐。

练习正视别人。

5. 结束活动：我真的很不错（5 分钟）

一起来跳手语操《我真的很不错》。

教师总结：这节课就是要让大家认识到自信的重要性。

【教学总结】

由于这节课设计了两个故事，同学们觉得过多的故事会降低自己对课堂的兴趣，并且每次故事结束后的问题有机会可以回答的学生人数比较少，无法让全班同学都很好地参与进来。

同学们都普遍更喜欢活动多一些，在 10 秒钟鼓掌次数活动中，上台来的同学都取得了比预估的更好的成绩。由于干预者是随机抽取同学来戴上高帽子接受大家的称赞，有些同学会感到害羞不愿意上台，这时就要鼓励他自信，让他知道同学眼中的自己有那么多的优点。在这个游戏中还有一个本来就很自信的男生主动上前来接受大家的称赞，给大家树立了很好的榜样。所以如果有同学在这个活动中愿意主动上前来，一定要给予他很大的支持和鼓励。

（四）心理健康教育干预活动实施四：面对失去坚韧不拔

【教学时间、地点】××××年××月××日，××时；实验班教室

【教学准备】制作课件、制定辩论规则、“生命资产存折”每学生一份。

【操作要点】

开展辩论赛时注意引导学生不要发生与辩论问题本身无关的争吵，此环节会比较吵闹，一定要维持好秩序，并且要注意时间的把控，不能挤占下一个环节的时间。

【教学进行】

1. 热身活动：坐在你身边的是谁（5 分钟）

左邻右舍：老师随机点名，被点到的同学大喊“我在这里”，同时其左边右边的所有同学（同一排）都要迅速地站起来。

前簇后拥：与左邻右舍同理，坐在其前面和后面的所有同学都要迅速地站起来。

左邻右舍，前簇后拥：综合左邻右舍和前簇后拥，同一列和同一排的同学都要迅速地站起来。

2. 主题活动一：心灵启迪（5 分钟）

教师讲授：肯德基创始人的故事。

教师提问：大家听了这个故事后觉得他身上有什么值得你学习的?

教师总结：对，当苦难来临时，不生怯，敢于去打败它，我们终将会获得成功，这节课我们就来一同探讨如何面对挫折。

3. 主题活动二：艰难困苦，玉汝于成（15 分钟）

活动目标：通过辩论赛让学生深刻地认识到挫折的两面性，辩论赛还可以提高学生的思辨能力、语言表达能力。

辩论赛：正方——挫折对我们弊大于利；反方——挫折对我们利大于弊。

学生活动：主持并进行辩论，思考回答。

4. 结束活动：生命资产存折（15 分钟）

教师引导：当我们感到十分崩溃的时候，在我们觉得生命无法继续下去的时候，是什么人、是什么事支持你继续前进的呢？这些对我们来说十分宝贵的事就是我们的生命资产存折，请大家现在把他们都一一列举出来。例如生命资产可分为人与物两大类：你的亲人、你的朋友、你的老师同学，你的健康、能力、学识、兴趣爱好、玩具、宠物，等等。完成后请学生分享。

教师总结：相互帮助和友谊是永恒的财富。课程结束后，请大家去告诉

他们，他们对你有多重要，你有多看重他们，当他们需要帮助的时候你有多愿意帮助他们。

【教学总结】

这节课的两个主要活动“辩论赛”和“生命资产存折”都取得了不错的效果。干预者提前一个星期就把辩论的内容与分组告诉了大家，同学们都准备得十分充分，有些同学写了好几页的材料，非常用心。由于时间的原因，辩论赛结束时同学们都非常的不舍，很多同学都希望以后可以多开展几次辩论赛。

同学们写“生命资产存折”时也都十分认真。很多学生比较内向，不好意思说出自己的心声，用写的形式可以让他们更好地抒发自己内心的情感。并且写的环节也是一个所有学生都能很好地参与的环节，教师应该在课堂上营造一个好的氛围，给学生可以抒发自己情感的空间。等学生写完之后，教师可以把纸条回收起来，能通过文字更好地了解他们每一个人。在下一节课上课前给一些写得十分认真的同学好的反馈，也可以同样以纸条的形式与他对话，就能更好解决他们的问题，给他们更多的鼓舞与力量。

（五）心理健康教育干预活动实施五：怎样更好地进行人际交往

【教学时间、地点】××××年××月××日，××时；实验班教室

【教学准备】制作课件、熟读《黑熊和棕熊赛蜜》。

【操作要点】

在“呼唤我的名字”环节注意维持好课堂纪律，没有被老师准许的同学不能发出声音，台上的同学也一定不可以回头，这样这个游戏才能较好地进行下去。

【教学进行】

1. 热身活动：黑熊和棕熊赛蜜（5 分钟）

教师指导：听到“蜂蜜”时，男同学起立，每当听到“蜜蜂”时，女同学起立。

交流与分享：你身边哪个同学出错较多？哪个同学做得既快又准？为什么会这样呢？

教师总结：大家刚刚做游戏的时候，出错少的同学都是全神贯注，认真倾听的，今天，我们就要学会一种良好的与人沟通习惯——倾听。

2. 主题活动一：谁能听我说（13 分钟）

教师讲授小 A 的故事

同学讨论：

大家觉得这些人在好好听小 A 讲话吗？

小组讨论刚刚那几位同学的倾听行为在向小A传递什么样的信息？比如：

随意的插话、抢话——你说的我都已经知道了。

埋头做自己的事情——还是我自己的事情更重要，随便听听你说的。

教师引导：如果你是小A，你的朋友们都很敷衍，不肯好好听你讲话。你有怎样的感受？

3. 主题活动二：呼唤我的名字（9分钟）

游戏规则：教师每次随机抽取6名同学到讲台上来，让他们一同背对着大家面向黑板。教师发出开始的指令后，全班同学必须保持安静，想要发言的同学举手示意，得到老师的同意后喊出台上一位同学的名字："某某，快下来！"（喊的时候可以用方言、变换声调等。）台上的同学必须猜出来刚刚呼唤他的人是谁，猜出来就可以从讲台上下来，猜错就继续留下。

4. 主题活动三：人际迷思（3分钟）

人际迷思：

我们只要努力就可以和所有人都成为好朋友。

与王二是密友，就不能再和王三做朋友，否则就是对王二的不忠。

好朋友就应该朝夕相处，保持密切的关系。

只能和比自己强的人做朋友。

如果朋友犯了错误绝不能轻易饶恕。

5. 结束活动：心理帮帮忙（10分钟）

事件背景：许多和陈点是好朋友，因为王朵他们之间产生了误会，丢失了友谊。

教师提问：故事中两个原本亲密无间的好友为什么突然闹掰了？

教师总结：同学们，现在大家感受到沟通和倾听的重要性了吗？希望大家在今后的生活中能够运用好沟通和倾听的方法，架起我们心灵之间的桥梁。

【教学总结】

这节课的主题是人际交往，是同学们都十分关心并且容易受到这方面困扰的问题。这节课主要从倾听和沟通两个方面来教会学生如何更好地进行人际交往，减少在人际交往中产生的矛盾。

同学们都非常喜欢"呼唤我的名字"这个环节，他们觉得这个游戏让他们与朋友、同学之间的关系更亲密了。他们也会发出这样的感叹："原来短短两三个月的时间，我对同学们的声音已经这么熟悉了！"通过陈点等人的故事，同学们也可以折射出日常生活中的自己。自己应该推己及人，去倾听朋友们说的话。在处理和朋友之间的矛盾时应该多沟通，多站在对方的角度去思考问题。

三、心理健康教育干预活动课的效果评价及分析

本研究进行了5次自我成长对负性生活事件影响的心理健康教育课程干预。为了解和检验自我成长对负性生活事件影响的心理健康教育课程干预的效果，干预者对初一年级的实验班与对照班进行了前测、后测问卷的调查与访谈，从问卷调查的统计学数据对比的定量效果评估与分析、访谈的定性效果评估与分析两个方面进行效果评估。问卷调查采用了由刘贤臣等编制的《青少年生活事件量表》以及方必基编制的《青少年自我成长问卷》。

（一）统计学研究效果评估

干预者对初一年级的实验班与控制班进行了前测、后测问卷统计结果的效果评估、具体如下：

1. 实验班与对照班自我成长的前测、后测均值变化

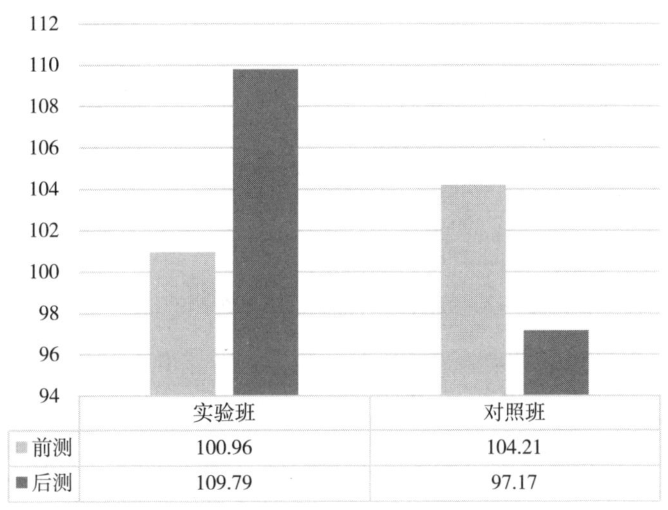

	实验班	对照班
前测	100.96	104.21
后测	109.79	97.17

图6－1　自我成长前后测均值比较（分）

由图6－1可知，对实验班前后测的数据进行差异性分析，在心理健康干预课程之前、之后，实验班被试在初中生自我成长上存在显著差异，说明此次心理健康教育课程有效地提高了学生的自我成长水平。

对对照班实验前后测的数据进行差异性分析，在心理健康干预课程之前、之后对照班被试在初中生自我成长上发生了稍许下降，这表明在没有被干预的自然成长状态下，初中生被试的自我成长会随着年级的增长，逐渐下降。这可能是因为同学们刚刚从小学进入初中的时候，还没有较大的压力，随着时间的推移，他们离中考越来越近，面临的学习压力越来越大。逐渐进入青

春期后，这段时间他们的情绪也容易变得更加敏感，自信和乐观会变少。他们所要面对的令人忧愁的事情变多，坚持能力也会下降，遇事会选择放弃和逃避。在巨大的压力下，对未来生活的希望也会变少，进而导致他们整体的自我成长水平下降。

在心理健康教育课程结束之后，对实验班和对照班进行差异性分析，实验班与对照班被试在初中生自我成长上存在显著差异，说明此次心理健康教育课程有效地提高了学生的自我成长水平。

2. 实验班与控制班负性生活事件的前测、后测均值变化

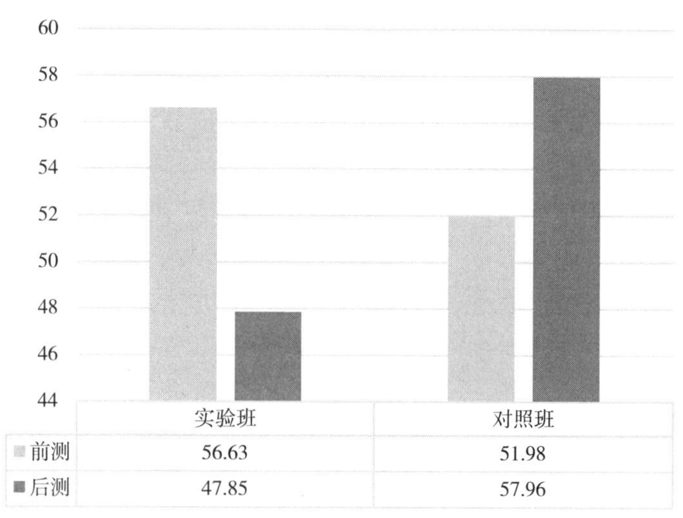

	实验班	对照班
前测	56.63	51.98
后测	47.85	57.96

图 6－2　负性生活事件前后测均值比较（分）

由图 6－2 可知，对实验班前后测的数据进行差异性分析，在心理健康干预课程之前、之后，实验班被试在初中生负性生活事件上存在显著差异，说明此次心理健康教育课程有效降低了负性生活事件对学生们的影响。

对对照班实验前后测的数据进行差异性分析，在心理健康干预课程之前、之后对照班被试在负性生活事件上没有发生较大的变化，因为在一段时间内负性生活事件的发生是比较稳定的。

在心理健康教育课程结束之后，对实验班和对照班进行差异性分析，实验班与对照班被试在初中生负性生活事件上存在显著差异，说明此次心理健康教育课程有效降低了负性生活事件对学生们的影响。

3. 定量效果评估小结

（1）实验班前测、后测统计结果效果评估表示：初一年级同学的自我成长水平得到了显著提升，负性生活事件水平得到了显著下降，验证了自我成长对负性生活事件影响的心理健康教育课程干预对于提升自我成长水平与降

低负性生活事件水平的有效性。

（2）实验班与对照班后测统计结果效果评估表示：初一年级同学的实验班后测自我成长水平显著高于对照班自我成长水平，实验班后测负性生活事件水平显著低于对照班负性生活事件水平，验证了对实验班开展心理健康教育课程干预取得了显著效果。

（3）对照班前后测统计结果效果评估表示：初一年级对照班后测自我成长水平稍许下降，负性生活事件水平无显著差异变化，验证了实验班受到干预后有显著变化。

（二）定性效果评估

心理健康教育课程干预实施结束后，对实验班同学开展了开放式问卷调查访谈。共发放问卷 52 份，回收问卷 52 份。从定性研究角度来分析，这次心理健康教育课程开展的效果良好，主要体现在学生的自我评价、同学之间的互相评价、实验班班主任的评价以及干预者自己的评价 4 个方面。

1. 实验班学生的自我评价

此次心理健康课程对学生自我成长的提升有着很大的帮助，并且也减少了负性生活事件对他们的不良影响，最终提高了他们的学校生活满意度。

经过 5 次心理健康课程的学习，学生们普遍认为自己变得更乐观、更自信了，拥有了更良好的心态。能够和同学们更加和睦相处，和老师、父母更好地交流。能够乐观面对生活中遇到的挫折，心结也逐渐被打开。并且因为心理健康课程的开展，同学们也都更加热爱学校的生活，对学校生活感到更加的满意。

课程结束后每个学生都认真地写下了自己对课程的感悟，自己在课程中的改变与收获。尤其是在面对负性生活事件时的变化以及自己在学校生活时感受到的温暖与快乐。

学生 1：上心理健康课能释放烦恼和伤心事，甚至几个星期都想不起来。

学生 2：课程中老师交给我们一些可以正视挫折的方法，让我们以乐观的心态面对生活。

学生 3：这几节心理健康课对我的生活有很大的影响，因为小学没有上过心理课，加上与父母沟通不畅，导致我越来越内向，但这几节心理课又让我有了自信。

学生 4：上了心理健康课之后，面对考试失利，心情会变得舒缓很多。

学生 5：负性生活事件对我的影响变小。因为期中考试地理没考好，让我一直很紧张。上完心理课后，让我觉得学习轻松了很多。

学生 6：开展心理健康课程以来，我对学校的生活感到更满意了，每个星期五是我最想来学校的一天。

学生7：有更满意，从对学校的陌生，到老师放图片给我们介绍学校的角落，让我对学校更加熟悉、更加热爱。

学生8：上心理健康课让我感受到了快乐，心灵的释放，比较具有自主性，和小学天天占体育、音乐等比开心多了，还认识了很多新朋友，在学校感到更快乐了。

学生9：最近这一段时间变得更乐观，也更快乐，因为在与老师上课及下课的沟通中有助于自己保持良好的心态，变得更为乐观。

学生10：最近在与同学闹矛盾时影响变小，用老师上课讲授的多沟通化解了一些矛盾。

学生11：通过这几次课程，我的心态变得更加乐观，学会了用平常心去面对挫折，学会了珍惜身边的事物，学会了去珍惜友谊。

学生12：对我来说最有启发的课程是教我们如何面对挫折那节课，让我在生活中可以以良好的心态去面对挫折，让生活快乐了许多。

学生13：心理健康课程有助于让我们的生活更有色彩与快乐。

学生14：满意，因为这几节心理健康课一直在培养我们的身心健康，教会我们怎样正确对待受到的伤害，化伤害为动力，努力学习，积极奋进。

学生15：我最近感到更快乐，每节心理健康课都在向我们的心灵灌输正能量，让我拥有更积极的心态。

学生16：因为上了心理健康课，我已经学会每时每刻都以良好的、积极乐观的心态来面对负面影响，感觉到十分沮丧的时刻几乎没有了。

学生17：做事越来越有耐心了，遇事不慌，学会沉着冷静应对了，学会正确对待生活中发生的不好的事情，心态积极乐观，天天向上了。

学生18：我之前不是一个很自信的人，害怕被老师点名回答问题，更不敢主动发言，上了自信的那节课之后，我在试着改变自己，现在偶尔也会举手回答问题了，虽然还是会有点儿紧张，但是我觉得我在慢慢变好。

2. 实验班同学之间的评价

学生们不仅觉得课程对自己有帮助，并且觉得课程对班级里的其他同学也有帮助，他们不仅感受到了自己身上发生的变化，也感受到了身边同学们发生了许多变化。这5次心理健康课，不仅让学生们自己变得更加乐观、自信，他们感觉到他们的同学也都在变好。有些可能自己没有察觉到的细小改变，身边的同学反而会留意到，通过同学之间互评可以更全面地体现出心理健康教育课程干预的有效性。

课程结束后每个学生都认真地写下了身边同学发生的变化。他们普遍觉得班上的同学们都变得更加积极乐观、自信了，上课敢于举手发言回答问题，被老师批评后也不气馁了。

学生1：同学们都变得更乐于表达，更加快乐，考试过后也会更加的努力，愿意去挑战困难并且不服输，也会给自己定一个更高的目标。

学生2：变得更加活泼了，上课发言更积极了，被老师批评后会反思自己，考砸了之后却依然坚信自己下一次能考得更好。

学生3：更加走近同学，主动辅导同学功课，更加热爱生活，会在课堂上主动发言了，体育课上也变得更加能坚持有韧性，也变得更加努力学习，希望能考上一所好的高中。

学生4：班里有两个女生心态原本是很低沉的，但上了这门课之后就变得开朗向上了。

学生5：更加欢乐，不会因为一点小事不开心，会欣赏自己，不会再感到自卑，在目标墙上大家都敢于写出自己的梦想。

学生6：同学们都变得更勇敢、坚强，即使体育考试考得很差却还笑呵呵的，被老师批评得很惨也能强忍泪水很快恢复。

学生7：我们班有一个同学好像患有抑郁症，心情原本总是很低落的，听了老师的课以后就变得乐观开朗了，各方面有明显的好转。

学生8：同学们在发生矛盾时，都会彼此让步，都有了乐观的心态，学会了倾听别人讲话。

学生9：我的同桌这次考试不是很理想，但是他不会再像之前那样气馁了，会大胆向前看，争取下一次考好。

学生10：大家都变得更加自信了，在音乐课时，大家由之前的一言不发变得非常积极，都想高歌一曲。

学生11：通过这几次课程，同学们都变得更有韧性了，在被老师批评时，能够积极改正错误，敢于面对不完美的自己。

学生12：班上的同学都更加渴望新的知识、课程、友谊等，对未来的生活都充满了希望。

学生13：我察觉到了很多同学的变化，比如不爱说话的同学话多了，倒数的同学变开朗了，考试失误但也学会了微笑面对、改正错误，下次更好，大家都更加体谅对方了。甚至很多同学都有了远大的志向，把自己的志向同祖国和人民联系在一起。

学生14：我的好朋友发生了很大的变化，她懂得了友谊的重要性，也变得更加乐观了，也敢于展示自己的优点了，遇到困难不退缩，更加勇敢面对，还会经常和我一起憧憬自己的未来。

学生15：大家都更加自信了。之前班会课的时候别说主持了，回答问题的人都很少，现在愿意主持班会的人越来越多了。

学生16：我的前桌陈同学，之前跑步就一直很不好，从来没坚持跑完过800米。上了心理健康课以后，她变得更有韧性了，这周的体育课上她竟然把800米跑完了，体育老师都大吃一惊。

学生17：某同学能够更好地融入班级中，表达自己的观点，同学们都能乐观地面对生活中的挫折，充满希望。

学生18：上了这门课之后，我们整个班的氛围都变得更好了，失败不气馁，挫折不自卑，心态良好不易受挫，化悲伤为动力，努力学习，天天向上。

3. 实验班班主任的评价

班主任发现开展心理健康课程以来，学生们更好地适应了学校的生活，上课回答问题也变得更加积极了，整体都更乐观、更自信、更开朗了，在运动会和体育考试的时候也都非常团结，有毅力，所有项目所有人都坚持了下来。之前经常抑郁请假不来学校的学生，这段时间都没有再请过假了，之前有些自卑不爱与其他同学交流的学生，现在也愿意和大家在一起玩耍、讨论问题，变得更加自信了。并且学生们也都对未来充满了希望，我给他们设立了目标墙，让学生们自愿往上填写，大家都信心满满地写下了自己的目标与心愿。看着他们用心写下的目的，我能感受到他们对未来的憧憬与向往。

总的来说，心理健康教育课程的开展，是十分有必要的。一星期一节课，40分钟的时间，就能让我们班的学生发生这么大的变化，让他们更加热爱在学校的生活，更加努力学习，热爱学习。今后如果有机会，我还会让学生多多上一些心理健康教育课程。我本人也要向心理老师请教，希望今后在班会课的时候，也可以传授一些心理健康方面的相关知识。

4. 干预者的评价

这5次心理健康教育课程的开展，不论是从定量研究还是定性研究上，都可以看出此次课程设计与实施的有效性。课程设计内容丰富有趣、通俗易懂，以提升学生的自我成长为指导。围绕乐观、自信、韧性、希望，设计了5节活动课，让学生们在玩中学，在游戏活动中掌握知识，提升自己的心理品质。在课程实施过程中，干预者极大地引发了学生们的积极性，大家上课时都很兴奋，都认真参与游戏活动，并且能主动回答问题，勇于表达自己内心的想法。

课程结束后，同学们都认真填写了调查问卷，表达了他们对课程的喜爱。他们一致觉得如果课程的数量可以再多一些，上课频率可以再频繁一些，就更好了。他们的班主任老师也认真写了对此次课程的评语，干预者非常感谢这个班级的学生以及班主任的配合。此次心理健康教育课程的开展十分顺利，圆满完成。

四、心理健康教育干预活动课的总结

（一）心理健康教育干预课程设计的有效性

1. 心理健康干预课程的设计具有较强的科学性，对全体实验对象进行了施测，施测研究结果表明：

（1）自我成长与负性生活事件与学校生活满意度之间存在显著的相关性，自我成长在负性生活事件与学校生活满意度之间起部分中介作用，可以进行后续干预。

（2）根据施测选择出实验班和对照班，并对他们进行前测，发现实验班和对照班在自我成长、负性生活事件和学校生活满意度上不存在显著差异，为后续实施做好准备。

（3）本研究根据自我成长的 4 个维度，对应负性生活事件的 5 个维度设计了 5 次主题课程：①“适应初中新生活，对未来充满希望”（希望—健康与适应）；②“乐观面对学习压力”（乐观—学习压力）；③“自信面对批评和惩罚”（自信—受处罚）；④“坚韧不拔面对失去”（韧性—丧失）；⑤“怎样更好地进行人际交往”（人际关系）；并详细撰写每一节课的教学目标、教学重难点、设计理念、课前准备、教学方式和教学过程。

2. 课堂活动的设计符合初中生身心发展特点，充满趣味

同学们都觉得活动设计得非常有趣，都愿意积极主动参与进来，在轻松愉快的学习氛围中学到知识，并且游戏活动也会促进他们与同学之间的关系，有利于他们的人际交往，使他们能在和同学交流合作的过程中更好地提升他们的心理品质。活动的设计符合他们的身心发展特点，可以让他们在学中玩、在玩中学，所设计的活动可以极大地吸引学生的注意力，提高了学生们的学习热情和学习兴趣，使整个课程取得非常好的学习效果。

（二）心理健康教育干预课程实施的有效性

1. 课程实施总体开展十分顺利

经过一段时间的准备，干预者拥有了良好的上课技能后，根据自己的课程设计，在实验班开展了 5 次心理健康干预课程，每次 40 分钟；在对照班进行了常规的与实验班不同的心理健康教育课，每次 40 分钟。整个课程的实施进行得十分顺利。在全部课程结束后，干预者再次对实验班和对照班进行后测，收集数据，为接下来分析实验班和对照班的干预前后差异，并以此来证明课程设计与实施的有效性做准备。

2. 充分挖掘学生的内心，注重学生的真实感受

在课程实施的过程中，学生们都写下了自己的真情实感。很多学生比较内向，不好意思说出自己的心声，用写的形式可以让他们更好地抒发自己内心的情感，并且写的环节也是所有学生都能很好地参与的环节。

课堂上营造了一个好的氛围，给学生可以抒发自己情感的空间，等学生用心写完之后，把纸条回收起来，发现学生们都写得十分认真，并且能通过文字更好地了解他们每一个人。在下一节课上课前给一些写得十分认真的同学好的反馈，也可以同样以纸条的形式与他对话，能更好地解决他们的问题，给他们更多的鼓舞与力量。

（三）心理健康教育干预课程效果评估的有效性

针对心理健康教育课程干预的效果，干预者主要从以下两方面作了一个系统的评估：

1. 定量研究

根据前后测学生所填写的调查问卷的结果可以看出，前测时，实验班和对照班学生的自我成长、负性生活事件以及学校生活满意度得分无明显差异；后测时，实验班和对照班学生的自我成长、负性生活事件以及学校生活满意度得分产生了较大差距，并且实验班的情况均好于对照班。并且与前测相比，实验班学生的自我成长有所提高，负性生活事件得分有所下降，学校生活满意度水平有所提高。这些都表明，本次课程达到了预期目标，能够促进学生自我成长，并抑制和削弱负性生活事件的消极作用，增强学校生活满意水平。

2. 定性研究

（1）学生上完课程后对自己的评价

根据开放式问卷的回答可以发现，学生意识到了自己的自我成长水平有所提高，自己变得更乐观、更自信了，当负性生活事件发生的时候，对自己的影响也变小了，在学校的生活觉得更快乐、更满意了。

（2）学生上完课程后对同学的评价

根据开放式问卷的回答可以发现，学生还发现了自己的同学的自我成长水平有所提高，同学们变得更乐观、更自信了，敢于在课堂上主动举手回答问题了；当同学们有负性生活事件发生的时候，恢复也变得更快了；面对老师的批评，也能欣然接受了；同学们在学校的生活变得更快乐、更满意了。

（3）课程结束后班主任对同学们的评价

班主任觉得自己班上的同学都变得更积极、乐观、向上了，也都更有韧性、能坚持了，更愿意上学、愿意学习了。整个班的风气都在越变越好，之前几个经常请假不来上学的同学这段时间都没有再请假了。同学们都对未来

的生活充满了希望。

（4）课程结束后干预者自己对课程实施效果的评价

课堂实施时学生的表现非常好，上课时学生们都积极参与，踊跃回答问题；下课后，学生们也会来找干预者讨论一些自己的问题和困惑，并学以致用，都变得更加乐观积极。课程实施结束后，同学们也都认真填写了调查问卷，都表露出了对于课程结束的不舍。所以，干预者认为设计实施的这一系列课程是有效果的，达到了预期的目的，是有一定价值的。

第七章　中职生“生命教育与自我成长”的心理健康教育干预活动辅导

一、心理健康教育干预活动课的设计

根据中等职业学校学生（以下简称中职生）感恩、生命意义感和心理健康的现状及特点，以及感恩与生命意义感、心理健康均呈显著正相关的结论，对感恩教育干预课程进行设计。选取两个班级作为研究对象，实验班进行5次感恩教育课程，对照班不进行任何干预。

首先，根据团体动力学理论，团体学习的动力及力量大于个体。本次感恩教育采用心理健康课程的方式进行，根据青少年的身心发展特点，一共设计了5次感恩心理健康课程，每周1次，每次45分钟。其次，基于高长丰的感恩的表达方式、认知情绪理论、道德情感理论以及拓展建构理论等，针对中职生学习特点及身心发展特点，设计了本次感恩教育干预课程。最后，为保证课程有良好的效果，对感恩教育主要集中在感恩人物上，以感恩父母为主。5次课程，第一节和第五节以感恩身边人、学会感恩为主。第二、三、四节课以感恩父母为主，第二节是感恩父母，第三节是理解母亲、感恩母亲，第四节是学会向父亲表达感恩。

（一）感恩教育干预活动方案一：原来你是我的小确幸

【教学对象】实验班学生

【教学计划学时】1课时

【设计理念】

在感恩的认知情绪理论中，海德（Heider）等人认为，感恩是一种积极的、正向的情绪，这种情绪是由于个体得到他人的积极意图或行为后所产生的愉快而温暖的感受，随着这种感受的增加，会激发个体对他人的报答欲望，最后产生报答行为。并且他们认为认知、环境和生理状况会影响到个体的情绪，其中认知最关键。

【教学目的】通过本次课程，让同学们能够回忆起他人对自己的帮助，重新感受这种愉快而幸福的时光。通过不断强化，激发同学们的感激之情，最终产生报答行为。

【教学目标】

1. 使学生关注生活中美好的一面，感受生命中的小确幸，让学生懂得感恩；

2. 通过学习，让学生能够对生活中的小确幸表示感谢，并及时给予别人积极反馈；

3. 通过本次课堂学习，让同学们能够心怀感恩之心，感恩身边的人和事。

【教学重难点】

1. 重点：通过我的小确幸冥想活动以及收集我的小确幸，使学生关注生命中积极的一面，感受生命中的小确幸，让学生懂得感恩。

2. 难点：通过冬日的第一杯奶茶，让学生能够对生活中的小确幸表示感谢，并及时给予别人积极反馈。

【教学内容】

1. 热身活动：蒙眼作画——通过蒙眼作画，让同学们知道这个世界上不仅仅可以用眼睛欣赏，也可以用心感受，从而引出本次活动主题。（导入 8 分钟）

2. 主题活动一：我的小确幸（12 分钟）——通过让同学们冥想，回忆生活中的点点滴滴，感受他人对自己微不足道的关心与帮助，感受生命当中的小确幸，为后面的活动奠定基础。

3. 主题活动二：收集我的小确幸（10 分钟）——通过冥想后，让同学们将自己想要感谢的人写下来，用笔记录下自己生命中的小确幸，加深同学们对自己小确幸的记忆和肯定。

4. 结束活动：冬日的第一杯奶茶（15 分钟）——通过让同学们画冬天的第一杯奶茶，将奶茶送给自己感恩的人以表示自己的感激之情。

【教学形式】讲授法、演示法。

（二）感恩教育干预活动方案二：生命中不能承受之轻

【教学对象】实验班学生

【教学计划学时】1 课时

【设计理念】

本次感恩教育课程设计主要是基于高长丰的 8 种感恩方式的表达。

【教学目的】课程主要是激发同学们对父母的愧疚之情，让同学们学会在长大以后不忘用物质和感情向父母表达感恩。

【教学目标】

1. 通过学习让学生意识到自己对父母缺少关心；

2. 通过学习让学生知道父母总是无私奉献的，但我们却只知道一味地向他们索取；

3. 通过学习加深学生对父母的理解，以及让学生能够用语言或行动表达对父母的感激之情。

【教学重难点】

1. 重点：让学生明白现在的生活都是父母给予的，父母总是无私奉献的，但我们却只知道向他们索取。

2. 难点：加深学生对父母的理解，以及让学生能够用语言或行动表达对父母的感激之情。

【教学内容】

1. 热身活动：荒岛求生（5 分钟）——通过让同学们一一划去自己比较重要的人，引入父母这一话题。

2. 主题活动一：对父母知多少？（15 分钟）——通过同学们填写“知多少”的单子，让同学们知道自己对父母关心太少。

3. 主题活动二：苹果树（15 分钟）——通过看苹果树的故事，让同学们明白父母总是无私地奉献，而我们却在不停地向父母索取。

4. 结束活动：账单（10 分钟）——通过让同学们计算自己每月的开支以及每年的花费，意识到自己在不停地向父母索取。

【教学形式】讲解法、讨论法。

（三）感恩教育干预活动方案三：75 分刚刚好

【教学对象】实验班学生

【教学计划学时】1 课时

【设计理念】

根据高长丰感恩表达的 8 种方式，从学会对他人的缺点或不足表示宽容和理解这一角度进行本次感恩教育课程设计。处于青春期的同学们与母亲的关系是比较微妙的，总是希望自己的妈妈是完美的。

【教学目的】通过本次感恩教育课程，让同学们知道妈妈也有不足，我们对妈妈的期望不能太高，要学会对妈妈的缺点和不足表示理解，这也是对妈妈的感恩。

【教学目标】

1. 通过学习让学生意识到完美无缺的妈妈很少，妈妈并不是超人；

2. 通过学习让学生知道自己的妈妈虽然存在一些“不靠谱”行为，但她们在努力地做一名好妈妈；

3. 通过学习加深学生对妈妈的理解，以及让学生能够用语言或行动表达对妈妈的感激之情。

【教学重难点】

1. 重点：通过学习让学生知道自己的妈妈虽然存在一些小缺点，但她在努力地做一名好妈妈。

2. 难点：让学生理解妈妈既是超人，但妈妈又不是超人。

【教学内容】

1. 热身活动：多少分？（3 分钟）——通过学生给自己、老师和妈妈打分，衡量一下妈妈在孩子心中的满意度。

2. 主题活动一：超人妈妈（20 分钟）——通过观看视频让同学们对“完美”妈妈进行打分，通过讨论交流知道超人妈妈既是对母亲的赞赏，同时又是对妈妈的道德绑架。

3. 主题活动二：不靠谱的妈妈（17 分钟）——通过观看视频，同学们对这位妈妈打分，让同学们明白满分的妈妈在现实中很少，自己的妈妈虽然不完美，但是这才是真实的。

4. 结束活动：75 分的妈妈（5 分钟）——通过分享关于妈妈的句子，让学生再一次感受妈妈对我们的爱，用感恩的眼光去对待一切。

【教学形式】讲解法、讨论法。

（四）感恩教育干预活动方案四：父亲的散文诗

【教学对象】实验班学生

【教学计划学时】1 课时

【设计理念】

本次课程主要是根据中国父亲的形象特点进行设计。父爱如山，父亲对孩子的爱很少用语言表达，大多数的家庭父亲与孩子缺乏交流。因此，本次课程主要是从孩子的角度去了解父亲，在游戏中让孩子体会与父亲交流的重要性。

【教学目的】让同学们深入了解父亲这一角色，并且通过游戏活动让同学们知道应该主动和父亲进行沟通交流，促进父亲与子（女）之间的情感，这也是对父亲表达感激之情的一种方式。

【教学目标】

1. 通过游戏让同学们回忆与父亲的点滴，勾勒出父亲的整体形象；

2. 通过游戏让学生知道沟通交流的重要性，尝试理解父亲并与父亲好好沟通交流；

3. 通过写信加深同学们对父亲的感情，让学生用语言或行动表达对父亲的感激之情。

【教学重难点】

1. 重点：通过游戏让同学们回忆与父亲的点点滴滴，勾勒出父亲的整体形象，认知父亲的角色定位。

2. 难点：通过写信加深同学们对父亲的感情，让学生用语言或行动表达对父亲的感激之情。

【教学内容】

1. 热身活动：心理小测试（5 分钟）——通过一个心理小测试，吸引同学们的注意力，让同学们对课堂感兴趣。

2. 主题活动一：谁是卧底（20 分钟）——通过一个心理小测试，吸引同学们的注意力，让同学们对课堂感兴趣。

3. 主题活动二：传声筒（15 分钟）——通过传递关于父亲的句子，让同学们知道有效的沟通交流的重要性。

4. 结束活动：写给父亲的散文诗（5 分钟）——通过给父亲写信的方式，让同学们回忆、记录自己与父亲的点滴，激发同学们的感恩之情。

【教学形式】讲解法、讨论法。

（五）感恩教育干预活动方案五：予你

【教学对象】实验班学生

【教学计划学时】1 课时

【设计理念】

感恩的道德情感理论认为感恩源于个体的道德情感，这种感恩情感会激发人们的感恩行为，同时这种行为又会强化这种情感。因此，本次课程主要是通过激发同学们感恩情感，刺激感恩行为，再通过感恩行动来强化同学们的感恩情感。

【教学目的】通过本次感恩教育课程，让同学们知道，当自己身处困境时，曾给予我们帮助的人是值得我们铭记并感谢的，可以通过语言或者行为的方式向他人表达自己的感激之情。

【教学目标】

1. 通过学习，同学们回忆起身处困境时，帮助自己走出困境的人，就是应该感激的人；

2. 通过收集自己生活中应该感激的人，明白生活中处处都有需要我们感激的人或事物；

3. 通过拍卖感恩卡的方式来让同学们懂得感恩，以及让学生能用语言或行动表达对身边人的感激。

【教学重难点】

1. 重点：通过拍卖感恩卡的方式来让同学们懂得感恩，以及让学生能够用语言或行动表达对身边人的感激之情。

2. 难点：通过“我的感恩名单”让同学们收集自己生活中应该感激的人，明白生活中处处都有需要我们感激的人或事物。

【教学内容】

1. 热身活动：我的心电图（10 分钟）——同学们通过画自己生命曲线图来认识自己生命中的困境与坎坷，是如何走出坎坷的，是谁帮助自己走出来的，引出感恩主题。

2. 主题活动一：我的感恩名单（10 分钟）——通过观察身边的人，回忆对身边人、对同学们的关心照顾，让同学们知道身边有许多值得我们感谢的人。

3. 主题活动二：我的感恩卡（20 分钟）——通过拍卖感恩卡的方式让同学们学会用行动向自己感恩的人表示感谢。

4. 结束活动：赠送感恩卡（5 分钟）——升华主题，让同学们通过行动及时表达对身边人的感激之情。

【教学形式】讲解法、讨论法。

二、心理健康教育干预活动课的实施

感恩教育课程选取某校高二年级学生进行，因考虑到男女比例以及班级人数，因此选择酒店管理与旅游专业的两个班分别作为实验班和对照班。实验班共计 32 人，男生 9 人，女生 23 人；对照班共计 29 人，男生 8 人，女生 21 人。在实验前一周分别对实验班和对照班进行前测。然后开始实验，实验班每周开展一次感恩教育，共计 5 次；对照班不进行任何干预，干预结束后一周分别对两个班进行后测。

（一）感恩教育干预活动实施一：原来你是我的小确幸

【教学时间、地点】 ××××年××月××日，××时；实验班教室

【教学准备】PPT、音乐、冥想稿、奶茶、彩笔、课堂评价表。

【操作要点】

1. 在主题活动一收集我的小幸运时，干预者要创设一个适合冥想的环境，让同学们能够进入冥想，尽量避免其他噪声对同学们的影响；

2. 在主题活动二中干预者展示自己的小幸运要贴近同学们的实际生活，举例要能让同学们产生共鸣；

3. 同学们在进行第一杯奶茶的制作时，干预者在教室内巡视，注重与同学交流互动。

【教学进行】

1. 热身活动：蒙眼作图（8分钟）

老师在黑板上画一个没有五官的人像，请2位同学蒙眼画五官，画的同学可以分别请一个小助手在旁指导作画。在下面的同学需要保持安静，看上面的同学画。

干预者讲解游戏规则并引导同学们完成活动，最后总结并引出今天的主题。

干预者：通过刚刚四位同学的作画，同学们有没有发现什么呢？请同学起来说一说。老师从中发现，这个世界不仅仅可以用眼睛欣赏，也可以用心感受。有时候用心去感受会得到意料之外的惊喜。在这个寒冷的冬天，我们一起温暖身心吧！

2. 主题活动一：我的小确幸（12分钟）

在轻柔的音乐下，干预者营造一个适合冥想的环境，伴随着干预者的指导语让同学们进入冥想。

播放事先准备好的轻音乐，同学们放松地闭上眼睛，通过指导语，同学们渐渐地进入冥想中。结束冥想后，组织同学们分享、总结。

干预者：生活中每个稍纵即逝的美好，是内心的宽容与满足，是对人生的感恩和珍惜。当我们逐一将这些“小确幸”拾起的时候，也就找到了最简单的快乐，它们是生活中小小的幸运与快乐！我们的生命当中，总有一些人和事会惊艳到我们。现在，大家随着音乐慢慢放松自己，请大家轻轻地闭上眼睛，我们一起开始一段幸运之旅！通过刚刚的幸运之旅，同学们有什么感受呢？请同学来分享一下。

3. 主题活动二：收集我的小确幸（10分钟）

干预者首先分享属于自己的小幸运，同时让同学们通过刚刚的冥想收集属于自己的小幸运。

干预者：在这个世界上，有很多值得我们感恩的人和事。对老师来说，也有很多感觉到幸福的时刻，看！黑板上的都是属于老师的小幸运。通过我们刚刚的冥想，我想大家都体验了很多的幸福瞬间，现在，请你选择你最有感觉的画面，写出你的小幸运吧！

4. 结束活动：冬日的第一杯奶茶（15分钟）

干预者展示如何绘制自己的第一杯奶茶，写上送谁及原因。分享自己绘画的作品以及感受。

示范第一杯奶茶的画法，引导学生进行创造，分享及总结。

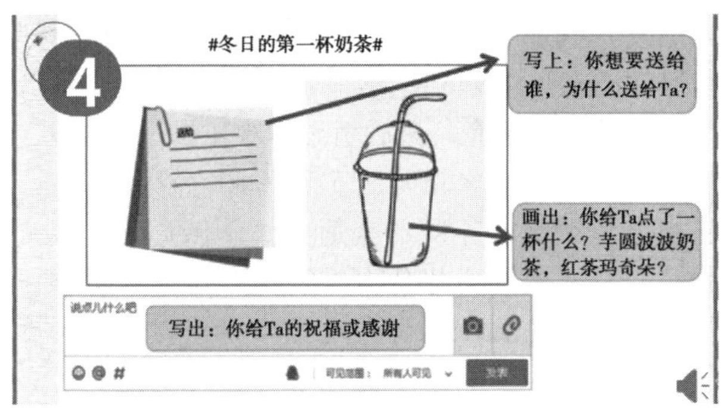

图7－1　第一杯奶茶示范图

干预者：我们生命当中有很多的小确幸，都和某个人或者某件事情有关。想一想，谁曾经帮助过你、曾经为你默默付出？如果你还没有对他说过感谢，今天是感恩节，是一个很好表达谢意的节日。今天，你最想把感恩送给谁呢？现在在课堂上我们可以用画图的方式表达我们对某个人的感恩之心，可以是朋友、亲人，送出你的第一杯奶茶，让冬日的他感受到你的感恩。

【教学总结】

此次课堂教学是较为成功的，蒙眼作画环节成功吸引了同学们的注意力，在“我的小确幸”和“收集我的小确幸”环节时干预者能够把握节奏，引导学生完成任务。在“冬日的第一杯奶茶”活动中，干预者将主动权归还于学生，让学生进行活动。但是由于干预者与学生之间的熟悉程度不够，导致课堂分享环节学生不太积极主动。课堂教学氛围比较低沉、死板，干预者没能调动起学生的积极性。在冥想环节，干预者没能完全营造出安静、轻松的环境，在冥想途中有噪声出现，干扰了其他同学的冥想。干预者上课时有些紧张，为了教学而教学，没有完全融入课堂中。

（二）感恩教育干预活动实施二：生命中不能承受之轻

【教学时间、地点】××××年××月××日，××时；实验班教室

【教学准备】PPT、父母爱好调查表、课堂评价表。

【操作要点】

1. 导入游戏要有趣，同时要注重引出主题；
2. 在主题活动一对父母知多少环节中，适当激发同学们的愧疚之情；
3. 在算账的环节可以由干预者带领完成。

【教学进行】

1. 热身活动：荒岛求生（5分钟）

游戏规则：假如你要去一个荒无人烟的地方生活一个月，你只能带五样

事物（含父母或朋友）到那个岛上，你会带什么呢？写下你想带的五样事物，这五样东西要确保你能在岛上顺利生活一个月。引导同学写出 5 个自己生命中最重要的事物，引导学生舍弃，最后引出本次主题——父母。

干预者：那请同学们带上你心爱的 5 件物品，准备出发。船已经航行一半的距离了，还有 1 个小时就可以到达荒岛了，但是现在遇到了大风浪，需要你扔掉一件物品，你会选择扔掉什么呢？现在让你再扔掉一个，请划去你的物品。请扔掉你的第三件物品。请再次扔掉一件物品。最后留在你身边的是什么呢？请同学来分享一下。说一说你依次划去的是什么。为什么要留最后这一件物品呢？

同学们，其实老师让你们写的 5 件物品，是对你们很重要的事物。当你们一一舍弃的时候，心里可能会难过，其实这也是同学们心中的排序。我想请问一下同学们，你们有多少人将父母列在了你要带的事物名单中呢？你生下来就是一无所有的，就如同生活在荒岛上，但是你的父母却让你健康快乐地在世界上生活了十多年，为什么你们可以选择他们的时候，却没有选择他们呢？

2. 主题活动一：对父母知多少（15 分钟）

通过请同学们填写“我对爸妈知多少”的单子，让同学们感悟对父母的关心程度。发放“我对爸妈知多少”的单子，在同学们填写的时候干预者四处巡视，与同学交流，最后组织填写和分享感受。

干预者：老师发现同学们在填写单子的时候很迷惑，很多都无从下手。觉得这些答案模糊又熟悉，其实这些答案都在我们身边，但是我们却没有好好去观察。如果这是一张试卷，作为子女的我们，在对父母的关心上是不及格的。

3. 主题活动二：苹果树（15 分钟）

观看苹果树的故事，请学生回答小男孩和苹果树分别代表什么，并且分享感受。

干预者：同学们，故事看完了，请问你们看完后有什么感想呢？故事中的苹果树代表的是什么呢？小男孩代表什么呢？这就是我们每个人的故事。这棵树就是我们的父母。你可能认为这个小男孩对树很残忍，但这就是我们很多人对待父母的方式。小时候，我们喜欢和爸爸妈妈玩……长大后，我们就离开了他们，只有在需要什么东西或者遇到麻烦的时候才会想起他们。无论如何，父母永远都是你的支持者，倾其所有使你快乐。

4. 结束活动：账单（10 分钟）

让同学们计算自己每年的开支以及和父母在一起的时间。

你每年的支出包括：每月的生活费、零花钱和其他支出（购置衣物费用）。每年的学费以及其他支出，一年总共的支出。

算一算你从出生到现在大概花费了多少钱，以后大概还要花费多少钱。

从小到大和父母待在一起的时间，现在和父母待在一起的时间。算一算你还有多少时间和父母相处？

组织同学们计算自己的账单，并且分享感悟。

干预者：同学们看完苹果树的故事，觉得自己对待父母的方式好像没有那么残忍，那我们来算一算。

这是一笔很难算得清的经济账，父母为我们不只是在经济上有付出，同时也给了我们很多时间上的陪伴。每个人健康成长都离不开父母的辛勤养育。那算了这么多，你有什么想和父母说的呢？

【教学总结】

在本次课程中，干预者与学生的距离更近了，同学们在课堂上更加积极活跃了。干预者能够较好地把握课堂节奏，引导学生进行每一项活动，确保每个活动的有序进行。但是课堂的组织形式单一，如分享苹果树故事可以请同学朗读或者是角色扮演，适当增加课堂的趣味性。可以多组织学生参与小组讨论，将课堂归还学生，而不是干预者的主场，要以学生为主体，干预者为主导。干预者负责把握好整个课堂的整体即可。

（三）感恩教育干预活动实施三：75分刚刚好

【教学时间、地点】 ××××年××月××日，××时；实验班教室

【教学准备】 PPT、相关视频、课堂反馈表。

【操作要点】

1. 先树立妈妈的超人形象，再突然打破妈妈是超人的观点，给学生形成一个思维冲击；

2. 通过75分妈妈刚刚好，让同学们学会体谅妈妈，包容妈妈的缺点。

【教学进行】

1. 热身活动：多少分？（3分钟）

通过同学们给自己、老师以及妈妈打分的方式来引入主题。

干预者：同学们，老师这几天在忙于学生对老师的评价，要让学生给每位老师打分。我看了各种条条框框很多，对于我这个新手老师来说，让我自己去评价，分数可能有点惨不忍睹。你觉得作为学生你给自己打多少分呢？那你作为父母的孩子，你又会给自己打多少分呢？最后一个问题，你会给你妈妈打多少分呢？为什么呢？

2. 主题活动一：超人妈妈（20分钟）

观看视频一，评价这位妈妈并分享自己的感受。讨论妈妈是超人吗？再

观看视频二，再次思考妈妈还是超人吗？

干预者：观看视频一后，这位妈妈是名牌大学毕业，干练、优雅，上得厅堂下得厨房，她是一个典型的成功女性。你会给这位妈妈多少分呢？为什么呢？先自己给这位妈妈打一个分数，然后再和同学讨论讨论，你觉得她能得多少分，为什么呢？我看的时候在想，我希望我以后能成为她这样的女性，既能让自己看起来很舒适，又能照顾好家庭。她在我心中就像超人一样。那同学们有没有听过妈妈是超人这句话呢？你们觉得这句话怎么样，如何去评价这句话呢？

观看视频二后，同学们，你们还觉得妈妈是超人吗？妈妈是超人这句话虽然是对妈妈的赞赏，但是超人这个词也是对妈妈们的限制，妈妈是超人是对妈妈们的道德绑架，为什么妈妈就必须是超人呢？我希望我的妈妈是她自己，某某的妈妈只是她的一种身份，她还有很多种身份，最主要的身份是她自己。如同以后你们也会成为某某的妈妈、爸爸，但是你们最主要的身份还是你们自己呀。我们再来看看这个不太“靠谱的”妈妈。

3. 主题活动二：不靠谱的妈妈（17 分钟）

观看视频三，评价这位不靠谱的妈妈，分享自己的妈妈。

干预者：同学们对这位妈妈的评分似乎不太高，因为从孩子的吐槽中我们可以感觉到妈妈有很多事做得不太好，这是一位很马虎的妈妈，让我们感觉她有点儿不靠谱。看完这位妈妈，你们对她的评价是什么呢？你们也来吐槽一下你们不靠谱的妈妈吧。

4. 结束活动：75 分的妈妈（5 分钟）

分享关于妈妈的句子，引起学生的共鸣。

打我有记忆起，妈妈就是中年妇女的样子。所以我总忘记，妈妈曾经也是个花季少女。妈妈第一次见到我的时候，一定是她这辈子最美的时候。只是那时的我一定不停地哭，所以忘了看妈妈最美的样子。

——卢思浩

妈妈们都有个通病，只要你说了哪样菜好吃，她们就频繁地煮那道菜，直到你厌烦地埋怨了为止。其实她这辈子，就是在拼命把你觉得最好的，给你，都给你，爱得不知所措了而已。

——张爱玲

当一个 75 分的妈妈，剩下的 25 分用来爱自己。

朗读关于妈妈的句子，引导学生去感恩妈妈。

干预者：老师说了这么多，其实是想告诉大家，妈妈可能真的有很多地方做得不够好，但是她真的在很努力地做一名好妈妈，就如同我们一样，我们其实也在很努力地做一名好学生、好孩子，但是我们还是会有很多缺点。

你们也希望老师、家长看到自己好的一面，包容妈妈的不完美，就是对妈妈最大的感恩。

【教学总结】

在本次课程中，开始课堂是比较轻松愉快的，但是到了后面气氛变得比较凝重。最初学生对妈妈的评价都是接近满分，对视频也很感兴趣，在看视频的时候十分安静认真，同时也在思考干预者提出的问题。本节课主要是先立后破，先给同学们树立一个妈妈是超人的观点，干预者再打破这个观点，从而让学生能够更深入理解母亲这一形象。从课堂表现来看，学生在课堂上深入思考，对于本次课程的教学目标完成较好，从学生表情以及反应来看，学生有较大的感悟。在此次课程中，干预者的引导较好，对课堂的把握较好。

（四）感恩教育干预活动实施四：父亲的散文诗

【教学时间、地点】××××年××月××日，××时；实验班教室

【教学准备】PPT、小纸团（写上父亲和老师）、关于父亲的句子、反馈表。

【操作要点】

1. 谁是卧底环节根据学生参与人数适当调整卧底人数；
2. 传声筒游戏时，要注意把握时间；
3. 每个游戏活动结束后，一定要对游戏进行总结，升华本次主题。

【教学进行】

1. 热身活动：心理小测试（5 分钟）

做一个心理学上关于投射的小测试，让同学们根据自己的第一感觉认为这是哪两个字。

图 7－2　投射小测试

PPT 播放投射小测试，组织同学们选择自己的答案。

2. 主题活动一：谁是卧底（20 分钟）

游戏规则：老师这里有 9 张小纸条，里面有 6 张内容是一样的，有 3 张内容是不一样的，同学们需要根据你拿到的纸条内容说出关键词，每一轮结束后需要投票，投出你认为谁是卧底。找出卧底就是警察胜利，否则就是卧底胜利。

干预者：同学们，游戏结束了，你们猜到了它们的内容吗？没错，警察是形容父亲的词语，卧底是形容老师的词语。我们班的同学都很棒，很多词

语老师都是没想到的，同学们能在游戏中说出这么多关于父亲的形容词，老师猜有很多词语应该是同学们通过父亲日常生活观察了解到的吧。所以同学们看似对自己的父亲不太了解，但是实际这些都是内化在心里面的。

3. 主题活动二：传声筒（15 分钟）

游戏规则：以小组为单位进行游戏，分两组轮流进行。老师给第一小组抽取题目（传输时间 40 秒），另一小组等待。注意：传话时只能耳边传话，不能被旁人听到，当两个成员在语言传递时，其余人保持距离。

干预者宣布游戏规则，引导同学们做游戏，然后进行小结。

干预者：同学们，游戏结束了，老师感受到了同学们在游戏中的快乐与无助。我们对比了传递后的句子和老师给的句子，发现有太大的差别。同学们你们在这个游戏中，明白了什么道理呢？

4. 结束活动：父亲的散文诗（5 分钟）

分享关于父亲的句子，引起学生的共鸣。

营造一个温暖的氛围，激发同学们的情感，激发学生对父亲的感激之情。

干预者：我的父亲没有散文诗，他的日记上都是给别人干活的日期。他的手上全是老茧。他不善言辞，不会说漂亮的话。他很平凡，什么都给不了我，却什么都给了我。爸爸是世界上最别扭的人，他从来不会说我爱你，但每一个行动都在暗暗地表达着我爱你。从来不说爱我的这个男人，却能包容我所有的坏脾气。

【教学总结】

在此次课堂中，同学们十分积极主动，课堂的参与度很高，同时同学们在整个课堂中是很放松的。但是本次课堂的教学目标完成不够，干预者对课堂的把握不够，由于游戏太多，导致学生异常兴奋，干预者有点儿控制不住课堂。同时同学们玩得很开心，对于课堂的深入思考有一定的缺乏，课堂整体感觉是很活跃，气氛很好，但是对感恩的思考不如前几次课程，学生所学习到的知识相对于前几次有所下降。

（五）感恩教育干预活动实施五：予你

【教学时间、地点】 ××××年××月××日，××时；实验班教室

【教学准备】 PPT、用纸做的钱、拍卖品清单、课堂反馈表。

【操作要点】

1. 以心电图导入一定要抓住重点进行总结，引出主题；
2. 让同学们明白需要感谢自己困难时帮助自己的人，并要付出实际行动。

【教学进行】

1. 热身活动：我的心电图（10 分钟）

在坐标轴上画出从出生到现在对自己影响较大的事情，正向代表好事，负向代表不好的事。干预者可以在黑板上进行示范，讲解我的心电图的绘制方法，引导学生画出自己的心电图，监督同学们绘制自己的心电图。请同学们分享自己的心电图。

2. 主题活动一：我的感恩名单（10 分钟）

让同学们回忆生活中的点点滴滴，在自己困难时给予过自己帮助的人，写下这些人的名字。

引导同学们去感悟身边的点滴，父母、老师、同学对自己的关心照顾。

干预者：在我们的生活中，总有一些身边的人，让我们充满爱与力量，但我们却很少发现。当我们处于人生低谷的时候，是谁在身边陪伴着我们呢？是谁时常给予你力量呢？是谁让你遇到困难就想他（她）呢？请同学们思考后写下他们的名字。

3. 主题活动二：我的感恩卡（20 分钟）

游戏规则：每人可有“10000 元”资金参加竞买。每件物品的底价均为 500 元，每次竞价以 500 元为单位，价高者得。每件物品的最高出价喊价 3 次后无人加价则击槌成交。若一次出价 10000 元，则立即成交。货品一经售出，概不退换。

4. 结束活动：赠送感恩卡（5 分钟）

让同学们分享自己所拍到的物品。干预者总结，呼吁同学们行动起来。营造一个温暖的氛围，激发出同学们的情感，激发学生对父亲的感激之情。

干预者：同学们刚刚经历了激烈的拍卖活动，部分同学买到了自己心仪的东西，请拍到自己心仪的东西的同学，将你所拍的物品送给你想要感恩的人吧！没有拍到想要物品的同学也不要气馁，我们表达爱和感恩的方式很多，希望同学们能够在以后的生活中勇敢地表达自己的爱和感恩。

【教学总结】

在此次课堂中，干预者能够较好地完成教学任务，与学生能够进行很好的互动。但是前面气氛比较尴尬，同学们的参与度不太高，有些人不愿意根据老师的要求来画和写。干预者在同学们身边轻轻提醒，有一定的督促作用。但是在后面的拍卖环节，同学们十分积极主动，效果比较好。同时干预者及时地进行了总结，紧紧扣住了主题。

三、心理健康教育干预活动课的效果评价及分析

通过 5 次感恩教育干预的设计，对实验班进行感恩教育干预后，对实验

班和对照班中职生的感恩、生命意义感和心理健康进行问卷调查。采用由麦卡洛（Mc Cullough）等人基于特质感恩理论开发的《GQ－6 感恩量表》，由刘思斯对斯蒂格（Steger）等人编订的量表进行校订的《生命意义感问卷》，1997 年王极盛等人编制的《中国中学生心理健康量表》，对感恩教育结果数据进行分析，以及对实验班课堂反馈问卷进行数据处理后，得到关于感恩教育课程的定量评估。对实验班进行开放式问卷调查以及干预者的观察反馈得到定性评估。

（一）统计学研究效果评估

在感恩教育课程结束后一周，对实验班和对照班进行了感恩、生命意义感和心理健康的后测，收回有效问卷实验班 30 份，对照班 27 份。为确定感恩教育课程是否促进中职生感恩、生命意义感和心理健康的发展，对数据进行了差异性检验。分析结果如下：

1. 实验班、对照班感恩、生命意义感和心理健康前后测均值比较

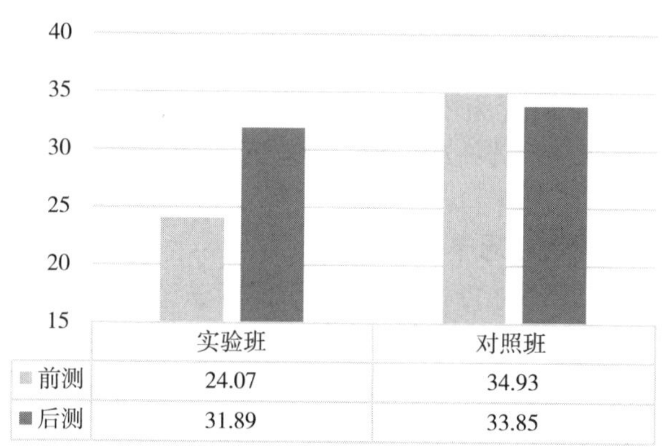

	实验班	对照班
前测	24.07	34.93
后测	31.89	33.85

图 7－3　感恩前后测数据对比（分）

通过图 7－3 感恩前后测数据可知，实验班通过感恩教育干预活动后其感恩水平显著提高，而对照班的感恩前后测变化不明显。

通过图 7－4 可知，对照班生命意义感前测总体水平高于实验班感恩前测总体水平，但经过感恩教育干预课程后，实验班生命意义感后测总体水平显著提高，且高于对照班感恩后测总体水平，而对照班生命意义感显著下降。

通过图 7－5 可知，对照班心理健康前测总体状况优于实验班心理健康前测总体状况，但实验班心理健康后测总体状况优于对照班心理健康后测总体状况，实验班经过感恩教育干预课程以后，心理健康得分显著降低，而对照班心理健康得分增高。

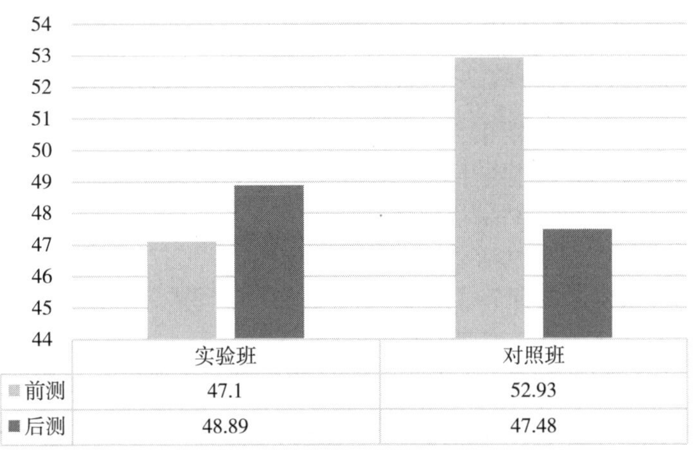

图 7－4　生命意义感前后测数据对比（分）

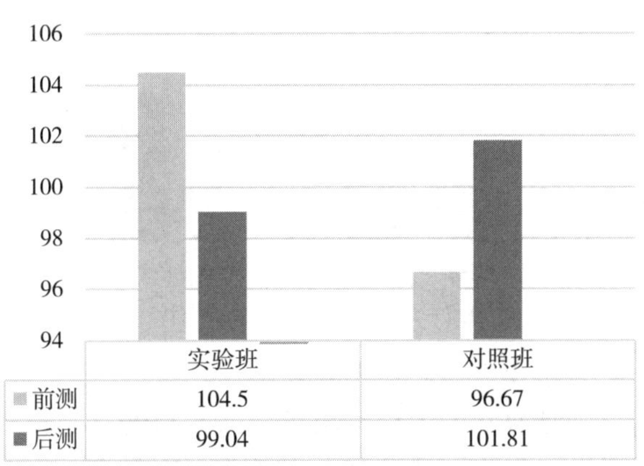

图 7－5　心理健康前后测数据对比（分）

2. 定量评估小结

通过对实验班和对照班的前后测数据进行分析，研究发现实验班经过感恩教育干预课程后，其感恩、生命意义感和心理健康出现显著差异。实验班前后测感恩，存在非常大的差异。因为本次干预的主要是感恩，但生命意义感和心理健康前后测也存在差异，得到实验班和对照班后测感恩、生命意义感和心理健康存在显著差异。同时对对照班前后测进行分析，发现对照班前后测不存在显著差异。通过 3 组比较，得出实验班通过感恩教育干预课程后，其感恩、生命意义感和心理健康水平有显著提高。本次感恩教育干预课程设计与实施，对中职生感恩、生命意义感和心理健康有促进作用。学生课堂活动反馈表中，通过不同的角度对课堂以及干预者进行评分，总体来说学生对课堂及干预者的评分是较高的，对课堂及干预者具有一定的认可度。

（二）定性效果评估

在课程结束后一周，对实验班的同学进行了一次开放式问卷调查。并且在每一次感恩教育课程结束后，干预者要客观真实地填写课堂观察记录表，将学生的开放式问卷调查与干预者课堂观察记录作为本次定性研究的依据。

1. 学生开放式问卷结果与分析

（1）印象最深的课堂活动以及从中的收获

学生对此次问题的回答主要是采用提取关键词进行归纳总结的方式，总结出同学们对 5 次感恩教育课程中印象最深的活动，印象最深的是“予你”课程，其关键词有“拍卖”“心电图”等关键词。印象第二深刻的是“75 分刚刚好”关于母亲的课程，主要的关键词有“打分”、“超人”以及“妈妈”等。同学们从中收获较多的是学会感恩、关心父母、感恩他人以及在心理健康课中收获了很多快乐。

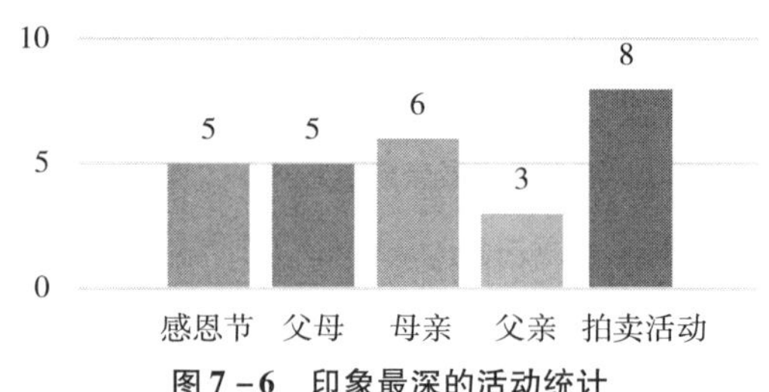

图 7－6　印象最深的活动统计

（2）通过上心理健康课自己最大的变化

同学们根据自己对课堂的评价与感受，认真思考了自己在接受了感恩教育心理健康课程后自己发生了哪些变化。首先，有较多的同学表示自己最大的变化是在感恩方面的能力有了较大的提升，大部分同学都认为自己懂得了感恩，更加能够体会到父母的不容易，对父母的爱增加了，更爱家庭、生活了，最主要的是学会了如何去感恩；其次，还有部分同学则认为自己对待生命的态度更加积极乐观了，对待事物的看法有所变化，以前看待事物较为悲观，对生活有较多的不满，但是通过课程后学会了换位思考，能够更加勇于去表达自己，在课堂上以及生活中变得更加自信了，等等；最后，还有较大部分同学认为自己经过感恩教育心理健康课程后在情绪上自己有了很大的变化，很多同学认为自己心情变好了，现在在课堂上很放松，对未来的焦虑有所减少，自己的积极情绪更多了，变得更加快乐了。

通过同学们的开放式问卷填写发现，在经过感恩教育心理健康课程后，同学们在感恩、自己对待生活的态度以及情绪情感等方面都有了一定的变化，本次感恩教育心理健康课程对同学们在生活和学习上均无不好的影响，对同学们的影响都是比较积极正面的。这也从侧面证实了本次感恩教育课程的积极性和有效性，感恩教育对同学们的生命意义感和心理健康是有影响的。

2. 干预者课堂反馈与感受

首先，在每次上课前干预者会认真编写教案，反复修改教学重点难点。根据学生具体情况设计教学目标，突出重难点。在上课时，也会根据教学设计开展课程，在课堂上会突出重点和难点，但是由于干预者能力上有一定欠缺，导致课堂重难点不突出。其次，干预者除了认真完成教学任务，还要观察课堂上同学们的反应以及处理突发事件等。在 5 次感恩教育课程中，均无较大的突发事件，对于课堂上的问题，干预者均能够合理地进行处理。如在课堂上有同学睡觉、不听课等，干预者则会在同学身旁轻轻提醒。最后，在上完干预课程后，都会认真填写心理健康课观察记录表。干预者通过上课后及时填写观察记录表以及自己教学时候的感受，根据自己的感受以及学生的状态及时调整教案与自己的上课状态。5 次感恩教育课程中，正如前 3 节课干预者感受到上完课程后会比较疲倦，学生的参与度不够时，及时调整了自己的教学设计，采用以游戏为主，以此来调动同学们的积极性，同时干预者上课的积极性也有所提高。

3. 定性评估小结

通过开放式问卷调查的方式，了解到学生对课堂活动的喜爱程度，并且学生在课堂上收获较多，不管是从知识还是情绪情感上，学生都有一定的收获，并且本次感恩教育干预课程没有对学生产生任何负面影响。根据干预者的上课观察及感受，在课堂上学生积极参与，干预者及时调整教学，使整个教学活动顺利开展，取得了较好的教学效果。

四、心理健康教育干预活动课的总结

通过感恩教育干预课程的量性结果和定性结果，分析感恩教育干预课程的有效性，探究感恩教育干预课程对中职生的感恩、生命意义感和心理健康的影响。本次干预的主要目的是通过感恩教育，能够有效提高中职生的感恩水平、生命意义感水平和心理健康状况。从研究结果来看，本次感恩教育干预课程是有效果的，本次感恩教育干预课程能够取得良好效果的原因有以下几点。

（一）感恩教育方案设计合理，具有较强的针对性

首先，本次感恩教育是针对青少年心理发展特点以及中职生的学习特点而设计的。因为正处于青春期的中职生，已经具有较强的自我意识，但是由于受中国传统文化的影响，他们对父母以及身边人表达爱和感恩的方式十分

含蓄，而且不愿表达出来。干预者在课程设计的时候考虑到了这一点，在课堂中让同学们写和画的内容更多，同时中职生在学习上也处于不利地位，他们大多不善于在课堂上表达自己的想法和分享自己的观点。虽然有分享的环节，但是同学们采用自愿的原则，自己主动起来分享，在课堂中尽量不让同学们感受到压迫感，而更多的是轻松和愉悦的感受。再根据中职生的学习习惯和学习方式，课堂上去掉了理论知识的讲解，更多地从学生实际生活出发，减少灌输式教学，注重让学生自己用心体会和感悟。其次，虽然前期已有感恩干预的课程设计，但在实际教学中会根据学生实际情况进行有针对性的调整。干预者在实际的教学中，根据学生的反馈以及干预者自己上课的感受，及时调整自己的教学方式以及教学内容的呈现形式。如通过前面三次感恩教育后，老师明显感到同学们参与度不高，不愿意分享和交流，并且根据学生的课堂反馈评分可以知道学生不太愿意分享，于是干预者修改了教学设计，后期以游戏为主，提高同学们的参与度。从课程反馈情况来看，同学们的参与度有所提升，在课堂中能够感受到轻松愉快，能够真诚地去分享交流，并且能够勇于去尝试新的行为。最后，本次感恩教育的对象具有针对性。在以往的感恩教育中，其干预对象范围很广，总体上将感恩对象分为人物、事物，感恩的对象十分庞大。根据感恩教育的特点以及中职生接受知识的特点，本次感恩教育主要以感恩身边人为辅，侧重点放在感恩父母上，一共 5 次课程，有 2 次为感恩身边人，学会感恩，3 次为感恩父母。所以本次感恩教育主要是针对感恩父母及身边人为主，具有较强的针对性。由于中职生对于学习的接收能力偏弱，感恩教育课程设计时以“精简”为主，突出重点、反复强调重点，让中职生能够完全吸收和掌握本次感恩教育。

（二）本次感恩教育干预课程具有较强的灵活性

第一，感恩教育干预课程的设计具有较强的灵活性。感恩教育干预课程虽然是根据青少年身心发展特点设计的，但是有较强的实操性。因课程的对象是中职生，在设计之前没有针对该班级的学生特点进行设计。因此在经过与实验班的学生接触与了解后，对课程进行适当的调整，因此感恩教育干预课程设计上具有较强的灵活性。第二，灵活处理课堂实际情况。起初的课程设计是根据教学目标设计的，没有考虑到实际的操作情况。干预者在上课时根据学生课堂实际反馈，对教学时间以及教学重难点进行调整。对学生感兴趣的点进行深入探讨，对学生不感兴趣的话题，干预者进行适当引导，吸引学生注意力。同时在感恩教育课堂上，学生回答或分享的内容无对错之分，每个同学都可以自由分享自己的感受。同时对于回答问题的方式也采用灵活处理，有些同学不愿意在全班面前分享，可以只与老师分享，也可以只对同桌、朋友分享。在课堂上，对于学生不同的反应，干预者进行灵活处理。

（三）感恩教育干预有较好的课堂环境及良好的团体氛围

在进行实验前，对该校所有班级进行调研，由于职业学校划分专业的原因，男女比例严重失衡。折中选择了酒店管理和旅游专业的学生，男女比例适当。首先，所选班级不涉及其他心理健康相关课程，并且在进行课程之前先征求全班同学意见，是否愿意主动参与本次实验活动。全班同学均愿意参与本次活动，并且表示会积极支持与配合。其次，由于选择的是以一个班级作为团体进行实验，同学们相互认识、彼此熟悉，为营造轻松愉快的课堂气氛打下了良好的基础。最后，干预课程安排在每周四下午第二节课，所选用的时间为正课时间，不耽误同学们休息时间。并且在正课时间，同学们注意力更集中，上课更用心且积极。

（四）将学校建设成感恩教育的主阵地，有利于学生的心理健康

感恩教育以学校教育为主，感恩一直是被人们推崇的优秀文化，它体现了中华民族的价值观念和传统美德。随着国家对传统文化的重视，感恩教育也应该被重视起来。但是感恩教育的发展离不开家庭、社会、学校的共同努力。由于家庭教育和社会教育较为零散，不具备统一性和连贯性，学校教育可以对学生进行较为统一且连贯的教育，因此，以学校为感恩教育的主要场所，由干预者对学生进行感恩教育，将感恩教育纳入学校教育的必修课程。由于家庭教育和社会教育对感恩教育具有潜移默化的作用，在家庭教育中，父母对孩子进行潜移默化的感恩教育，以及根据自身家庭状况进行有针对性的感恩教育。社会负责营造一个有利于感恩教育发展的大环境，社会可以通过海报、宣传栏、短视频等对人们进行感恩教育，将感恩教育渗透到社会环境中。感恩教育以学校教育为主，家庭、社会教育作为补充。

将感恩教育纳入心理健康教育中。学校的主要任务是教书育人，对学生进行感恩教育义不容辞。由于学校有大量教育专业人士，十分了解学生的身心发展特点，能根据不同阶段的学生进行有针对性的感恩教育。并且由于感恩教育作为积极心理学中的一个重要因素之一，感恩可以促进学生心理健康发展，因此将感恩教育纳入心理健康教育之中。在心理健康教育中将感恩教育形成一个完整的、有连贯性的教育体系，从幼儿园、小学、中学到大学，根据学生不同的身心发展特点，对学生进行不同层次的感恩教育，由浅入深，层层深入，使学生在学校阶段能对感恩形成一个完整的体系，并且能心怀感恩，将感恩运用到实际生活中。

在其他学科中渗透感恩教育。学生在学校的主要任务是学习，学生接受

不同学科的教育，不同学科有不同的教学任务。对于感恩教育，需要持续而反复地教育，而心理健康教育不可能只包括感恩教育，感恩教育只是心理健康教育的一部分，其效果可能不容乐观。如果其他学科中渗透着感恩教育，其他学科的干预者有意无意地对学生进行感恩教育，感恩教育的效果一定事半功倍。所以在学生学习知识的同时，干预者对学生进行适当的感恩教育，这才真正符合干预者教书育人的特点。最终形成以家庭、社会教育为支撑点，以心理健康教育课程为主，其他学科为辅的感恩教育体系。

（五）在学校开设有中国特色的感恩教育，有利于促进学生心理健康

利用节日进行感恩教育。在不同的文化背景下，感恩教育的方式是不同的。在西方文化中，感恩节是一个重要的节日，可见感恩在西方文化中的重要性。但在中国似乎没有专门关于感恩的节日，但仔细想来，太多节日与感恩相关，如父亲节、母亲节以及教师节。这些节日的存在就是为了提醒人们不要忘记父母以及老师的付出，应该在这一天用行动对他们表示感谢。在中国的传统文化中，重阳节是对老人的尊重与感谢；春节、中秋节以及元宵节是对家人的思念以及感谢；七夕节是对爱人表达爱意和感谢；清明节是对逝者的哀思以及感谢；这些节日都是表达自己的情感以及感恩的好时机。不管是家庭、社会还是学校都可以利用传统节日对人们进行感恩教育，学会用实际行动表达自己的感恩。

感恩教育符合中国实际需要。由于中西方文化的差异，感恩的对象也有所不同，西方由于受基督教文化的影响，更加注重感谢上帝等，而中国受儒家思想的影响，更加侧重于感恩人物。因此在感恩课程上应加上中国特色文化，以感恩人物为主。父母是个体生命中特别重要的角色，我们首先感谢的应该是我们父母，不论是从伦理还是亲情角度，最应该感谢的就是生养我们的父母。其次是我们身边的亲人、老师、朋友以及对我们有知遇之恩的人，感恩身边对我们帮助的人。身处社会主义国家的我们，不应该忘记感恩祖国，是祖国为我们提供了一个和平安全的大环境。因此，感恩教育可以以父母为突破点，通过对父母的感恩，带动对身边亲人、朋友的感恩，最后落脚于实现自我，报效国家。以点带面，层层递进，让学生学会感恩。最终利用传统节日以及中国传统文化，进行感恩教育，形成有中国特色的感恩教育。

（六）有针对性地对中职生进行心理健康教育，有利于促进学生生命意义感

中职生面临的学业压力可能相对于普通高中生要小，但是中职生在升学、就业、人际关系等方面的压力很大。在此基础上职业教育尤为重要，加强中职生职业教育和挫折教育，提高其心理健康水平是新时期的必然选择。在当前的教学实践活动过程中，中职生心理问题频发，较多的是由于对自身的认知过高，对自己的期待过高，但与现实情况有所不同，对自身的认知与当前所处的环境产生分歧。这对于中等职业学校而言是一个不可忽视的问题，让在校学生对自己的未来有一个恰当的定位，对未来的规划在合理范围内，尽量减少中职生职业规划的现实与理想之间的冲突。因此，中职生的职业教育显得尤为重要和迫切。职业教育的开展有利于中职生找到自己的目标以及对人生有一个较好的规划，以此促进中职生的生命意义感，并且关注中职生的情绪情感以及家庭状况。中职生是青少年团体中属于较特殊的群体，国家现在也在大力发展职业教育，在发展职业教育的同时也应该更加关注中职生的心理健康状况。中职生正处于青春期，青春期的孩子情绪情感的变化大，因此可以通过关注同学们情绪情感来关注中职生的心理健康状况。关注学生的情绪变化需要大家的共同努力，首先需要宿舍室长关注同学们在宿舍的情绪情感变化，其次是班级中的心理委员需要注意班级同学的情绪变化，再次是班主任以及各科老师要关注学生的情绪变化。家庭关系以及人际关系是影响中职生情绪变化的重要因素，因此班主任和学校心理老师要关注学生的情绪变化，了解学生的家庭状况以及与周边同学的关系，有针对性地为学生建立心理健康档案，针对不同的学生采用不同的教育方式，真正地关注到每一位同学的心理健康状况。

第八章　中职生“学习策略与意志品质”的心理健康教育干预活动辅导

一、心理健康教育干预活动课的设计

本心理健康教育课程干预活动从认知、情绪与行动3个方面对学生的学习毅力进行干预。基于学生具体情况提出以下总目标：协助成员了解自身学习状态，设定学习目标，提升成员学习毅力的认知层面；提升成员的自我效能感以及抗挫折能力，并提升成员学习毅力的情绪层面；通过对学业目标的不断坚持以及对学业投入的不断增加，提升学习毅力的行为层面。

本心理健康教育课程干预活动主要分为3个部分：建立关系阶段、工作阶段与结束阶段。建立关系阶段主要是采用游戏法与学生相互认识，并且拉近与同学之间的关系，为后续心理健康课程干预活动奠定一个良好的人际基础。工作阶段主要围绕学习毅力的干预进行。整个课程逻辑为首先建立学生的自我效能感，即让他们相信自己是可以做到很多事情的，所以学习也可以，同时加之科学依据，让他们进一步相信，自己可以凭借努力去获得进步，在进行了这种心态上的干预后，让他们进行思考自己的目标是什么，寻找一个外在动机以此来促进自身动力形成。其次有了目标还不行，需要通过学习方法的教授来让他们明白我们要如何进行时间管理从而实现目标。在课程进行过程中发现学生的学业目标存在一定问题，为此在工作阶段的最后一课，再次回到学习动机，让学生建立自己和学习的联系，让学生相信学习可以给他们带来的利益以促进其改变。最后是结束阶段，结束阶段为对心理健康教育课程干预活动的总结以及班级成员的告别与展望。

（一）心理健康教育干预活动方案一：构建良好团体关系

【教学对象】职中一年级汽修班学生

【教学计划学时】2课时

【设计理念】

由于实验班的同学是高一年级新入学的学生，同学之间还并不熟悉，为此在设计上按照心理健康教育干预活动的一般流程，让班级成员建立关系，设定团队契约，交流课程期待，为后续课程奠定人际基础。

【教学目的】帮助学生构建本课程的团体契约。

【教学目标】

1. 促进学生交流，班级成员之间相互了解，构建良好的团体关系；
2. 学生提前了解课程，提出自己的期待与建议，提升后续课程质量；
3. 建立班级团体契约，说明奖惩制度，调动学生学习积极性，规范不良学习行为，建立规则意识。

【教学重难点】

1. 重点：促进班级成员的了解并且建立团体契约。
2. 难点：调动学生的积极性对课程进行建议以及设立奖惩制度。

【教学内容】

1. 热身活动：蒙眼画鼻子（10 分钟）
2. 主题活动

（1）蒙眼画鼻子（25 分钟）；

（2）描述与评价（25 分钟）；

（3）团体契约（20 分钟）。

3. 结束活动：写下我曾做到过的事情（10 分钟）

【教学形式】游戏法、讨论法、讲授法、演示法。

（二）心理健康教育干预活动方案二：构建成长型心态

【教学对象】职中一年级汽修班学生

【教学计划学时】2 课时

【设计理念】

学生对于自身能力的不信任除了自我效能感低的原因外，中职生不相信努力，也是一大原因。为此，在课程设计初始，首先帮助学生树立一种信念，努力可以带来成长的同时也会带来成就，也就是我们所说的成长型思维。成长型思维是德韦克（Dweck）所提出的两种思维模式中的一种。具备成长型思维模式的个体持有“能力增长观”，即他们认为智力具有可增长、可塑造、可调控的特性，是可以通过努力学习和训练不断提高的，并且会以一种更加积极的视角看待困难和失败，因而其在学业、工作等领域也更容易取得成就。已有研究表明，当个体认为能力是可以随着训练和实践而得到发展时，他们不会因暂时的挫折和失败而感到沮丧或选择放弃；相反，他们认为战胜挫折的过程正是不断超越自我的过程，因此会积极寻找解决问题的有效策略，坚持不懈地朝着目标努力，从而表现出较高的坚毅性。

【教学目的】帮助学生提升自信心，培养成长型心态。

【教学目标】

1. 通过榜样人物的树立，让学生进行自我审视，并进行比较，调动积极性；

2. 通过“伤仲永”这一案例分析，否定天赋的决定作用，让学生相信努力的作用；

3. 让学生树立个体的成长是依托努力而非先天条件这一信念。

【教学重难点】

1. 重点：打破成就先天决定论，帮助学生树立努力可以带来成长的信念（成长型思维）。

2. 难点：通过榜样的树立以及相关事例的讨论来构建信念。

【教学内容】

1. 热身活动：大风吹（5 分钟）

2. 主题活动

（1）那个女孩（30 分钟）；

（2）啊！大脑变了（25 分钟）；

（3）天赋 VS 努力（15 分钟）。

3. 结束活动：我的学业小目标（10 分钟）

【教学形式】游戏法、讨论法、讲授法、演示法。

（三）心理健康教育干预活动方案三：增强自我效能感

【教学对象】职中一年级汽修班学生

【教学计划学时】2 课时

【设计理念】

中职生在经历了失利后，其自我效能感普遍低于普通高中的学生。为此，要提升中职生的学业素养除了要构建成长型思维让学生相信自己可以成长外，还需要帮助其构建自我效能感。为此在建立学生的成长型思维后，便通过设计系列课程让学生相信自己的能力，也就是自我效能感。

【教学目的】帮助学生提升自我效能，获得学业自信。

【教学目标】

1. 建立自信心，从已有经历中寻找自我价值感；

2. 客观评价自己，发现自己的优点，认同自己的优点；

3. 建立与巩固自我效能感。

【教学重难点】

1. 重点：让学生感受到自身价值以及相信自己的能力。

2. 难点：如何让学生通过外在动机唤起自我效能感。

【教学内容】

1. 热身活动：故事接龙（10 分钟）

2. 主题活动

（1）天使的秘密（25 分钟）；

（2）我做到过（30 分钟）；

（3）谁的祝福（20 分钟）。

3. 结束活动：合唱《我相信》（5 分钟）

【教学形式】游戏法、讨论法、讲授法、演示法。

（四）心理健康教育干预活动方案四：时间观念与时间管理

【教学对象】职中一年级汽修班学生

【教学计划学时】2 课时

【设计理念】

未来时间洞察力影响着个体的目标设置或接受的目标种类，未来时间洞察力强的个体经常设置远景目标，且更清晰。为此学业目标定向是需要有未来时间洞察来做辅助的，在帮助学生执行目标前需要让学生对其未来时间有所觉察并且具备规划实施的具体方法。

【教学目的】帮助学生学会制定一个合理的学业目标，并且坚持执行。

【教学目标】

1. 认识到时间管理对自身的重要性，并审视自身时间分配问题；

2. 学习时间管理的相关方法，获得合理分配时间的技能；

3. 在课程后可以将方法与知识运用于自身实践。

【教学重难点】

1. 重点：时间管理方法的讲授与学生在此方面的实践。

2. 难点：调动学生的积极性对课程所授方法的认同与实践。

【教学内容】

1. 热身活动：温暖的抱抱（10 分钟）

2. 主题活动

（1）我的一天（25 分钟）；

（2）时间象限（30 分钟）；

（3）我的明天（20 分钟）。

3. 结束活动：正念冥想（5 分钟）

【教学形式】游戏法、讨论法、讲授法、演示法。

（五）心理健康教育干预活动方案五：学校归属感与学业长久目标

【教学对象】职中一年级汽修班学生

【教学计划学时】2 课时

【设计理念】

在学习过程中学生建立学习导向目标、与同伴进行合作、建立对学校的归属感均可预测更高的学业韧性水平。而在学生的具体学业目标上，让学生更加了解学业背景将有利于学生合理构建学业目标，并且也更有利于学业目标的实施。

【教学目的】帮助学生建立学校归属感以及学业动机，即通过升学来获取成就。

【教学目标】

1. 深入了解学校，增强学校认同感与归属感，建立自身与学习的联系；
2. 了解中职生升学途径，认识到自身的无限可能；
3. 可以将目标与现实学业成长相联系，并作出可行的实践计划。

【教学重难点】

1. 重点：让学生可以面对在课程作业上的学业挫折（计划书），并且建立一个合理可行的学习途径。

2. 难点：如何让学生建立直面这种不想做的事情的能力。

【教学内容】

1. 热身活动：播放最美校园视频（10 分钟）

2. 主题活动

（1）我的学校（25 分钟）；

（2）我可以成为大学生吗（25 分钟）；

（3）审视目标执行计划书（25 分钟）。

3. 结束活动：播报所记录学生积分，进行现阶段的奖励（5 分钟）

【教学形式】游戏法、讨论法、讲授法、演示法。

（六）心理健康教育干预活动方案六：学业目标与执行

【教学对象】职中一年级汽修班学生

【教学计划学时】2 课时

【设计理念】

目标管理理论最初由美国管理心理学家德鲁克提出，是现代管理理论的重要组成部分，其核心含义是“目标管理和自我控制”。学业目标管理在学生学习管理过程中具有明确性、清晰性和导向性等特点。对于中职生而言，构建一个合理可行的学业目标对于其学习而言有着巨大的积极影响。

【教学目的】 帮助学生学会制定一个合理的学业目标，并且坚持执行。

【教学目标】

1. 认识目标的形式，了解学业目标的重要性；
2. 享受课堂氛围，提升学习动力；
3. 有能力构建自身学业目标，并且具有执行可能性。

【教学重难点】

1. 重点：学生通过课程可以制定自身的学业目标执行计划书。
2. 难点：课程趣味性不高，如何让学生主动进行思考并执行课程内容。

【教学内容】

1. 热身活动：听歌识曲（10 分钟）
2. 主题活动

（1）表现 VS 学习（15 分钟）；

（2）未来的我（25 分钟）；

（3）目标执行计划书（25 分钟）。

3. 结束活动：拜拜，我的烦恼（15 分钟）

【教学形式】 游戏法、讨论法、讲授法。

（七）心理健康教育干预活动方案七：展望明天，结束课程

【教学对象】 职中一年级汽修班学生

【教学计划学时】 2 课时

【设计理念】

积极的情绪体验是积极心理学研究的主要方面。研究主要集中在主观幸福感、快乐、爱等积极情绪体验，以及积极情绪与个体身体健康之间的关系上，其中主要的是幸福感的研究。美国心理学家马丁·塞利格曼于 2002 年出版了《真实的幸福》（*Authentic Happiness：Using the New Positive Psychology to Realize Your Potential for Lasting Fulfillment*）一书，在此书中他第一次提到真正幸福论。巴斯（D. M. Buss）从生物进化的角度指出快乐既是人类追求的目标，更是人类进化过程中形成的一种心理机制。同时提出了提高人的快乐程度的建议：激活另一些心理机制如友谊、合作关系等，可以增加人们的快乐，改善人类自身的生活质量。

【教学目的】 增强对未来的希望感，在积极的情绪氛围中结束课程。

【教学目标】

1. 回忆童年以增强积极情绪；

2. 展望未来，增强对于未来的希望感；
3. 增加学业动机，增强坚持学习的可能性。

【教学重难点】

1. 重点：构建欢乐真诚的课堂。
2. 难点：与学生进行告别，并让学生感受到教师的热忱。

【教学内容】

1. 热身活动：我画我的好朋友（10 分钟）
2. 主题活动

（1）猜猜他是谁（25 分钟）；
（2）你的童年，我的童年好像都一样（35 分钟）；
（3）生命意义曲线——未来的我（10 分钟）。

3. 结束活动：我与我，宁做我（10 分钟）

【教学形式】游戏法、讨论法。

二、心理健康教育干预活动课的实施

在干预活动方案设计结束后，本次干预活动将实施 7 次关于中职生学习策略和意志品质——学习毅力——的主题心理健康教育干预活动。首先在职高一年级汽修专业班分别选出学习毅力均值无显著差异的两个班作为实验组和控制组，实验组接受为期两个月共 7 次的学习毅力主题心理健康教育干预活动，控制组在两个月期间进行与学习无关的一般心理健康教育干预活动；实施的内容包括干预活动的准备、进行、操作要点等过程。

（一）心理健康教育干预活动实施一：构建良好团体关系

【教学时间、地点】 ××××年××月××日，××时；实验组教室

【教学准备】眼罩、便笺纸、笔、班级名单、抽签箱。

【操作要点】

1. 注重学生的情感体验，保护学生的隐私；
2. 注重让学生从自身进行思考与举例，将课程与学生紧密联系；
3. 以倾听为主，注重学生的情感体验。

【教学进行】

1. 热身活动：蒙眼画鼻子

干预者：各位同学大家好，欢迎大家来到今天的心理课堂，在课堂开始前，让我们一起来玩一个有趣游戏，现在老师手里拿到了大家的名单，我将随机抽两位同学来进行我们的游戏。

游戏规则：教师在黑板上画一个缺少鼻子的人脸，随机抽取学生来到黑板前，让学生在距离2米远的地方戴上眼罩，并让其走到黑板前对黑板上的人脸图画进行完善。

学生讨论：蒙眼画鼻子的感觉如何呢？下面没有进行游戏的同学是什么感受呢？

干预者：虽然看起来是一个简单的游戏，但是在这个过程中我感受到大家的愉悦，那我们就一起愉悦地进入我们本学期的心理健康课吧！

2. 主题活动一：猜猜他是谁？

游戏规则：首先让学生在便笺纸上写下自己的名字，写好后放进抽签箱，每位同学从抽签箱里抽取一位同学的便笺纸，并在该纸上写下你对他的印象，写好后放回抽签箱。之后请学生从中随机拿出便笺纸对所写印象进行逐条描述，同时请同学猜所描述的是哪位同学，最后公布答案。注意，要求学生描述的是该学生的优点。

学生讨论：你觉得他人对自己的描述准确吗？为什么？

学生讨论：为何你觉得这位同学是这样的印象呢？

干预者：在我们的生活中，我们总是会忽略自己的许多特性，蒙在鼓里，所以我们需要置身于群体之中。比如说咱们的班集体，通过同学们的眼睛来发现自己的美。现在请大家拿回属于自己的纸条，去感受别人眼中那个美好的自己。

3. 主题活动二：描述与评价

干预者：在刚刚的分享中我们发现，有些同学明确写出了同学的特点，也有的同学是记录了一件事情，大家想想看他们有什么区别？

学生讨论：两种语言的区别，以及自己的感受。

干预者：是的，两种语言我们将其称为描述性语言与评价性语言。那根据我们刚刚的分享，你更喜欢哪一种呢？

学生讨论：描述性语言与评价性语言的优劣。

干预者：根据非暴力沟通理论，客观描述的词语相比于评价更不容易让人有不好的感受，同时，好的评价会让自己感到开心。最后让学生对自己的同桌进行客观描述以及积极评价。在我们的同学相处中，我们应该更多地使用描述性语言或者好的评价来让同学获得好的体验。

4. 主题活动三：团体契约

干预者：同学之间的沟通相处有需要注意的事项，而我们的课堂也应该要有所规定。老师将和你们一起度过好几个课时，所以我们大家一起来商量我们的课堂应该要注意哪些，我们要奖励什么样的行为，惩罚什么样的行为，好不好？

学生讨论：我们的课堂应该要注意什么？

干预者：那我们的团体契约就是：当同学回答完问题后，你应该鼓掌对其进行鼓励。没有做到的同学将被指派回答下一个问题。我们鼓励主动回答问题的同学，主动回答问题的同学将获得积分，积分累积将获得相应奖品。无论同学回答了什么我们都应该给予尊重，不打断、不批评，并保护同学的隐私。课堂期间不起争执和冲突。

5. 结束活动：写下我曾做到过的事情

干预者：通过今天的课程老师对于你们有了更多的了解，也相信大家在后面的课程能够相处愉快。但是，老师还想进一步地了解大家，所以请大家在便笺纸上写下你曾经做到过的一件小事。这件事情不需要多么伟大，只需要让现在的你想起来觉得自己还是有点厉害的就行。希望老师保密的可以在便笺上写下“不愿公开”，这样的话这就是老师和你两个人的小秘密了。

【教学总结】

本节课的教学重难点是通过活动要学生营造一个良好的团体氛围，并且通过课程形成本课程的团体契约。本节课完成了教学目标，但学生的接受程度和执行力度还有待进一步观察。

本节课的成功之处：热身活动学生热情高涨，游戏参与积极性较高。对于沟通方法的思考与讨论有一定深度，并且积极对照自身行为进行了反省，最后积极参与团体契约的构建。

本节课存在的问题：本节课设计的环节较多和紧凑，导致每个环节和活动的时间不太好掌控，由于时间的原因还有很多同学没有机会发言。后续课程将结合不足，积极改进。

（二）心理健康教育干预活动实施二：构建成长型心态

【教学时间、地点】 ××××年××月××日，××时；实验组教室

【教学准备】 便笺纸、笔、榜样视频、PPT。

【操作要点】

1. 注重学生的情感体验，保护学生的隐私；
2. 在各种事例中构建学生的成长型思维，也就是相信自身可以依靠努力获得成就的信念；
3. 以倾听为主，注重学生的情感体验。

【教学进行】

1. 热身活动：大风吹

干预者：请同学们起立！我们先来做个热身小活动。

游戏规则：教师喊“大风吹”，学生问“吹什么?”，教师指向鼻子，同性学生根据指令两两将鼻子贴在一起。

2. 主题活动一：那个女孩

干预者：老师在这里想和你们介绍一个人，她和你们一样来自中等职业学校，那她有什么样的经历又有怎样的特点呢，我们一起通过视频来了解一下。

播放中职生榜样视频。视频展示一位中职女生通过自己的不断努力最后成为一名“211”研究生的故事，视频中尤其突出了该女孩努力的细节。

学生讨论：她是如何获得她想要的成就的？为此有哪些细节体现了她的努力？你想成为她吗，为什么？

干预者：在我们身边总有一些人在通过自己的努力与所处的困境作斗争。刚刚有同学提出，有些人的成功是因为天赋，那我们在这里做一个深入的讨论，天赋对于成功的影响是绝对的吗？

3. 主题活动二：啊！大脑变了。

干预者：我们来看看科学界的观点。首先，老师要提出一个问题，人是依靠什么进行思考与学习的呢？

学生讨论：思考与学习的途径是什么？

干预者：我们的思考以及学习离不开大脑，那么大脑可以做什么呢？大脑会变化吗？

学生讨论：人脑的功能与是否变化。

干预者：人脑是可变的，这种变化不只是物质（灰质）的变化、形态的变化，还有认知上的变化。也就是说我们所说的先天条件它本身也不是一成不变的。

4. 主题活动三：天赋 VS 努力

干预者：在解决天赋和后天对于我们的成功哪个更重要问题之前，请同学回答老师的三个问题。

35 + 8 = ?

所谓伊人的下一句是什么？

成长型心态是谁提出的？

干预者：也就是说，有些题目你是会的，有些题目你是不会的。8 岁的你这些题目都会吗？明天的你这三个题目可以回答吗？是的，个体是一种成长的状态，曾经你不会的不代表长大后的你不会，许多事情通过学习可以获得。有什么小时候做不到但是现在可以做到的事情？也就是说个体是具有成长性的，即人的能力会随着年龄而增长。

5. 主题活动四：案例分析——伤仲永

金溪县有个百姓叫方仲永，祖祖辈辈以耕种为生。仲永出生 5 年，还没有见过书写工具，忽然有一天仲永哭着索要这些东西。他的父亲对此感到惊奇，就向邻居借书写工具来给他。仲永立刻写了四句诗，并且题上自己的名字。他的诗以赡养父母、团结族人为主旨，传给全乡的秀才观赏。从此，指定事物让他作诗就能立刻完成，并且诗的文采和道理都有值得欣赏的地方。同县的人们对此都感到非常惊奇，渐渐地都以宾客之礼对待他的父亲，有的人花钱求取仲永的诗。方仲永父亲认为这样有利可图，每天牵着方仲永四处拜访同县的人，不让他学习。王安石听到这件事很久了。明道年间，王安石跟随先父回到家乡，在舅舅家见到仲永，他已经十二三岁了。叫他作诗，写出来的诗已经不能与从前的名声相称。又过了 7 年，王安石从扬州回到老家金溪，再次到舅舅家去，问起方仲永的情况，他说："方仲永已经完全如同常人了。"

学生讨论：方仲永为什么最后没有获得所要的成就？你更相信天赋还是努力？为什么？

干预者：天赋并非成功的第一要素，有许多天才在堕落中泯然众人，也有一开始条件与所处环境较为困难的人在不断的努力中走向更美好的人生。你们呢，你们对未来有信心吗？

学生：有！

6. 结束活动：我的学业小目标

干预者：通过今天的课程我们认识到努力比天赋更重要，但是光有努力不行，我们得知道努力的方向，所以请大家在纸上写下你的学业小目标。

【教学总结】

本节课的教学重难点是通过活动要学生构建成长型心态，并且通过课程认识到自己的未来是无限可能的，不被自己的先天条件限制。本节课基本完成了教学目标，但学生的接受程度和执行力度还有待进一步观察。

本节课的成功之处：让学生对于自己有了进一步思考，并且在课程结束时明显体现了自信心的提升。

本节课存在的问题：大脑可变部分设计过于晦涩，学生对于过于学术的内容接受能力较弱。应该将课程内容与语言尽量贴近学生的生活以及知识基线。

（三）心理健康教育干预活动实施三：增强自我效能感

【教学时间、地点】 ××××年××月××日，××时；实验组教室

【教学准备】 便笺纸、笔、歌曲伴奏、PPT。

【操作要点】

1. 注重学生的情感体验，保护学生的隐私；

2. 鼓励学生对自己的同学进行优点描述，让学生在他人评价与回忆中提升自我效能感；

3. 以倾听为主，注重学生的情感体验。

【教学进行】

1. 热身活动：故事接龙

干预者：请同学们以“今天我来到学校”作为故事开头，一起编一个完整的故事，看看这个故事会有怎样的走向。

游戏规则：以“今天我来到学校”作为故事开头，随机请同学对故事进行接龙，每位同学至少参与一次，要求前后要有衔接。最后形成一个完整的故事。

2. 主题活动一：天使的秘密

干预者：每人在纸上写下自己的名字，折好，放在宝箱里。每人随机从宝箱里抽一个纸条，纸条上的人就是你今天要守护观察的人。需要你做的是：默默地观察，守护他。并且在纸上记录你观察到他所呈现的优点。在这节课最后的时候分享自己在这节课观察他的结果。

3. 主题活动二：我做到过

干预者：在第一次课，老师让大家写的“我曾做到过的事”，老师都认真看了。但是老师发现有很多同学写的是一些没有做到过的事情。现在老师想带着大家一起回忆，我们去发现生命中那些小美好，美好是值得肯定的不是吗？现在请同学们在纸上认真回忆自己曾经做到过的事情，并且记录下自己是如何完成，并且做到这件事情的。注意：不一定是大事，也可以是某年学会的骑自行车，学会了做哪道菜。

学生讨论：自己完成的事情是什么？完成的过程是什么感受？完成后是何心情？

干预者：当一件事情完成后我们会很有成就感，同时回忆这件事情也会让我们感到开心，所以我们日常生活中可以多记录，回忆曾经做到过的一些小事情。

4. 主题活动三：谁的祝福

干预者：我们这次的课程马上要结束了，现在请大家在纸上写下你所观察的同学的优良表现，或者你发现他有什么地方做得很好。写好后放进我们的宝箱里，待会由同学来抽签分享。

学生分享：全班同学的观察纸条一一分享完毕。

干预者：大家看，其实我们每个人都有很多很多的优点，我们要去正视它，我们也做成功过很多事情，我们也应该记录并且承认它。让我们带着这些优点和成功经历，去成为更好的自己。

5. 结束活动：合唱《我相信》

干预者：我想今天大家都认识到了很多自己的可能性，那我们就伴随着歌声，一起去拥抱更美好的未来。大家一起来唱这首《我相信》。

【教学总结】

本节课的教学重难点是通过同学评价以及自我评价与回忆来构建自我效能感，并且通过课程认识到自己的未来是光明的，自己的潜力是无限的。本节课基本完成了教学目标，但学生的接受程度和执行力度还有待进一步观察。

本节课的成功之处：让学生对自己有了进一步思考，并且在课程结束时明显体现了自我效能感的增强。

本节课存在的问题：设计上过于单一，“天使的秘密”这一活动比重较大，当时为了让每个个体的优点都被展示，所以加大了这一活动的比重，但在后期学生有些疲倦。

（四）心理健康教育干预活动实施四：时间观念与时间管理

【教学时间、地点】 ××××年××月××日，××时；实验组教室

【教学准备】 便笺纸、笔、冥想视频、欢快的音乐。

【操作要点】

1. 注重学生的情感体验，保护学生的隐私；

2. 引导学生对未来以及当下的时间进行把控与分配，并且掌握时间管理技能；

3. 以倾听为主，注重学生的情感体验。

【教学进行】

1. 热身活动：温暖的抱抱

干预者：拥抱是可以给予别人温暖与力量的，今天我们来做一个小游戏，请大家不要吝啬自己的拥抱，尽情地让别人感受到来自你的力量，可以吗？

游戏规则：同学们围成圈，跟随音乐转动，在教师的数字指令下与相应人数抱成圈。

2. 主题活动一：我的一天

干预者：上次课大家都写下了自己的目标执行计划书。今天老师想了解在目标执行的过程中，大家每天是怎么过的，现在请大家回忆昨天一天，自己从早到晚做了什么，并且标上时间线。

学生分享：在什么时间，做了什么，做了多久。

干预者：大家每天过得都大同小异，不过都有一个共同点就是业余时间

都不怎么学习。而在我们完成学习目标的过程中，每一天的时间安排都很重要，我们应该学会利用每一天的时间。

3. 主题活动二：时间象限

干预者：大家平时都是怎么分配自己的时间的呢？

学生讨论：如何分配时间？如何利用时间？

干预者：这是一名大学生的时间分配饼图（业余时间的利用率较高）。

干预者：从我们与他人的时间管理对比可以看出，每个人对于时间的分配以及事情的排序是不同的，我们今天来学习一个关于时间管理的方法，也就是时间四象限法则。

时间象限法则：将自己要完成的事情分成四类象限。第一象限包含的是一些紧急而重要的事情，这一类事情具有时间的紧迫性和影响的重要性，无法回避也不能拖延，必须首先处理、优先解决。比如明天就要进行的考试。第二象限包含的事件是那些紧急但不重要的事情，比如同学让你马上开一局游戏，紧急但是不重要。第三象限的事件是既不紧急也不重要。第四象限是不紧急但是非常重要，比如毕业后你要找工作。

学生讨论：生活中哪些学习上的事情可以将其分到这四个象限中呢？我们如何分配时间去处理这四个象限中的事情呢？

干预者：我们学习生活中的各种事情都可以根据重要程度和紧急程度对其进行分类归纳，而我们在学习事件的规划上可以根据这四个象限来进行。

4. 主题活动三：我的明天

干预者：在学习了时间四象限法则后，请大家根据自己的情况把最近一周需要做的学习事件列出来，并且根据四象限法则对其进行分类。

学生分享：对学生的时间四象限进行分享。

干预者：大家对这个方法掌握得都很好，那么明天的你们会怎么去执行你们的时间四象限呢？请大家做一个计划，并且在明晚记录你的执行情况，可以吗？

5. 结束活动：正念冥想

播放轻音乐，在教师的引领下进行正念冥想。

【教学总结】

本节课的教学重难点是通过教授学习管理的方法让学生获得时间管理技能。本节课基本完成了教学目标，学生对于时间管理方法有所掌握，但是后期显然执行力度不够。

本节课的成功之处：学生对于四象限法则能够理解，并且能够成功将自己的学业事件进行分类。

本节课存在的问题：设计上过于单调，基本上以讲授和演示为主，学生的积极性较弱，趣味性较低。

（五）心理健康教育干预活动实施五：学校归属感与学业长久目标

【教学时间、地点】 ××××年××月××日，××时；实验组教室

【教学准备】 便笺纸、笔、学校视频剪辑、学校简介、课堂积分纸质版。

【操作要点】

1. 注重学生的情感体验，保护学生的隐私；
2. 让学生通过课程感受到校园生活的美好，并且想要去更高的地方并且为之努力；
3. 以倾听为主，注重学生的情感体验。

【教学进行】

1. 热身活动：播放最美校园视频

干预者：校园是我们日常生活学习的地方，我们平时可能很少到别人的学校去了解别人学校的风景和人文，今天我们就一起来了解下别人的学校是怎样的。

视频简介：关于普通二本和专科院校的剪辑，学校的选择上要贴近中职生的学习生活。

2. 主题活动一：我的学校

干预者：我们一起欣赏了别人的学校，那在大家的眼里，我们的学校是什么样的呢？现在请大家在纸上画下咱们学校的草图，并且在纸上标注你在各个地方的美好回忆，待会请同学分享。

学生分享：我在学校的美好记忆。

干预者：学校承载了我们许多欢笑与悲伤，有同学十分热爱学校，也有的同学在学校暂时还没有找到感觉。

3. 主题活动二：我可以成为大学生吗

活动内容：首先由教师本人对自己的大学以及大学生活进行分享，并且让学生对学校生活进行提问。接着让学生评价自己的学校，并提出问题，你在这个学校获得了什么？学校给了你什么？如果学校不好，那么你想过上大学吗？

干预者：刚刚我们回忆了自己在学校的美好记忆，也欣赏了别人学校的风采，那么大家有想要去更高学府学习、生活的想法吗？

调查：请想要继续去到更高学府深造的同学举手。

状况：5人举手。

调查：了解中职升学机制的请举手。

状况：无人举手。

干预者：那么我们今天就一起来了解下我们有哪些升学途径，以及要达到什么样的条件。

介绍升学途径：升五年制大专，学校每年向部分大专院校定向输送生源。高考，职高生可与普高学生一样参加高考，但是所考内容完全一致，不具有优势。“3 + X”对口单招，由各个学校自主招生，考试内容为3门主科加若干专业课。成人高考，成年后参加成年高考。

干预者：假如我们要升学，我们应该要做哪些准备呢？

学生讨论：升学应当进行的学业准备。

干预者：是的，不管是哪种途径，升学的前提都应该是要有足够充足的准备。而这个准备就是需要我们在日常的学习中认真踏实地执行学业任务。

4. 主题活动三：审视目标执行计划书

活动内容：首先讲明前两次的目标执行计划书并不能够让大家有很好的执行前提，并且老师对此有些遗憾，希望可以看到大家克服自己的倦怠等情绪，把这件事情更好地完成。之后对于该作业的书写进行讲解。

干预者：老师翻阅了大家之前交的目标执行任务作业，发现大家对于学业目标依旧是不那么清晰并且对于各个部分都没有更多的思考，所以今天老师和大家一起再来思考一下学业目标执行计划书。依旧是按照之前的要求从目标是什么，要达到什么样的效果，你打算如何执行，可能需要哪些资源与支持，可能会面临什么困难，打算如何克服这些困难，你的目标完成期限是什么时候考虑。

干预者：大家今天写的目标执行任务都非常认真，有了非常大的进步。太棒了，希望大家可以用行动去执行它，让自己获得进步。

5. 结束活动：播报学生课堂积分

我们的课程在下周就要结束啦，今天老师把已有的课堂积分通报一下，希望在下节课大家积极发言，踊跃参与，在课程结束后我们将进行本课程的学习颁奖仪式！

【教学总结】

本节课的教学重难点是通过激发学生的学习兴趣，带领学生了解升学途径与可能，再次帮助学生巩固学生学业目标，并且提高执行力度。本节课基本完成了教学目标，学生的学业动机明显增强。

本节课的成功之处：学生提高了学业自信，并且认识到前途的光明，同时学业目标更加清晰可执行。

本节课存在的问题：设计上过于单调，基本上以讲授和演示为主，学生的积极性较弱，趣味性较低。

（六）心理健康教育课程活动实施六：学业目标与执行

【教学时间、地点】××××年××月××日，××时；实验组教室

【教学准备】便笺纸、笔、听歌识曲视频、PPT。

【操作要点】

1. 注重学生的情感体验，保护学生的隐私；

2. 引导人生目标的建立，并且促进可执行的学习目标书面化，通过这种作业来让学生进行思考；

3. 以倾听为主，注重学生的情感体验。

【教学进行】

1. 热身活动：听歌识曲

干预者：前几天让大家向老师推荐歌曲，这几天老师听了很多，觉得很有趣，所以今天老师带大家玩一个听歌识曲的小游戏，看哪些同学是中华小曲库。

游戏规则：采用片段视频播放学生爱听的音乐前奏，学生举手后暂停，请学生回答歌名。采用积分制记录答对人次。

2. 主题活动一：表现 VS 学习

干预者：我们经常会怀疑，为什么我已经这么努力了，还是做不到想做的事情呢？我们一起来看一个视频，然后思考，为什么会有视频中这样的结果。

视频内容：一学生每天都背着重重的书包，戴着厚厚的眼镜，每天忙碌，但是却没有获得很好的成绩。

学生讨论：视频中的学生努力吗？为什么？你和他有相似之处吗？

干预者：努力是可以表现的，但是结果却不会。只有通过真实地坚持学习才能获得一个好的结果。

学生讨论：自己曾有表现努力的经历吗？当时是什么情形，感受如何？

干预者：曾经的我们或许有这样那样的理由去表现自己的努力，但今后的我们可以诚实地面对自己。

3. 主题活动二：未来的我

干预者：除了诚实地面对外，也需要对未来有一个清晰的规划，那么未来的自己想做什么呢？我们现在进行一个活动，来看看大家对于将来是一个什么样的想法。

游戏规则：每人拥有 10000 元，10000 元代表你在学习上的精力，每样东西底价 500 元，一次举牌代表加价 500 元，也可以直接喊价，拍卖成功后成

员需要上交相应的“纸币”给老师。每人可重复拍卖，直到自己的纸币用完。

表 8-1　未来的我拍卖品清单

拍卖品	起拍价（元）
顺利毕业	1000
某科成绩提高至高分	1000
考进专业或年级前几名	1000
掌握某项心仪的技能	1000
毕业后获得一份心仪的工作	1000
提高自己的学习效率	1000
提高本学期每门课的分数	1000
赢得某场比赛，且获得前几名	1000
本学期考试不挂科	1000

学生讨论：你买到什么，为什么买它？除了它，你本来还想买什么？为什么最终做了现在的这个选择？现在为此后悔吗？你为什么什么也没买？现在是否知道自己最想要什么吗？在拍卖过程中，你的感受怎么样？

干预者：这些拍品都代表了你想要什么，或者说未来的你可以做到什么。不管买到了什么，或者没买到什么，大家可以思考下，除了这些，未来的你想要自己做到什么呢？

4. 主题活动三：目标执行计划书

干预者：知道自己想要做到什么之后，我们需要做进一步的思考，也就是我们如何去达到我们的目标。在此之前我们先学习如何确定自己的学业目标。制定一个目标我们需要考虑：目标是什么，要达到什么样的效果，如何执行，可能需要哪些资源与支持，可能会面临什么困难，如何克服这些困难，目标完成期限是什么时候（根据目标设立 SMART 法则五要点）。现在请大家认真思考并且写下自己的目标执行计划书。

表 8-2　目标设立 SMART 法则五要点

明确性（Specific）	
可衡量性（Measurable）	
可操作性（Actionable）	
现实性（Realistic）	
时限性（Timely）	

学生分享：分享自己的目标是什么，如何衡量，如何操作，可能遇到什么困难、如何克服，以及什么时候完成。

干预者：大家的目标计划执行书已经写好啦，老师回去会认真记录每个同学的计划书，并且在每周和大家交流一次，监督大家的目标执行情况。大家要认真执行哦。

5. 结束活动：拜拜，我的烦恼

干预者：在沉重的学习话题后，我们大家来放松一下。大家一起来玩一个小游戏，然后结束今天的课程。

游戏规则：每人在便笺纸上写下自己的烦恼，将班级同学分成两拨人，将写好的烦恼揉成纸团，开启扔烦恼（纸团）大战。最后哪边的纸团更少则为赢家，限时 3 分钟。

干预者：大家在课程结束后记得认真执行计划，有困难可以来找老师。

【教学总结】

本节课的教学重难点是通过对自身未来的认识，设立一个符合自身情况的学业计划，并且根据理论指导完成详尽的目标执行计划书，最后执行目标计划。本节课基本完成了教学目标，但学生课后对于目标执行力度还有待进一步观察。

本节课的成功之处：让学生对于自己的未来时间尤其是学业目标有了清晰的认知，并且在课程结束时有一个具体的学业目标。

本节课存在的问题：学业目标部分过于枯燥，学生后来交的目标执行计划书大部分不符合要求。这说明学生对于课程内容接受程度不高，后续课程将积极改进这一点。

（七）心理健康教育课程活动实施七：展望明天，结束课程

【教学时间、地点】 ××××年××月××日，××时；实验组教室

【教学准备】 便笺纸、笔、动画片竞猜视频、写给学生的信件。

【操作要点】

1. 注重学生的情感体验，保护学生的隐私；
2. 调动学生的积极性，构建欢乐课堂，并且好好做一个告别；
3. 以倾听为主，注重学生的情感体验。

【教学进行】

1. 热身活动：我画我的好朋友

活动内容：让学生在纸上画一个自己的好朋友。

干预者：距离开学已经有将近 4 个月啦，我想大家在班级里一定有自己

的朋友，现在给每位同学发一张 A4 纸，请大家在纸上画一个你班级里的好朋友。需要注意的是，你要把他的特征画出来，同时不能在纸上写文字提示哦。

2. 主题活动一：猜猜他是谁

干预者：画作完成后请大家来进行分享，不过在分享时我们先不告诉同学们画的是谁，让大家猜猜看，猜对的同学将获得一个积分！

学生分享：分享画作，同学们猜完后揭晓答案，并且说明该同学的特征。

学生讨论：你的好朋友是谁，他有什么特征，他做过什么让你开心的事？

干预者：经过 4 个月的相处，大家越来越熟悉也越来越默契。我们第一节课时，猜人游戏的准确率也更高了，相信大家在今后的学习生活中更加团结和默契。

3. 主题活动二：你的童年、我的童年好像都一样

活动内容：进行童年动画片辨别大赛，让学生在听到动画片的主题曲前奏时对该片片名进行回答。之后进行童年动画片经典台词接龙，由视频给出前一句台词，学生对后一句台词进行猜测。

干预者：我们现在来进行一个小游戏，老师选取了一些动画片主题曲以及经典台词的视频，现在请同学们依据视频来进行竞猜，视频播放结束后请同学举手竞猜，猜对的同学将获得相应的积分。

干预者：回忆童年是无比美好的，我们平时可以多做一些童年做过的有意思的事情来提升幸福感。

4. 主题活动三：生命意义曲线——未来的我

活动内容：在一坐标轴中，根据时间线对未来重要事件进行展望，且对事件进行影响力赋值，并请同学分享。

5. 结束活动：我与我，宁做我

活动内容：请学生写下对自己的祝福。

【教学总结】

本节课的教学重难点是通过构建团体凝聚力，并且提升学生的积极情绪。本节课学生参与度远高于其他课程，且学生与教师的关系有了更进一步的发展，基本完成了教学目标。

三、心理健康教育干预活动课的效果评价及分析

为期两个月的学习毅力干预活动实施之后进行了效果评估与分析，其一是采用量化问卷以及量化团体反馈表对实验干预者与控制组学生进行调查，问卷采用 Clark 和 Malecki 制定的英文版的学习毅力问卷最终版、宋其争编制的《未来时间洞察力问卷以及方法》、时勘等人修订的 Schaufeli 等人编制的

《学习投入量表》，分别对实验组和控制组同学干预前后的学习毅力、未来时间洞察力以及学习投入进行测量。其二是采用定性反馈表以及访谈对学生进行效果评估。结果如下：

（一）统计学研究效果评估

1. 学习毅力均值变化比较

从图 8－1 可以看出，实验组与控制组的学习毅力在干预期间均有所下降，不过不同的是实验组同学的学习毅力下降幅度要远低于控制组。

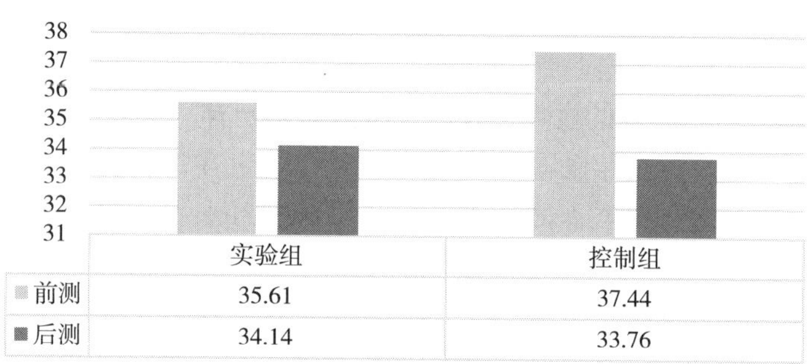

	实验组	控制组
前测	35.61	37.44
后测	34.14	33.76

图 8－1　学习毅力干预前后均值变化（分）

2. 未来时间洞察力均值变化比较

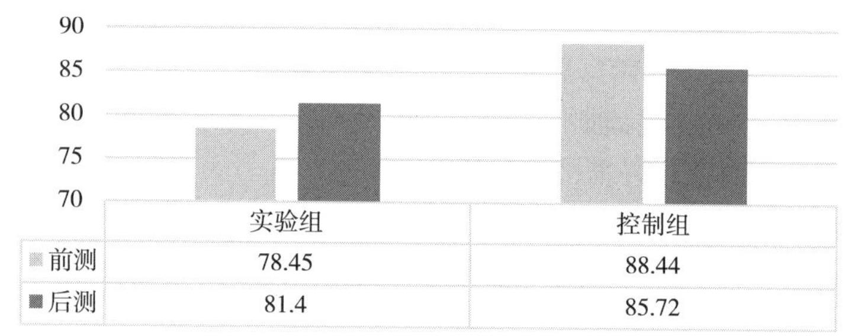

	实验组	控制组
前测	78.45	88.44
后测	81.4	85.72

图 8－2　未来时间洞察力干预前后均值变化（分）

未来时间洞察力的均值变化能够体现出实验组与控制组干预前后变化方向不一致，实验组的未来时间洞察力有所提升，而控制组的未来时间洞察力有所下降。

3. 学习投入均值变化比较

作为中职生学习效果检验的重要因素——学习投入的变化如图 8－3 所示，其中实验组的学习投入均值呈上升趋势，且其上升幅度较大，而控制组的未来时间洞察力呈下降趋势。

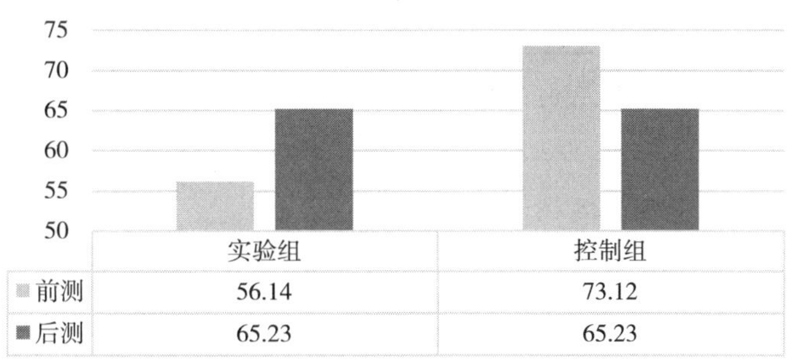

图 8－3 学习投入干预前后均值变化

4. 统计学研究效果评估小结

从统计学数据可以看出，干预对于实验组来说，在部分因素上存在效果。通过对相关影响因素的干预本身是可以提升该因素的水平的，比如未来时间洞察力以及学业投入。课程通过干预未来时间洞察力与学习投入等因素可以提升学生的未来时间洞察力和学习投入水平，但是这种提升并不能够迁移到学习毅力上。虽然不存在学习毅力的提升证据，但控制组的学习毅力下降幅度要大于实验组，也从侧面印证干预存在阻止学习毅力下降的效果。综上所述，干预对于提升中职生的学习策略以及学习意志品质有较好效果。

（二）定性效果评估

为更好地了解课程干预的质量以及对课程方案查漏补缺，及时调整，本研究针对课程活动效果展开了两类反馈调研：其一是对学生的三次作业进行分析，其二是在课程结束后让学生书面填写课程活动收获单（采用匿名的方式）。

1. 课程作业中体现的学习毅力变化

根据成员每次课程活动后提交作业的态度变化以及作业内容的变化发现，随着课程的不断深入，学生的学习态度、学业投入以及学习毅力都是有所提升的。

在课程进行到第三周时，布置了第一次作业，而当时学生在完成作业时较为敷衍。一方面，学生写下了不相关的目标，另一方面学生对于目标的设定并非像课程内容所说的那样清晰。

表 8－2 学生第一、二次目标作业内容对比

	第一次目标作业（第三周）	第二次目标作业（第四周）
学生 1	没什么目标，只想把汽修学好，以后靠它吃饭	在二十岁之前拥有一辆车，希望开一家自己的私人篮球馆
学生 2	拿到奖学金、顺利通过期末考试、高二顺利加入篮球队，并拿到前三名	在期末不挂科，顺利毕业，认真学习

续表

	第一次目标作业（第三周）	第二次目标作业（第四周）
学生 3	一个月里不被扣分	能拿到毕业证
学生 4	在实训课上弄明白发动机	顺利毕业，各科目取得良好的成绩，各科成绩优异
学生 5	考试不挂科	为了优秀而去努力奋斗
学生 6	给学校争光（20 分）	为以后的路做好铺垫，也准备好克服各种困难（在今后的学习生活中做好每一件事）
学生 7	考试不挂科。梦想：成为一个书法家	拿到奖学金
学生 8	无	为了更好的生活质量，实现我想要的东西
学生 9	拿到毕业证	为了拿到毕业证
学生 10	拿奖学金	在市中心买一套房；每个科目都能有很好的成绩

注：此部分为对学生提交作业的全文摘录，只做错别字的修改。

到了课程结束时，学生对于学习目标的设定以及执行计划大部分写得较为认真与清晰，从 3 次目标执行计划书的撰写也可以看出学生学习态度的进步以及学习毅力的提升。第一次与第二次撰写目标时，大部分同学都较为敷衍（见表 8 - 2），表格里所呈现的目标为学生交给干预者的作业原话，而在之后学生的作业有了较大的变化，具体见下述举例。

学生 1：

我的目标：本学期期末成绩在班级排上前三，我打算通过以下行动去实现：

在课堂上认真听讲，认真思考每一个问题。

对课堂笔记做一个整理。

对待每一次作业态度要认真。

记好每一科的重点，定时进行复习。

语文课提前预习；数学认真看每一题，不会的请教老师；政治课上认真思考且定时复习；历史认真看书，定时复习。

在期末之前坚决不玩手机，认真复习。

所面对的困难和具备的资源：我需要自我警告，同时也要有一个人进行监督，因为有时常忘记。我需要父母的支持和自我的坚持。

目标：在本学期期末考试的时候看排名来证明，若没完成别气馁，查看自己的问题，坚持不懈，加油！

学生2：

我的目标是期末考试不挂科，我希望我可以在语文、政治、汽车概论、发动机维修这几门课程上多考几分，每次作业都很认真完成。我打算这么行动去实现目标：

每天背诵古诗，政治方面的核心思想。

每天做发动机课本上的复习题。

背诵汽车概论课上抄的笔记。

认真抄写老师给的期末复习题。

老师讲复习题时认真听讲。

我需要的资源和支持以及面临的困难：我需要有人监督和督促，如果没有人提醒我，我可能会变懒不想学习。希望这个时候能有个人提醒我。另外，我还希望上课老师复习时，他们不要乱讲话，好好地听讲，不然他们乱起来，我就听不进去。我还希望爸爸妈妈鼓励我，同时也要点金钱上的支持，哈哈，我可能刚开始几天会坚持，后面就会懒起来，但是又想到期末好好考，考不好，回家不能好好过个年。因为我来学汽修，我们村的人就经常问我。所以我更不能给自己丢脸，我一定要变优秀，让他们看到一个全新的我。

我的目标实现时间是期末考试结束后，以语文、政治、汽车概论、发动机维修的成绩来看我是不是变优秀了。

学生5：

我的目标是这个学期所有学科不挂科，成绩达到及格以上。我希望我可以在课堂上认真听讲，认认真真学好每一科，每次按要求完成作业，并利用休息时间背记重点内容，最后成绩能提升10多分，达到70分左右。我打算这么行动去实现目标：

每天提前预习好要学习的科目。

每天复习两篇课文以及做课后习题。

每天花一个小时的时间分配好什么科目背几分钟。

每天晚上睡觉前回忆白天所学的知识。

我需要的资源和支持以及面临的困难：我需要老师的监督和同学的督促，可能有些时候我会偷小懒不去学习，但我希望可以在老师和同学的提醒和督促下，让我进入学习状态，也会通过努力让自己适应环境。我也想获得朋友、爸爸妈妈的支持和鼓励，因为在学习中会很辛苦，在学习这方面我可能会很艰难，学习压力也会很大。但我会每天提醒自己，学习本来就困难，你要去克服它、战胜它，我期待自己变得更优秀，在他们心中能有一个好印象。除了心态上，行动上我会减少玩手机的时间，让自己远离诱惑。我的目标实现时间是本学期期末考试以成绩来检验自己是否达成目标。

从学生作业的内容、字数、逻辑性可以看出学生在课程结束时可以进行目标定向，且对于自身的学习状况有了更深刻的认识，并且愿意为学业目标进行努力。这些都展示了学生在学习方面的进步，尤其是学习目标。

2. 团体成员反馈的收获总结

在干预完成后，对实验组参加 4 次以上课程的学生发放心理健康教育课程活动收获单（匿名）。从收获单中可以看出，学生认为通过课程他们在情绪、自我评价、学业目标定向以及学习毅力上有所收获。

（1）积极情绪的获得与提升

从课程反馈中可以看出，大部分学生认为课程给他们带来了轻松的体验以及开心快乐的感觉。

学生 1：感觉课程太短暂，毕竟欢乐的时光总是短暂的。

学生 4：感觉自己比以前成熟了，同时感到快乐，我感到特别喜欢。

学生 12：以前不知道上课原来不用课本。很开心。

学生 20：心情愉快、放松，感觉很开心。

学生 21：很快乐，脸上的笑容越来越多啦！

（2）肯定自我，客观认识自己

学生在课程中对自我认识以及他人评价等活动普遍比较感兴趣，而在课程反馈时也有很多学生认为通过课程他们发现了自身的优点，并且在他人的评价中看到了从前没有看到的自己。

学生 3：我收获了，其实我的优点有很多，只是我懒得去完善自己的优点，所以是同学们给了我勇气。

学生 17：正当我情绪低落需要人跟我沟通时，心理老师来给我们上了这门课程，让我更了解自己了，也让我发现我有很多优点。

学生 18：我的感受不是很多，但进行完课程让我又认识了自己。

学生 19：更深刻地认识了自己，觉得自己还是挺优秀的。

（3）对于学业目标有了深入思考与实践

大部分学生表示，参加课程最大的收获便是自己对于学业目标的思考与实践，让自己的学习有了方向。有学生认识到目标以及坚持的重要性，并且因此产生了更强的学习动力。

学生 5：人是要有学习目标和奋斗的过程的，我要为我自己的以后去奋斗，好好学习。

学生 2：我要明确自己要干什么，应该干什么，要怎么干。

除了意识到目标与坚持的重要性外，也有学生因为课程有了具体的目标方向。

学生 1：通过这些课程和活动，我明确了自己的目标，知道怎么去完成。学习到了很多，让我感觉到了自己的价值。

学生 16：重新认识了自己的目标，我知道自己要往哪个方向发展了。

（4）学习毅力的提升

课程结束后，有部分同学表示课程让他们相信了努力的意义，坚持学习一定会获得成功，并且他们也在不断实践中，也就是说通过课程他们对于学习毅力有了新认识，且为之付诸实践。

学生 18：我收获了很多学习的方法，但是最重要的是我相信做什么事只要努力就会有答案，而我也在做。

学生 2：我知道了，只要努力了最后就会有收获。

学生 20：让我明白了要想活成自己想要的样子就要尽自己最大的努力。

除了相信努力之外，有学生表示课程让他们对于坚持学习有了新的认识，并且觉得坚持学习一定会有所收获。

学生 1：我想在这里继续学习下去，虽然还是觉得这里不好，但我应该要去面对，然后跳出去。我可以的，我相信。

学生 3：老师让我们写出自己的学习情况和学习方向，我才发现自己其实可以去坚持的。困难也没有那么难，那个女孩子也是职中出来的但是她可以上大学，我也可以的。只要我和她一样努力和坚持。

学生 19：这几天我开始不玩手机了，我会坚持学习的。感觉我进步了。

综上所述，学生们通过课程从认知、情绪以及意志三个方面均有所提升。其中有学生对学习毅力有了更深刻的认识并且付诸实践。这些均表明课程对于学习心理尤其是学习毅力的干预有效果。

3. 定性评估小结

从定性评估来看，学生从课程中获取了知识，并且这种知识对于其学习坚持行为有所提升。具体而言，这种提升首先体现在学生对于课程的反馈上，其次是学生作业的进步。从学生的课程反馈来看，学生认为课程对于其积极情绪、学习方法、学业目标以及学业投入均存在积极影响。尤其是学业目标与执行有了较大的提升，通过这个提升，学生会有意加大学业投入并对学业进行坚持。在作业上，学生的学习毅力提升明显，这些变化很有可能是受到未来时间洞察力这一因素的影响，让学生对于学习有了思考，并且在建立了与学习的联系后，愿意去克服之前不想面对的学业挫折。综上所述，干预课程对于学习策略以及学习心理存在较好的提升效果。

四、心理健康教育干预活动课的总结

（一）学习毅力课程方案设计合理，对中职生学习心理具有针对性

此次课程方案设计围绕学习认知、学习意志以及学习行为展开。本研究以积极心理学为主要理论背景，结合成长型心态、目标定向理论、时间管理理论，在了解了中职生存在的学习心理尤其是学习毅力问题后，设计了以“学习毅力”为主题的心理健康教育干预活动，具有针对性和合理性的特点。学习毅力教育活动紧跟学生思维，设计思路清晰，目标明确，所有的内容都围绕中职生学习毅力这一主题，如“学业目标执行计划书”活动，就是严格按照“了解自身学业目标”“学习制定合理目标的方法”“制定自身目标以及执行学业目标”而设计，学生在活动实施后能够认识、理解、制定并执行自身学业目标，加大了学业投入，提升了学习效果。就整体设计而言，本课程主要分为三个部分：建立关系阶段、工作阶段与结束阶段。严格按照学生的人际发展特点而制定，在主题的设计上也是按照构建信念、提升能力、确定目标、行动的逻辑进行，符合中职生的心理发展特点。

总而言之，整个系列课程的制定与执行都紧紧围绕课程目标。学生对这部分内容有了较深的思考，并且在课程结束后也有学生依旧在践行。另外，活动方案二学生认为设计较好，并且积极性也高于其他几次课程。在教学内容上，学生对于榜样视频的观看与讨论有较大感触。有学生在课后认为，当看到曾和自己处于同样的境地的人通过努力获得了成功，会让自己更有信心。并且老师在课堂上问“你觉得你和她差在哪里”时，也让学生坚信自己也可以做到。总体来说，教学设计得到了学生的肯定。

（二）结合学业信念、目标定向与学业投入的干预，对中职生学习有较大促进

干预者在课程中发现，对于中职生学习心理的干预可以从学业信念、时间洞察与管理以及学业投入几个方面入手。

中职生的学习状况不容乐观，究其根本在于其学习动机、学业自信等均处于较弱的水平。为此，通过干预将对中职生的学习状态有所改变，这已经被本研究证实。具体而言，一方面，可以帮助学生寻找自身的学习动机，如本课程中的活动实施六，通过构建学校归属感以及了解自身学业前景来寻找最适合自己的学业目标。除了学习动机外，帮助学生提升学业自信，即让学生相信可以通过自身努力去获得学业成就，如课程中的活动实施二与活动实

施三。在执行过程中，需要在日常的教学活动中帮助学生构建对未来的清晰认识，先确定未来的方向，再进行坚持与努力。另一方面，需要在学生学业开始时分别有针对性地进行目标定向。而对于学生本身来说，学习毅力的提升需要他们确立自身学业目标，并且坚持执行，在坚持的过程中去获得这种能力，最后获得一个好的成就。从本课程实施的过程中发现，中职生在这方面十分欠缺，为此需要不断提升中职生对学业目标重要性以及践行学业目标重要性的认识。目前中职生在此方面存在着不了解、不理解、无所谓的情况。一方面学生对于学习可以给他们带来的好处以及成就并不认同，另一方面他们并不了解自身学业的晋升途径，认为中职便是他们学业生涯的终点。为此本课程采取了扩大学生了解学习资源途径的方法来帮助学生树立动机，提升信念。

在日常的学习中让中职生意识到“预先善其事，必先利其器”，形成了好的目标思维，日常的学习才会更有方向性，努力才会有方向。在课程实施过程中，干预者有意识地帮助学生树立目标思维，并且加重这一内容在日常学习中的比例。让学生在有思路有方向的情况下去努力。需要注意的是，这里的目标并非简单地思考自己要做什么，而是需要结合“目标是什么，要达到什么样的效果，你打算如何执行，可能需要哪些资源与支持，可能会面临什么困难，打算如何克服这些困难，你的目标完成期限是什么时候”，对这几个方面的思考，系统构建未来定向，最后作出相应的努力，达到坚持学习的结果。效果评估表明，学生此部分的提升明显。

除此之外，对于学业投入的干预结果表明，帮助监督学生的学习行为，有助于加大学生的学业投入，同时这种影响将对提升学生的学习心理有较大的帮助。具体而言，在结合了目标制定以及目标执行后，教育者还需要帮助学生构建对目标执行的监督体系。个体的单打独斗极易产生挫折最后导致放弃，当个体处于团体中时，团体动力将推动个体随着群体行为做出更多行动，为此对于中职生目标执行的监督应该要建立在群体的基础上。干预者在实验组进行课程教学时，会提前 30 分钟进入教室，当学生发现这个规律后，后面几次课时学生会比之前早到并且会在教室。同时，在此过程中有学生针对学习问题向干预者进行了提问。说明教师对于工作的投入将会影响学生的学业投入水平，所以在整个操作上需要教师与学生共同投入。另外，对中职生的作业实施上，基本上都是在晚自习期间在教师的监督下完成，即在教师的监督及群体环境中进行学业投入。尽管自主学习对于学生的有益性会更大，但是由于中职生群体的特殊性，对其进行有监督的学业投入，其学习效果的提升会更加显著。

（三）教师以人为本的教学风格为学生投入课堂提供较大帮助

干预者在整个教学过程中充分展现了人本主义，始终坚持以学生为中心，将鼓励、共情运用在课堂上，尊重学生的个体差异，而这也得到了实验组班主任的认可。教学方法的选择上，干预者更多地采用以学生为主体的讨论法，让学生在思考与讨论中获得进步。

在研究实施过程中发现中职生会很在意外界对于他们中考失败来到职中这一事情的态度。由于社会分工，我国教育的分流让社会大众一直有这种观点：上职业学校是因为他们学习不行。并且由于近些年职校学生更容易发生打架斗殴事件，这也让社会大众产生一种印象，即中职生大部分都是问题少年，而这些观点与态度均容易让中职生产生低自尊低价值的想法。这种低自尊低价值一方面会导致他们自身的自暴自弃，既然你们都说我这么差，那我便就这样吧；另一方面也会导致其对于学业的不重视，并不认可职业学校的学习价值。为此，在中职生的学习毅力提升上，应当注重学生个体资源的挖掘，去发现、肯定并且强化学生的优势，让学生通过自身资源去对抗在学习过程中所面临的挫折，并且在这个过程中通过自我资源的支持不断坚持学习，最后获取学习能力。

在本课程的实施过程中，干预者始终坚持以学生为中心，积极、及时对学生的学习状态、效果以及好的表现进行积极评价与反馈，为提升学生的自信提供了良好的教学环境。

（四）中职生对于游戏与讨论为主导的课程接受度较高

从学习的效果访谈来看，中职生对于心理健康干预课程的教学形式较为满意。学生更乐意接受以游戏形式为载体的课程。学生谈到相较于其他课程，对于此课程的参与度以及积极性均更高，究其原因，除了学生受到课程契约中的奖励激励、对于问题的回答十分积极这一原因外，更多是课程游戏较多，学生也很乐意进行游戏体验。另外，学生对于以学生讨论为主要教授模式的心理健康课程觉得受益颇多。学生谈到，在其他课程中，更多的是一种单方面学习，没有更多的思考，但是此课程讨论的一直是重点内容。这是对学生思考的鼓励，让自己觉得得到了尊重。

（五）量化与定性交叉式整合评估使结果更加可靠

效果评估使用了定性研究与量化研究的方法。之所以使用这种混合模式，是结合了定性研究与量化研究的优缺点。陈向明认为量的研究更多的是针对事物和现象的表层可量化部分进行研究，其结果只能表示一个时间点上的状况，而不是发展过程。同时，量化研究中大的样本可以说明平均情况，却无法兼顾各类特殊情况。但是，量化研究有统一的研究程序，结果可重复可推广，可进行大样本研究，这些是定性研究所不能比拟的优点。与之相对的，定性研究的优缺点则似乎正是为了和量化研究的优缺点相互弥补而量身定做的。定性研究聚焦于微观层面上对心理现象进行较细微的描述和分析，从当事人的角度了解其看问题的方式和观点；并且会更加注意个体在自然情境下研究生活事件，了解事件发展的动态过程并建立理论。但也正是由于这种细致性，使得其存在着无法大样本研究、缺乏客观统一标准等问题。

在方法、方式的选择上，参考了布兹（Onwueg Buzie）与特德利（Teddlie）的观点。二人认为对于定性方法与量化方法的整合需要弱化两种方法的研究范式，统一将研究方法区分为探索性方法和验证性方法。在研究的先后顺序这一框架体系内对定量研究和定性研究进行重新区分。在具体的整合模式方面目前主要有先后整合式、平行式整合以及交叉式整合。在本研究的效果评估中采用的是交叉式整合。由于干预实践的复杂性，单次的两种方法先后或同时使用并不能解决问题，需要两种方法在不同的研究阶段进行交替使用，使得一项研究得以逐步深入和扩展。也就是说，应分别使用量化与定性的方法对干预结果进行评估，对干预的效果进行深入探索。

参 考 文 献

［1］中小学心理健康教育指导纲要［R］. 中华人民共和国教育部，2012：3.

［2］李蒙蒙. 小学生学业拖延的现状与原因的研究［D］. 大连：辽宁师范大学，2013.

［3］Shields A，Cicchetti D. Emotion regulation among school-age children：The development and validation of a New Criterion Q-Sort Scale［J］. Developmental Psychology，1997，33：906－916.

［4］Dweck C，Walton G，Cohen G. Academic tenacity：Mindset and skills that promote long-term learning［C］. Gates Foundation. Seattle，WA：Bill & Melinda Gates Foundation，2011.

［5］Chang L，Schwartz D，Dodge K A，et al. Harsh parenting inrelation to child emotion regulation and aggression［J］. Journal of Family Psychology，2003，17（4）：598－606.

［6］Barnes H L，Olson D H. Parent-adolescent communication scale. In D. H . Olson et al.，Family inventories ：Inventories used in a national survey of families across the family life cycle［J］. St. Paul：Family Social Science，University of Minnesota，1982：33－48.

［7］王极盛，李焰，赫尔实. 中国中学生心理健康量表的编制及其标准化［J］. 社会心理科学，1997（4）：6.

［8］汪向东，王希林，马弘. 心理卫生评定量表手册［J］. 中国心理卫生，1999（增订版）：4552.

［9］McCullough M E，Emmons R A，Tsang J A. The gratitude questionnaire-six item form（GQ－6）［J］. Retrieved April，2001，16：2010.

［10］Steger M F，Frazier P，Oishi S，Kaler M. The Meaning in Life Questionnaire：Assessing the presence of and search for meaning in life. Journal of Counseling Psychology，2006（53）：80－93.

［11］陈向明. 质的研究方法与社会科学研究［M］. 北京：教育科学出版社，2001：120－143.

［12］陈向明. 教师如何做质的研究［M］. 北京：教育科学出版社，

2001：56 -76.

［13］ Onw uegbu zie A J，Teddli E C. A flame work for analyzing data in mixed methods research［C］. Thousand Oaks，CA：Sage Publications，2002：351 -383.

［14］ Onw uegbu zie A J. Effect Sizes in Qualitative Research：A Prolegomenon［J］. Quality & Quantity，2003，37：393 -409.

［15］ 刘贤臣，刘连启，杨杰，等．青少年生活事件量表的编制与信度效度测试［J］．山东精神医学，1997（1）：15 -19.

［16］ 叶一舵，方必基．青少年学生自我成长问卷的编制［J］．福建师范大学学报（哲学社会科学版），2015（2）：135 -141 +171.